中國道教文化研究

二 編

第 12 冊

持齋戒殺：
清代民間宗教的齋戒信仰研究（上）

林榮澤 著

花木蘭文化事業有限公司

國家圖書館出版品預行編目資料

持齋戒殺：清代民間宗教的齋戒信仰研究（上）／林榮澤 著
— 初版 — 新北市：花木蘭文化事業有限公司，2020〔民 109〕
目 2+194 面；19×26 公分
（中國道教文化研究 二編；第 12 冊）
ISBN 978-986-322-200-2（精裝）
1. 民間信仰　2. 清代
618　　　　　　　　　　　　　　　　　　102002679

中國道教文化研究
二　編　第十二冊　　　　　ISBN：978-986-322-200-2

持齋戒殺：清代民間宗教的齋戒信仰研究（上）

作　　者　林榮澤
總 編 輯　杜潔祥
副總編輯　楊嘉樂
編　　輯　許郁翎、張雅淋　美術編輯　陳逸婷
出　　版　花木蘭文化事業有限公司
發 行 人　高小娟
聯絡地址　235 新北市中和區中安街七二號十三樓
　　　　　電話：02-2923-1455 ／傳真：02-2923-1452
網　　址　http://www.huamulan.tw 信箱 hml 810518@gmail.com
印　　刷　普羅文化出版廣告事業
初　　版　2020 年 3 月
全書字數　292972 字
定　　價　二編 21 冊（精裝）台幣 42,000 元

持齋戒殺：
清代民間宗教的齋戒信仰研究（上）

林榮澤　著

作者簡介

林榮澤

所屬單位：天書訓文研究中心主任

國立臺灣藝術大學、輔仁大學宗教學系兼任助理教授

研究專長：臺灣民間宗教研究、一貫道、生命教育

相關著作：《持齋戒殺：清代民間宗教齋戒信仰研究》（臺灣師大歷史所博士論文）

　　　　　《臺灣民間宗教研究論集》（台北：一貫義理編輯苑，2007）

　　　　　《天書訓文研究》（台北：蘭台出版社，2009）

　　　　　《一貫道發展史》（台北：蘭台出版社，2011）

　　　　　《青年八鑰：生活儒學的八堂課》（台北：一貫義理編輯苑，2011）

　　　　　《一貫道藏・聖典之部》1-20 冊（台北：一貫義理編輯苑，2009～2011）

　　　　　《一貫道藏・祖師之部》1-4 冊（台北：一貫義理編輯苑，2010～2011）

　　　　　《一貫道藏・義理之部》1-4 冊（台北：一貫義理編輯苑，2010～2011）

　　　　　《一貫道藏・史傳之部》1-2 冊（台北：一貫義理編輯苑，2010）

提　要

　　吃齋是清代民間宗教信眾普遍存在的現象，大部份的教派皆以是否吃齋，作為入教的第一步，從飲食上的改變，來達到吸收信徒的目的。官方也常以是否有吃齋作為辨別信徒或非信徒的依據，因此吃齋者變成官方所嚴防及取締的對象。本文旨在探討此一清代民間宗教發展上的重要機制：教派的齋戒信仰活動。

　　齋戒信仰活動，是指利用「庵堂」、「齋堂」或「佛堂」等聚會場所舉辦之吃齋、作會、齋供等的宗教性活動。這些齋戒活動，關係著一教一派的發展。當舉辦「齋供聚會」時能否成功的吸引信眾加入，就是此一教派齋戒活動社會影響力的展現。經由本文探討可以發現，中國民間宗教為何多重視齋戒，應不只是在修行，其真正的目的是在吸收信眾，形成以教首為主的人際信仰圈。

第一章 緒 論

第一節 研究的動機與目的

「素食」又稱為「吃齋」，在中國是一項具有特色的飲食文化。若就長期吃齋者而言——謂之「持長齋」，則多少帶有信仰的成份。所謂「食、色性也。」追求美食本是人的本性，為何人們會願意放棄肉食的口腹之慾，選擇長期素食，如果沒有特殊的原因，是不容易作到的。中國自南朝梁武帝提倡僧尼「斷酒肉」的修行制度以後，寺院裡的僧尼大致奉行以素食作為修行教餐的素食制度，這是被往後的當政者所認可的。此外，自明、清以來，民間廣泛流傳著更多的吃齋群體，他們透過齋堂或寺廟，以聚眾作會吃齋的方式，吸引很多民眾的加入。這些夜聚曉散的吃素者，不但不為當政者所認可，而且當政者還採取嚴厲的取締方式，予以殘酷的鎮壓。常言「殺頭的事情沒人會作」，但是，自明、清以來還是不斷的有很多這類的人，願意冒著生命的危險，入教吃齋。清朝歷代的皇帝一直視此為嚴重的大問題，以如臨大敵般的心態來處理，可是終清之世，這類的民間吃素群體，始終不斷。因此，我們不禁要問，對這些甘冒生命危險的吃長齋者而言，他們所堅持的理念是什麼？他們何以要如此執著於吃齋？對社會面以及一般的人際網絡又有何影響？而一般人對這些被稱為「齋公」、「齋婆」者的看法又如何？以上這些都是構成本篇論文的基本問題意識。

再就研究的基本界定而言，筆者認為，所謂的「吃齋」，它不單純是一種飲食的習慣，根本就是一種修行戒律與飲食觀相結合而成的「齋戒信仰」。因此，所謂的「齋戒」，簡言之就是「奉行吃齋的戒律」，這是本論文在研究上

的基本界定，對於非關吃齋的戒律信仰，則暫不予探討。由於此種「齋戒信仰」通貫了明、清以來的民間宗教，成為眾多民間秘密教派共同的特徵，及重要的發展機制。這是一個值得關心的問題，卻一直未有較完整而有系統的研究，此為本論文何以要選定「齋戒信仰」，作為探討主題的主要原因。

早期由齋戒信仰所延伸出來的素食主張，主要形成於亞洲的佛教、印度教及袄教流行的地區。古希臘的畢達格拉斯學派及歐洲地區，也有素食主張的記載。中國傳統的「齋戒觀」，源於皇帝在祭祀前，有齋戒沐浴以侍上帝的觀念，這對後來佛教傳入中國後，逐漸形成以素食作為修行教餐的齋戒信仰，也有很大的促進作用。而且，中國的齋戒信仰在所有的素食主張中，是較具有特色的地區。十九世紀以前，素食主義在西方並不流行。1809 年在英國首先出現了素食運動，並於 1847 年成立「素食協會」。美國素食主義的創始人是 S.Graham，1850 年，他的追隨者成立了一個素食協會。二十世紀 60～70 年代，素食在美國越來越流行，歐陸國家也有多個素食協會成立。今日美國的素食主義者，更結合地球生態環保的訴求，作為拯救地球的另一種方式。〔註1〕

而目前臺灣的素食人口比例，相較於世界各國為高。在台灣社會中，素食已結合了養生的觀念，蔚為飲食的一股新風尚。根據調查，目前臺灣地區的素食業（包括餐廳、自助餐、糕餅、素料、小吃等）共計達 2850 家，〔註2〕其中絕大多數是由佛教及民間宗教中的一貫道信徒所開設。尤其是一貫道，信徒吃素的比例更是各宗教之冠，其對素食的重視，基本上就是沿襲明、清以來，民間宗教提倡「齋戒信仰」的傳統而來。在一貫道中，已將素食從修行的制度面，提升到個人養生與生態保育的層次，謂之「新世紀飲食」。事實上，"新世紀飲食"一詞是取自 John Robbws 所著《新世紀飲食》一書的理念，該書是「以環保、愛心和營養健康」三個角度來看人們的肉食習慣，進而提倡一切生靈的素食。Robbws 的主張促成了「拯救地球基金會」的成立，並由此基金會所帶動的環保運動，遍佈全美和澳大利亞、加拿大等地。〔註3〕可知

〔註1〕 見美國拯救地球基金會拍攝「新美國飲食：素食的呼籲」錄影帶。中華民國環保生活協進會流通。

〔註2〕 崔玖、林麗美，〈台灣民間食物養生的探討〉，《第五屆中國飲食文化學術研討會論文集》（台北：財團法人中國飲食文化基金會，民國 87 年 6 月 15 日）頁 114。

〔註3〕 John Robbws 著，張國蓉、涂世玲譯，《新世紀飲食》（台北：琉璃光出版社，民國 83 年 2 月）。

素食主義在今日歐美等先進國家，已成爲一股新的飲食風尚，影響所及，在
臺灣同樣也有愈來愈多的素食主義者，這種社會現象值得進一步的觀察研
究。而要了解台灣社會素食現象的根本內涵，一貫道的齋戒信仰及素食主張，
是很完整且有代表性的。至於一貫道的齋戒信仰，則是來自於整個明、清以
來民間宗教的傳統，因此，本論文主要的著眼點，即在於分析中國民間宗教
的齋戒信仰，及其所造成的社會面與文化面的影響，如此將有助於了解中國
素食主張的特色。

　　其三，就近年來史學界對中國民間宗教的研究而言，較多以史料的考證
及經卷的分析爲主，著重於明清以來的民間秘密宗教，就其形成、發展經過
及基本教義進行探討，此可以馬西沙、韓秉方合著《中國民間宗教史》〔註4〕
一書爲代表作。至於人類學及社會學的探討，則著重於田野調查，多是以現
有民間教派信仰爲限，李世瑜〔註5〕、宋光宇〔註6〕等人的著作可爲代表。這
兩方面的研究成果，大致上已能提供一個完整的輪廓，使能清楚的認識到，
傳統中國的宗教中，除了正統的儒、釋、道之外，還有另一爲廣大下層鄉民
所信奉的民間秘密宗教。

　　然而有關下層民間宗教的信仰活動，就目前學界的研究來看，所知依
然很有限。尤其是民間秘密宗教的信徒，他們不像僧道之人容易辨視，幾
乎看起來與一般鄉民無異，這些人如何從事宗教活動及活動的內容是些什
麼？又對鄉民社會產生什麼樣的影響？目前所知實在有限。因此，爲了更
進一步的了解，在廣大的鄉民社會中，秘密宗教是如何建構起他的信仰體
系，及其信徒的社會人際網絡。本文以「齋戒信仰」作爲研究民間宗教的
一個切入點，有別於以往只以單一教派作研究對象的研究方式，同時也借
由"吃齋"所形成的社會問題，來看民間宗教的宗教活動及其人際網絡關
係。具體而言，選擇「齋戒」作爲研究民間秘密宗教的切入點，是居於以
下幾項的思考：

　　一、吃齋是民間宗教信眾普遍存在的現象，大部份的教派皆以是否吃齋，
　　　　作爲入教的第一步，從飲食上的改變，來達到吸收信徒的目的。

〔註4〕　馬西沙、韓秉方，《中國民間宗教史》序言，（上海：上海人民出版社，1992
　　　　年12月）。
〔註5〕　李世瑜，《現代華北秘密宗教》（台北：古亭書屋發行，民國64年8月，台一版）。
〔註6〕　宋光宇，《天道鈞沉──一貫道調查報告》（台北：元祐出版社，民國73年12
　　　　月1日再版）。

二、官方常以是否有吃齋作爲辨別信徒或非信徒的依據，因此吃齋者變成官方所嚴防及取締的對象。

三、「齋戒」所包括的持齋與戒殺兩部份，在民間宗教的經卷中，都有很豐富的闡述，值得進一步的分析。

第二節　研究的回顧與方法

本篇論文選擇以福建古田縣的齋教徒爲例作探討，是採取兼具「微觀與宏觀」的方法。一方面先以一個事件，古田縣齋教徒所引發的一場教案爲例，作詳細的探討；另一方面，再以此一事件爲基礎，開展出來整個清代民間宗教的吃齋問題及其相關的各種因素之分析。前者是一種微觀的探討，後者則是一種宏觀的分析，期望經由此一微觀與宏觀兼具的探討，希望能對明、清以來的民間宗教有另一個角度的發現。而此一研究取向，實來自西方「宗教歷史學派」的方法論影響，及對以往中國民間宗教研究的回顧，所得出來的一種思考模式，或能爲往後的民間宗教研究有所啓發。

一、西方「宗教歷史學派」的研究理論與方法

檢視西方關於宗教史的研究，可以了解西方以基督教研究爲主的宗教史探討，到近代「宗教歷史學派」興起後，開始有了創新的開展。所謂「宗教歷史學派」（Religionsegschichtliche schule），是指興起於二十世紀初，由德國哥丁根大學爲主的一批學者，援用新學門如民族學、人類學、比較宗教學等社會科學的新觀點，研究基督教與《聖經》，這批學者就被稱爲「宗教歷史學派」。此派主要的代表有：袞克爾（Hermann Gunkel, 1862～1932）、布塞特（Wilhelm Bousset, 1865～1920）、魏斯（Johannes Weib, 1863～1914）、韋雷德（William Wrede, 1859～1906）等人。宗教歷史學派日後的發展及影響很大，不但在基督教研究史上豎起了新的里程碑，而且也形塑了宗教史研究的新典範，其理論與方法至今仍被許多學者奉爲圭臬。特別是宗教歷史學派所提出的“來源批判”、“形式批判”與“編纂批判”等的理論與方法，〔註7〕在認定基督教的歷史，分析經典的來源與文類的特徵上，提供更有效的研究方法。

〔註7〕蔡彥仁，〈宗教史與末世運動研究：以基督教之興起爲例〉，《新史學》十卷二期，1999年6月，頁81。

（一）宗教歷史學派的興起

宗教的研究正式成爲一門新興的學科謂之"宗教學"，僅有一百多年的歷史。一般是以 1873 年英國馬克思・繆勒（Friedrich Max Muller1823～1900）發表的《宗教學導論》一書，率先引用"宗教學"一詞，作爲正式的開端。〔註8〕此書係繆勒在 1870 年 2 月至 3 月間，在倫敦英國科學研究所發表的四編演講集結而成。書中除了提出"宗教學"的觀念，並說明了宗教作爲一門科學應有的不同於宗教神學的性質，而且也就宗教學研究提出基本的方法，因而被視爲是宗教學研究的正式成立。其後，西方宗教學有很大的發展，有不少的知名學者，也出版了大量的學術著作，提出各種不同的理論和學說。然而，在初期發展的過程中，"宗教學"這個概念較少使用，反倒是"比較宗教學"（Comparative religion）和"比較宗教研究"（Comparative study of religion）的名詞，較常被使用。

第二次世界大戰之後，"宗教史學"（History of religion）一詞開始被廣泛使用，並逐漸取代"宗教學"或"比較宗教學"的名詞，成爲宗教學研究的代表。〔註9〕這也顯示以歷史學、語言學、考古學和宗教學相結合的研究取向，將成爲宗教研究的主流。1950 年，由各國宗教學者組成和創建的國際學會，就取名爲"宗教史研究國際學會"（International Association for the Study of the History of Religion），後來又去掉"研究"一詞，正式定名爲"宗教史國際學會"（International Association for the History of Religion 簡稱爲 IAHR）

近年來，西方宗教學的發展，又分出一些分支學科，除宗教史學外，還有比較宗教學、宗教現象學、宗教人類學、宗教地理學、宗教生態學、宗教心理學、宗教哲學、宗教批評學和宗教神學等。〔註 10〕"宗教史學"則爲最基本、最重要的研究方法，它是從各種宗教所經歷的歷史發展來認識宗教本身。其任務是探討、研究各種宗教的史實，勾勒其歷史發展線索。宗教史學的研究，一般還與人類文化史、風俗史、政治史、經濟史、藝術史等相結合，

〔註 8〕　Friedrich Max Muller, Introduction to The Science of Religion Four Lectures〔宗教學導論），陳觀勝、李培茱譯，（上海：上海人民出版社，1989 年 11 月）。
〔註 9〕　呂大吉，《宗教學通論》，（北京：中國社會科學出版社，1990 年 10 月），頁 10～11。
〔註 10〕卓新平，《世界宗教與宗教學》，（北京：社會科學文獻出版社，1992 年 6 月）頁 84。

可視爲其他宗教研究分支的基礎。〔註11〕在宗教史學研究上，最成功的代表，即是興起於二十世紀初的德國 "宗教歷史學派"。

（二）代表人物

正式以 "宗教歷史學派" 的名稱來形容此一學派，是開始於 1903 年，一批被稱爲「小哥丁根教團」的年青神學家，他們以新的研究途徑與方法來探討《聖經》而得名。〔註12〕然而史家看待此一學派的興起，是從 1895 年開始，那一年袞克爾（Hermann Gunkel） 出版 Schopfung und Chaos in Urzeit und Endzeit（Creation and Chaos in Primordial Time and End Time）一書，正式爲宗教歷史學派的研究途徑定位。但早在 1888 年，袞克爾的另一本著作：Die Wirkungen des heiligen Geistes：Nach den popularen Anschauungen der apostolisch Zeit（The Effects of the Holy Spirit according to the Popular Mind of the Apostolic Age）已將此派的基本理論和研究方法，作了清楚的闡述。

除袞克爾之外，當時的主要成員尙有布塞特（Wilhelm Bousset）；魏斯（Johannes Weiss）；托勒斯（Ernst Troeltsh）；韋雷德（Wilhelm Wrede）；哈克曼（Heinrich Hackmann），和拉爾夫（Alfred Rahlf）等人。〔註13〕其中的韋雷德（Wilhelm Wrede），被譽爲此一學派研究方法的先驅，他代表的是一種極其嚴格的歷史考證方法，目的是要找出第一世紀地中海世界中，基督教在怎樣一個宗教與文化的環境下成長起來。〔註14〕另一位重要領袖布塞特（Wilhelm Bousset），主要是對《新約聖經》的研究。他最重要的著作《主基督》（Kyrios Christos, 1913; ET 1970）一書，提出他新的理論，認爲最早稱基督爲 "主"（Kyrios）的是外邦基督徒，目的在代替猶太教末世論的「人」。〔註15〕Bousset 的論證方法，即是以來源批判的方式來立論。

1900 年以後，克里門（Carl Clemen）、格列斯曼（Hugo Gressmann）、黑穆勒（W. Heitmuller）和祈特爾（Rudolf Kittel）也加入此一學派。特別是格列斯曼（Hugo Gressmann）所著《以色列和猶太教末世論的起源》（Der Ursprung der israelitisch-judischen Eschatologie, Gottingen, 1905）嘗試從先知言論中指出

〔註11〕卓新平，《宗教理解》，（北京：社會科學文獻出版社，1999 年 9 月）頁 222。

〔註12〕The Encyclopedia of religion（New York: Macmillan Publishing Company, 1986），pp.293。

〔註13〕同上註，頁 293～294。

〔註14〕楊谷牧主編，《當代神學辭典》，（台北：校園書房，1997 年 4 月初版），頁 821。

〔註15〕楊谷牧主編《當代神學辭典》，頁 512。

裡面的神話是極其古遠的。〔註16〕此外，祈特爾（Rudolf Kittel）的《以色列的歷史》（Geschichte des Volkes Israel, rev. edn., Gotha, 1912），則說摩西傳講的不是一神論，而是「理論的崇拜一神論」。〔註17〕其後，巴特曼（Rudolf Bultmann）和愛斯德（Otto Eissfeldt）的加入則是代表宗教歷史學派的第三代。所有的這些成員的建立，以愛克孔（Albert Eichhorn）最具有決定性的影響力。

德國哥丁根大學的宗教歷史學派，在第一次世界大戰後解散，主要是因為戰爭造成德國社會很大的變遷，而且學派中早期的一些創派菁英，也相繼過世。再加上，戰後的基督教神學理論，有較激烈的改變，這些因素都是讓宗教歷史學派走向衰微的主因。而像銳山斯丁（Richard Reitzenstein1861～1931）著有Die Vorgeschichte der christlichen Taufe（Prehistory of Christian Baptism）一書，被譽為是維護此一學派理念的戰士，可說是當時僅有的最後一位。

上述總計有十七位宗教歷史學派具代表性的人物，他們共同的特點是以早期基督教及聖經為研究的重點，在研究的方法上亦有其類似之處，故將之歸類為此一學派的代表。其實，類似宗教歷史學派研究取向者，亦不乏其人，例如德國歷史主義大師蘭克，他對基督教教皇的研究，引用史料注重來源批判的主張，與宗教歷史學派並無不同。但因蘭克研究的不在早期基督教及聖經，因此不被歸類於此一學派。

（三）宗教歷史學派的理論與方法

以德國哥丁根大學為主，所發展出來的宗教歷史學派，對現代的宗教史研究有很大的影響。其研究的理論與方法，主要將新興的學門：宗教歷史學、宗教社會學、宗教人類學、宗教民族學、比較宗教學等研究方法，應用於基督教史的研究上。尤其是以新的觀點、新的學域，對《聖經》的重新詮釋，所獲致的研究成果最大。影響所及，在這些新學域、新視野的刺激下，對基督教的研究不再滿足於化約成幾項神學教條的做法，而是強調以比較研究的觀點，將基督教與其他宗教等同視之，就各種實踐與儀式上，進行比較研究。大致可歸納為以下幾項：

1、歷史上的宗教應置於原來產生該宗教的歷史文化背景中去了解

首先，就此一學派的重要領袖袞克爾（Hermann Gunkel）而言，他亦是

〔註16〕楊谷牧主編，《當代神學辭典》，頁512。
〔註17〕楊谷牧主編，《當代神學辭典》，頁512。

形式批評的創始人。Gunkel 將宗教歷史學派的原理應用在解釋《舊約聖經》的經文上，認爲《舊約聖經》裡創造與混亂的主題，大多源自巴比倫神話。Gunkel 後來更以此法研究希伯來詩歌。〔註 18〕在前述袞克爾的兩本早期代表作中，則特別是以宗教歷史學的方法，檢驗早期的基督教，認爲其中有許多外來的及非理性的超自然信仰，是來自當時所流行的後猶太教信仰。袞克爾將宗教的產生，還原於歷史的發生背景上去探討的方法，後來成爲此一學派研究方法上，最重要的一項主張。例如德國杜賓根大學教授亨格爾（Martin Hengel）著有《魅力型領袖及其門徒》（The Charismatic Leader and His Followers）〔註 19〕一書，即是服膺「宗教歷史學派」的治學方法，將早期基督教置於泛希臘文化的大脈絡中，來研究「歷史上的耶穌」及耶穌社群的師徒關係。Hengel 以〈新約四福音書〉爲材料，對經文中有關「跟從」、「門徒」、「召喚」等記載，採形式批判、編輯批判等解經方法，以了解耶穌和其門徒之間的互動關係。

2、以現代社會科學的理論模式，去檢驗歷史上的宗教人物

Hengel 所著《魅力型領袖及其門徒》一書，應用了韋伯（M.Weber）的「魅力型領袖（charismatic leader）爲理想型，來研究歷史上的耶穌，認爲此一類型最能貼切的說明早期耶穌社群的師徒關係。〔註 20〕Hengel 應用當代社會科學的理論來研究歷史上的耶穌，是這方面的成功典範。另外，德國海德堡大學教授泰生（Gerd Theissen）著《早期巴勒斯坦基督教社會學》（Sociology of Early Palestinian Christianity）〔註 21〕一書，也是當今最有創發性的運用社會科學理論於早期基督教史研究之著作。Theissen 和 Hengel 同樣採用了韋伯的魅力型領袖爲理想類型，以「遊走的魅力型人物」作爲研究耶穌的起點，再輔以涂爾幹（E.Durkheim）有機整合的社會學理論，來探討基督教的興起。Theissen 將耶穌傳播天國的教義，視爲一種「耶穌運動」，並應用社會科學的理論，說明在其發源地巴勒斯坦的種種社會機制。

〔註 18〕楊谷牧主編，《當代神學辭典》，頁 470。

〔註 19〕Martin Hengel , The Charismatic Leader and His Followers（New York: Crossroad, 1981; originally published in German, Nachfolge und Charisma, 1968）

〔註 20〕蔡彥仁，前引文，頁 87。

〔註 21〕Gerd Theissen, Sociology of Early Palestinian Christianity tr. John Bowden （Philadelphia: Fortress, 1978; originally published in German, Soziologie der Jesusbewegung, 1977）

3、以歷史批判方法，避免主觀偏見，來還原宗教歷史的真相

以歷史學研究的求真精神，宗教歷史學派主張以歷史批判方法，避免主觀偏見，來還原宗教歷史的真相。美國普林斯頓大學宗教史教授卡格（John G. Gager）在《神國與社群：早期基督教的社會網絡》（Kingdom and Community: The Social World of Early Christianity）一書中，〔註22〕講求在客觀以及還原歷史真相的原則下，援用社會學與人類學上多種理論，嘗試研究早期基督教史。Gager 認為基督教是一種宗教，其歷史自然應以一般宗教史對待之。應用歷史批判的方法，Gager 指出：《新約聖經》是一部宗教「正典」，本質上即為政治與神學上的產物，學者若不事先辨明此點，逕以「正典」為史料根據，結果即不可能得著真正的早期基督教面目。

4、以宏觀的角度，探尋集體的具代表性的行為模式與社會類型

耶魯大學《聖經》與宗教研究教授米克斯（Wayne A.Meeks）著有《早期的城市基督徒：使徒保羅的社會網絡》（The First Urban Christians: The Social Worlds of the Apostle Paul）一書，〔註23〕集中探討早期基督教社群在羅馬帝國城市中的處境，認為要真實了解早期基督教的歷史事實，就得從分析建構事實的具體環境著手。換言之，就是須要有宏觀的角度去探尋集體的、具代表性的社會行為模式與社會類型。Meeks 是以龐雜的歷史文獻為基礎，選擇社會學與人類學的主題類型進行描述與詮釋，試圖刻畫出早期的基督教世界。以羅馬帝國的城市為例，Meeks 在分析城市中的基督徒時，先從辨明其中不同的地理位置、歷史沿革、地方特色等著手，再由外而內，探討城市裡各類市民組織、階級差異、性別地位、衝突、訴訟等議題。在這些探討的基礎上，再呈現出基督教社群，如何在這樣的環境下，為生存之須而組成自己的團體。此種不同於以往只以基督徒為核心的描述方式，正是宗教歷史學派的特徵。

5、以比較宗教史的觀點，不再視某一種宗教為獨一無二的宗教，而是等量齊觀的將當時各種宗教放在一起作比較分析，相提並論。

宗教歷史學派是以比較宗教史的觀點，不再視某一種宗教為獨一無二的宗教，而是等量齊觀的將當時各種宗教放在一起作比較分析，相提並論。而且，

〔註22〕John G.Gager, Kingdom and Community: The Social World of Early Christianity（Englewood Cliffs: Pretice-Hall, Inc., 1975）

〔註23〕Wayne A.Meeks, The First Urban Christians: The Social Worlds of the Apostle Paul（New Haven & London: Yale University Press, 1983）

此派是由傳統僅注重宗教本身的社群關係，轉而注重其與外在社會環境兩者之間的互動關係。目的在打破傳統以「神學」來看待宗教研究，改以宗教的社會現象之觀點來探討宗教。以此一學派後期的重要人物銳山斯丁（Richard Reitzenstein）為例，他是位語言學家，研究神秘主義在希羅思想的地位，他在《培曼特斯》（Poimandres）〔註24〕一書中指出，原屬希耳米神話（Hermes）的培曼特斯，才是約翰福音所根據的素材。並利用較晚的曼底安派（Mandaean）經文，來重塑基督教洗禮的原樣。Reitzenstein 另一本名著《希羅神秘宗教》（Die hellenistischen Mysterien religionen）則認為保羅是受希羅神秘宗教的影響，諸如諾斯底主義等，他還稱保羅為最偉大的諾斯底主義者。〔註25〕

綜合以上幾項「宗教歷史學派」的研究理論與方法，可以了解西方以基督教研究為主的宗教史探討，到宗教歷史學派興起後，有了創新的開展。宗教歷史學派強調結合歷史學與社會科學，對宗教史作更為宏觀的探討。受此影響，七〇年代以後，西方研究早期基督教的學者開始提出，此宗教在興起之初，如何自我界定，如何與大環境互動，如何建構，如何維持等的宏觀問題。換言之，有關基督教史的研究，已從早期注重宗教人物、主體經驗、經典、儀式等的人文學域，轉至社群、外在環境、社會網絡、宗教社會運動、與其他宗教的互動等的社會學域。

二、中國民間宗教的研究概況

中國的「民間宗教」一詞，是用以指唐宋以後，中國民間的一種自發性的宗教結社。〔註26〕它是普遍流行於社會底層，非純粹佛、道兩教之外的多種民間教派之統稱。以往在研究上，有些學者也用「民間教派」一詞，來代表某一特定的民間宗教教派；或是用「秘密會社」一詞，來代表民間的秘密結社，即一般所通稱的「幫會」。民間宗教及民間秘密會社的研究成果，都是本文主要的探討對象，但這不包括正統的佛、道教及基督教、天主教等宗教的研究成果。就目前民間宗教的研究成果來看，似乎可以概分為歷史學的史料分析、人類學的田野研究及社會學的研究取向等三項。

〔註24〕Richard Reitzenstein, Poimandres,（repr., Darmstadt, 1966）

〔註25〕《當代神學辭典》，前引書，頁 513。

〔註26〕韓秉方，〈中國的民間宗教〉，收錄於湯一介主編，《中國宗教：過去與現在》，（北京：北京大學出版社，1992.10），頁 163。

（一）歷史學史料分析的研究取向

臺灣學者莊吉發先生，首先利用台北故宮博物院館藏的清代檔案資料，對清代的白蓮教、羅教、收元教、大乘教、三陽教、清茶門教、青蓮教等〔註27〕進行研究。莊先生即以「秘密宗教」來稱這些民間教派。特別有一篇專文〈從院藏檔案談清代秘密宗教盛行的原因〉來分析這些民間教派盛行的社會因素。〔註28〕戴玄之先生所著《中國秘密宗教與秘密社會》一書，基本上也是依照官方檔案的觀點，將民間宗教視爲秘密性質的宗教結社。〔註29〕這些研究主要是利用明清以來的官方檔案及民間宗教的寶卷爲材料，著重於史料的分析，目的在重建明清以來民間秘密宗教的發展情形。近來日本學者野口鐵郎所著《明代白蓮教史の研究》，〔註30〕及淺井紀所著《明清時代民間宗教結社の研究》，〔註31〕與大陸學者喻松青所著〈明清時代民間的宗教信仰和秘密結社〉〔註32〕、《明清白蓮教研究》〔註33〕及《民間秘密宗教經卷研究》〔註34〕等。此外，馬西沙、韓秉方合著的《中國民間宗教史》可視爲這種研究取向的主要代表作。〔註35〕

〔註27〕莊吉發，〈清嘉慶年間的白蓮教及其支派〉，《師大歷史學報》期8，民國69年。
　　　　莊吉發，〈清高宗查禁羅教的經過〉，《大陸雜誌》，卷63期3，民國70年。
　　　　莊吉發，〈清代乾隆年間的收元教及其支派〉，《大陸雜誌》，卷63期4，民國70年。
　　　　莊吉發，〈清高宗查禁大乘教的原因及經過〉，《食貨》卷11期6，民國70年。
　　　　莊吉發，〈清代三陽教的起源及其思想信仰〉，《大陸雜誌》，卷63期5，民國70年。
　　　　莊吉發，〈清代清茶門教的傳佈及其思想〉，《大陸雜誌》，卷68期6，民國73年。
　　　　莊吉發，〈清代青蓮教的發展〉，《大陸雜誌》，卷71期5，民國74年。
　　　　莊吉發，〈清代道光年間的秘密宗教〉，《大陸雜誌》62期，民國70年。
　　　　莊吉發，〈清代民間宗教的寶卷及無生老母信仰〉（上、下），《大陸雜誌》74：4，民國76年5月。
〔註28〕莊吉發，〈從院藏檔案談清代秘密宗教盛行的原因〉，《故宮學術季刊》卷1期1，民國71年。
〔註29〕戴玄之，《中國秘密宗教與秘密會社》，（台北：臺灣商務印書館，民國79年）。
〔註30〕野口鐵郎，《明代白蓮教の研究》，（東京：雄山閣出版，昭和61年2月）。
〔註31〕淺井紀，《明清時代民間宗教結社の研究》，（東京：研文出版社，1990年9月）。
〔註32〕喻松青，《明清時代民間的宗教信仰和秘密結社》，《清史研究》第1輯，1980年。
〔註33〕喻松青，《明清白蓮教研究》，（成都：四川人民出版社，1987年4月）。
〔註34〕喻松青，《民間秘密宗教經卷研究》，（台北：聯經出版社，民國83年9月）。
〔註35〕馬西沙、韓秉方，《中國民間宗教史》，（上海：上海人民出版社，1992年12月）。

尤其是《中國民間宗教史》一書，大量引用了北京第一檔案館的明清檔案，尤以官方的奏摺為主，並配合近來大量發掘的寶卷，對明清以來的民間宗教教派二十多種，作了較詳盡的分析。這些研究成果，對於認清明清以來民間宗教的發展與流變情形有很大的貢獻。但此一研究取向，容易受官方檔案的限制，而拘泥於官方的觀點，將民間宗教視為相對於正統宗教的異端邪教，認為其本質就具有反抗政府統治的叛逆性格。〔註 36〕如此則較難真實的了解民間宗教的本質。俄國學者馬文良也有這樣的感嘆：「雖說目前已出版了好幾本有關這個題目的基本著作，其中包括馬西沙和韓秉方先生的最詳盡的論著，但中國民間宗教的本質及其在中國社會中的作用，似乎遠未充份地顯示出來。」〔註 37〕

（二）人類學田野調查的研究取向

另一派民間宗教的研究取向，是著重於人類學的田野調查方法，直接以現有的民間教派為目標，進行實地的調查研究。將所見所聞和實地收集到的資料，再配合相關的文獻來分析。法國漢學家 J.J.M deGroot（迪格魯特）是最早以人類學田野調查的方法，研究中國民間宗教的外國學者，在 1892 年到 1910 年間，陸續完成他在福建民間的調查報告，寫成 The Religiuos System of China 六鉅冊專著。此書主要是以中國民間道教的信仰習俗為題材，收錄了很多這方面的資料，但在民間教派方面則提到的很少。〔註 38〕所以為了彌補這方面的不足，DeGroot 另外又寫了 Sectarianism and Religious Persecution in China 二冊的專著，討論了白蓮教及其他教派的問題，主要是著重於官府對教派的鎮壓上，他認為民間教派是起源於國家取締僧團而使大批僧侶還俗的結果。〔註 39〕其後法國的人類學家 W.A. Grootaers（賀登崧）於民國 30 年代到中國華北進行民間宗教的調查，對當時極為流行的一貫道進行研究，"Une Societe Secrete moderne, I Kuan Tao: Bibiographieannotee" 一文收錄一貫道常用的書目 34 種，並一一作了提要。〔註 40〕賀氏在當時的輔仁大學任教，李世瑜先生就在他的指導下，完成他

〔註 36〕韓秉方，〈中國的民間宗教〉，收錄於湯一介主編，《中國宗教：過去與現在》，（北京：北京，大學出版社，1992.10），頁 172。

〔註 37〕〔俄〕馬文良，〈中國民間宗教芻議〉，《世界宗教研究》，1994 年 1 月，頁 122。

〔註 38〕DeGroot,J.J.M. The Religious System of China 6 vols.（Leiden: E.J.Brill, 1892～1904）

〔註 39〕DeGroot,J.J.M. Sectarianism and Religious Persecution in China 2 vols.（Amsterdam,Johannes Muller, 1903）

〔註 40〕Grootaers,William A."Une Societe Secrete moderne, I Kuan Tao: Bibiographie annotee" Folklore Studiea 5:316～352 1946

的《現代華北秘密宗教》碩士論文，〔註41〕是為國人第一部以人類學的方法所完成的民間教派研究著作，李氏對當時華北一帶的多種教門，透過自己親身參與其中去收集資料，尤其對黃天道、一貫道、皈一道、一心天道龍華聖教會等四個教派，有較詳細的敘述。而當時日本人窪德忠，也對於在淪陷區大為流行的一貫道進行調查，先後撰成〈一貫道について〉〔註42〕及〈一貫道補考——一貫道是什麼東西の介紹〉〔註43〕二篇文章來介紹一貫道。中共在大陸建立政權後，民間宗教被打成"反動會道門"，遭到各地公安的強力取締，以致明清以來所有的秘密會社及秘密宗教幾乎被一掃而空，因此在這方面的調查研究可說是停頓狀態。後來的歐美人類學者，要研究中國的社會與宗教，臺灣就成了最佳的選擇。先後有 Diamond 和莊英章合作對南鯤身〔註44〕、Wolf〔註45〕和 Harrell 對三峽〔註46〕、Feuchtwang 對臺北的宗教活動〔註47〕、D.Jordan 對保安村祭祀儀式〔註48〕等的研究。八〇年代，中央研究院的宋光宇教授對臺灣一貫道進行調查研究，撰成《天道鉤沉：一貫道的調查報告》一書，將一貫道三十多年來在臺灣發展的情形，作很詳盡的分析。〔註49〕林萬傳先生所著《先天大道系統研究》則是進一步的釐清一貫道與先天道的淵源關係，是目前對先天道最有系統，所錄先天道經典最詳盡的一本著作。〔註50〕美國人類學家 David K. Jordan（焦大衛）和 Daniel L. Overmyer（歐大年）合著 TheFlying Phoenix:Aspects of Chinese Sectarianism in Taiwan 一書，分別探討了臺灣民間信仰的扶乩飛鸞、慈

〔註41〕李世瑜，《現代華北秘密宗教》（台北：古亭書屋發行，民國 64 年 8 月，台一版）。
〔註42〕窪・德忠，〈一貫道について〉，《東洋文化研究所紀要》第 4 冊，1953。
〔註43〕窪・德忠，〈一貫道補考——一貫道是什麼東西の介紹〉，《東洋文化研究所紀要》11:179-212 1956。
〔註44〕Norma Diamond, K'un Shen: a Taiwan Village（New York 1969）
〔註45〕Arthur P.Wolf,"Gods,Ghosts,and Ancestor" in Religion and Ritual in Chinese Society edited by Arthur P.Wolf（Stanford,Stanford University Press 1974），pp.131～182
〔註46〕Steven Harrell, Belief and Unblief in Taiwan Village Ph.D disseatation,（Stanford University 1974）, and "Medes of Blief in Chinese Folk Religion" Journal for the Scientific study of Religion 16（1）:55～65, 1976
〔註47〕Stephan Feuchtwang,"City Temples in Taipei under three regimes"in Mark Elvin and G.William Skinner,eds., The Chinese City Between Two Worlds（Stanford,Stanford University Press, 1974）
〔註48〕David K.Jordan,Gods Ghosts & Ancestors:Folk Religion in A Taiwanese Village second edition,（Taipei:Caves Books,Ltd., 1985）
〔註49〕宋光宇，《天道鉤沉——一貫道調查報告》（台北：元祐出版社，民國 73 年 12 月 1 日再版），頁 234～236。
〔註50〕林萬傳，《先天大道系統研究》，（台南：靝巨書局，民國 75 年 4 月訂正二版）。

惠堂，及一貫道等民間宗教。〔註51〕九〇年代的大陸，亦開始有學者重視對民間宗教的人類學田野研究，王熙遠的《桂西民間宗教》一書，就是對桂西一帶所流行的"普渡道"及"魔公教"，作了很詳盡的調查研究。〔註52〕日本學者篠原壽雄所著《台灣における一貫道の思想と儀禮》一書，是作者多次到臺灣南部接觸到一貫道，並經由求道的儀式加入其中，得以觀察及收集資料所完成的一部著作。此書對一貫道的獻供、求道、飛鸞等儀式有較詳細的探討。〔註53〕拙著《臺灣民間宗教之研究：一貫道發一靈隱的個案分析》一書，則是針對一貫道的一個組線作人類學的調查研究。〔註54〕最近宋光宇教授新完成的《天道傳燈：一貫道與現代社會》上下冊，基本上是《天道鉤沉》的延續，著重在民國七〇到八五年間，一貫道在臺灣社會的發展，所具有的意義及其影響。〔註55〕以上的這些研究成果，皆注重人類學的田野調查，實際的去參與觀察，其優點在於較能清楚的呈現所研究的對象，因爲有很多的非文字記載，是要透過親身參與觀察才得到，而這正也是只用歷史材料的研究者，所最欠缺的。而且在論述的觀點上，比較能客觀的記錄所見所聞，所受官方統治觀念的影響也較少。但此一研究取向的問題，是研究的範圍較小，往往只是就一個小的個案作調查，所注重的是當前教派本身的問題，對其歷史淵源的部份通常交代不足。

（三）社會學的研究取向

早期在功能主義盛行的二〇至五〇年代，社會學界對民間宗教的研究，自然深受功能分析的影響，將宗教信仰的活動視爲一種社會現象，透過社會調查、量化處理和功能結構上的理論分析，以了解社會中的宗教信仰，所呈現出來的意義。Steven Sangren 著 History and Magical Power in a Chinese Community〔註56〕及 Stephan Feuchtwang 著 A Chinese religion exists: An Old

---

〔註51〕David K. Jordan & Daniel L. Overmyer, The Flying Phoenix: Aspects of Chinese Sectarianism in Taiwan（Princeton:Princeton University Press,1986）

〔註52〕王熙遠，《桂西民間秘密宗教》，（桂林：廣西師範大學出版，1994 年 7 月）。

〔註53〕篠原壽雄，《台灣における一貫道の思想と儀禮》，（東京：平河出版社，1993 年 5 月 20 日）。

〔註54〕林榮澤，《臺灣民間宗教之研究：一貫道發一靈隱的個案分析》，（台大三民主義研究所碩士論文，1993 年 2 月）。

〔註55〕宋光宇，《天道傳燈：一貫道與現代社會》上下冊（台北：三揚印刷出版，民國 85 年）。

〔註56〕Steven Sangren History and Magical Power in a Chinese Community,（Stanford, Stanford University, 1987）

State in New Settings〔註57〕兩書可爲代表。到了七〇年度，出現一批有關中國民間宗教和儀式的探討，就社會與文化的關係來分析。1974 年斯坦福大學出版，由武雅士（Arthur Wolf）主編的《中國社會中的宗教與儀式》（Religion and Ritual in Chinese Society）一書，〔註58〕集結了國際上對中國民間宗教和儀式研究的主要成果，其中大量的田野研究是在臺灣進行的調查資料寫成。此書代表有關 "民間宗教" 的內在特點的研究報告，提出的問題主要有：民間宗教的信仰體系是什麼？它的社會和文化意義是什麼？它是一個一體化的體系，還是一些各自分立的文化？

　　社會學家視宗教爲一種客觀的社會現象，認爲一切宗教都是社會的產物，〔註59〕是一種外在的社會制度，注重對某一地區的宗教現象，或宗教行爲及其社會功能的探討，目前就臺灣社會的研究，除了瞿海源〈我國宗教變遷的社會分析〉〔註60〕、范珍輝〈神、廟及宗教英才——臺灣宗教之個案研究〉〔註61〕和蔡文輝〈臺灣廟宇占卜的一個研究〉〔註62〕曾作過有關民間宗教的調查外，其他的實証研究則付之闕如。中央研究院民族學研究所十多年前所作的《三十年來臺灣地區各類宗教發展趨勢之研究計劃》對臺灣地區的宗教變遷有整體性的分析。這項研究注重於根據宗教本身的發展，提出幾個可能導致宗教變遷的社會因素。至於教徒和神職人員爲傳教目的所寫的書籍，例如 K.Tong 著 Christainity in Taiwan: A History〔註63〕及 Swanson 所著 Taiwan: Mainline versus Independent Church Growth〔註64〕對基督教在臺灣發展的研究，雖提供不少的可貴資料，但又難免流於主觀，又囿於已見，通常都缺乏整體的宏觀。而王爾敏的〈秘密宗教與秘密會社之生態環境及社會功

〔註57〕 Stephan Feuchtwang A Chinese religion exists: An Old State in New Settings,
　　　　（Stephan Feuchtwang and Hugh Baker eds., Oxford, 1991）

〔註58〕 Arthur P.Wolf Religion and Ritual in Chinese Society（Stanford University Press,
　　　　1974）

〔註59〕 Donald Light,Jr.Suzanne Keller 合著〈社會學〉，林義男譯，（台北：巨流圖書
　　　　公司印行，民國 80 年 1 月四版），頁 657。

〔註60〕 瞿海源，〈我國宗教變遷的社會分析〉，收錄於朱岑樓主編，《我國社會的變遷
　　　　與發展》（台北：東大圖書公司，民國 70 年 10 初版）。

〔註61〕 范珍輝，〈神、廟及宗教英才——臺灣宗教之個案研究〉，《臺大社會學刊》，
　　　　第 4 期，民國 57 年，頁 61～90。

〔註62〕 蔡文輝，〈臺灣廟宇占卜的一個研究〉，《思與言》，6（2）：19～22，民國 57 年。

〔註63〕 Hollington K.Tong "Christainity in Taiwan: A History" Taipei China Post, 1961

〔註64〕 Allen J.Swanson "Taiwan:Mainline versus Independent Church Growth" South
　　　　Pasadena: William Carey Library, 1970

能〉〔註65〕一文，則是試著將歷史學與社會學研功能分析究相結合，以探討明清以來的秘密宗教與結社的社會功能。

三、綜合中、西方研究現況的省思

綜合上述，透過對西方宗教歷史學派理論與方法的了解，與中國民間宗教的研究，作一比較分析。所謂「他山之石，可以攻錯」，希望能經由具建設性的分析，從別人的經驗與優點中，得到中國民間宗教研究上的創新啟示，或能突破目前存在的一些瓶頸，而有更寬廣的研究開展。當然，宗教歷史學派也有其缺點，但對基督教史的學術研究，具有正面的提升作用則是事實。一般認為宗教歷史學派的問題在於「輸送帶的謬誤」，意思是凡先存在的，就像是處在輸送帶的前端，它必然會傳送到輸送帶的末端。〔註66〕問題在於如何證明真有那條輸送帶的存在，意即如何確知一件事情的發生，必然會有與此件事互為因果的事件會發生。這是從歷史法則的研究上，很容易犯到的盲點。總結而言，西方宗教歷史學派至少有二項對中國民間宗教的研究，有正面的啟示作用。

首先，在根源的探討方面，不論是整個中國民間宗教的根源，或是個別的民間宗教教派起源的問題，都存在著不少的爭論。西方宗教歷史學派在處理類似的問題時，研究的深度和廣度都比中國民間宗教的研究來得多。目前學界研究中國的民間教派，大都以單一教派為探討的主軸，分析其起源與發展所用的材料，不外乎官方檔案或教內的寶卷與經書，自然有其局限性，馬西沙、韓秉方合著《中國民間宗教史》即是代表。如果依宗教歷史學派的主張，研究歷史上的宗教應置於原來產生該宗教的歷史文化背景中去了解，作為思考的出發點；再配合歷史批判方法，避免主觀偏見，以還原宗教歷史真相的態度；還應以比較宗教史的觀點，不因某一教派的探討，就無視於當時其他同時存在的教派，而是應等量齊觀的將各種教派放在一起作比較分析，相提並論。若能依以上述的研究取向，相信必能有一番新的創獲。

其次，善用社會科學的理論與方法，尤其是民族學、人類學、宗教社會學、比較宗教學等方法，也不失為往後民間宗教研究上，可以多所發揮的部

〔註65〕王爾敏，〈秘密宗教與秘密會社之生態環境及社會功能〉，《近代史研究所集刊》第 10 期。
〔註66〕楊谷牧主編，《當代神學辭典》，頁 513。

份。西方宗教歷史學派雖是以歷史學的研究爲主，但同時也很注重其他輔助科學的應用，主張輔以現代社會科學的理論模式，去檢驗歷史上的宗教人物，Hengel 引用韋伯的魅力型領袖（charismatic leader）爲理想型，來研究歷史上的耶穌，就是一個很成功的典範。目前海峽兩岸的學界，對民間宗教的研究，仍以史實敘述居多，較少理論建構的研究；國外的漢學家研究中國的民間宗教，則偏向社會人類學的理論建構居多，如何有效結合兩方之所長，對中國民間宗教宗教的研究，必然也會有突破性的進展。

第三節 材料與架構

至於有關民間宗教裡齋戒信仰的研究，目前幾乎是沒有任何二手的研究成果可供參考。所幸在原始的檔案材料上，不乏有這方面的記載，尤其是清代官方留下的大批奏摺檔件，如台北故宮所藏：康熙、雍正、乾隆、道光、嘉慶、光緒各朝的宮中檔及軍機處月摺包、月摺檔，上諭檔、外紀檔、清實錄等，均有豐富的史料。大陸近年來陸續公布或編印出版的史料也不少，如軍機處錄副奏摺、清代各朝的朱批奏摺等。另外編輯成冊的有：《清代檔案史料叢刊》、《史料旬刊》、《清代農民戰爭史資料選編》、《明清史料》、《宣宗成皇帝聖訓》、《教務教案檔》、《穆宗毅皇帝聖訓》、《山東軍興紀略》、《邱幸教匪紀略》、《辛亥革命前十年民變檔案史料》上下冊等。這些都是本文可資應用的很好材料。至於有關民間秘密宗教齋戒信仰的教義理論，近來得力於《寶卷》的整理公布，在研究上已較爲容易。大陸山西人民出版社所編《寶卷初編》一百卷，及臺灣王見川、林萬傳所編《明清民間宗教經卷文獻》十二冊，即是很好的研究材料。由於《寶卷》中有關齋戒的教義，很多重複之處，甚至相互抄襲，所以本文在分析上，是以《明清民間宗教經卷文獻》所收錄的寶卷爲主。

一、研究取向的思考

綜合以上的考量，筆者試著對中國民間宗教的研究，提出一項可能的研究模式，或許能有一番新的創獲。此一研究取向簡單可謂之「微觀中有宏觀」的研究取向，舉例言之：研究清末的"江南齋教"，以往多就齋教的源流、發展經過、基本教義與後來的演變等方向作探討。如果選一位齋教徒「劉詳

興」作探討的主軸，再配合相關問題的分析，會是怎樣的情況呢？

劉詳興是清末福建古田縣南鄉的齋教徒首領，入會吃齋的時間有五年，光緒廿一年（1895）六月十一日，劉祥興帶領一百多位的齋教徒，攻入華山一帶的洋人聚集區，殺害英、美傳教士及其家屬共十一名，殺傷五人，燒毀別墅兩棟，此為震驚中外的「華山教案」。以劉詳興作為探討的主軸，有以下幾方面的問題可以開展：

一、古田縣的歷史背景分析，借由古田縣志及其他相關資料，了解古田縣在洋傳教士進入及鴉片流行後所引發的一些潛在危機。

二、、劉祥興是一位虔誠的齋教徒，日常生活就是傳教活動為主，是一位典型的全職民間宗教教徒，透過對劉祥興的探討，等於是對一位齋教徒的信仰生活之了解。

三、劉祥興從江西來福建傳教，在古田縣成為該地的齋教領導，此一發展的經過，必須就整個齋教的發展過程來了解，此即齋教發展史的探討。

四、齋教徒的特徵是"吃齋"，作會吃齋戒鴉片煙是造成此次教案的主因，透過對齋教教義的探討，可以明了為何齋教徒要主張吃齋，吃齋戒煙又為何會引發如此重大的教案。

五、被殺害的是英、美傳教士及其家人，兩國如何反應，滿清政府又如何處理此一教案，這當中可以看出當時滿清政府，在面對接二連三的教案所採取的外交態度。

以上是以劉祥興一人所延伸出來的相關探討，包括時代環境與歷史背景，齋教的歷史源流、基本教義、宗教活動、齋教與外教的衝突等。事實上也等於包括齋教的所有問題，而又更實際的，從信徒的生活面去了解。此一思考的研究模式，基本上是與西方宗教歷史學派常用的研究取向，以耶穌或其信徒為主軸，延伸出相關的歷史背景、聖經教義、宗教信仰的活動及其影響等方面的探討方式是相契合的。

在章節的規劃上如下：

第一章：緒論

第二章：齋戒信仰溯源

第三章：民間宗教齋戒信仰之形成

第四章：清代民間的吃齋教團

第五章：民間宗教齋戒教義之探討

第六章：齋戒信仰與清代官方的取締

第七章：教派齋戒活動的社會影響

第八章：結論

第二章　齋戒信仰溯源

　　在中國皇室的禮儀中，「齋戒」是一項很特殊的制度。與歷史上其他文明的皇帝制度相較，中國皇帝對齋戒之重視，已成爲是一種特有的現象。「齋戒」是在重大祭祀活動舉行前幾天開始，每一年由皇帝所主持的各項祭典很多，實施「齋戒」的次數必然不少，所以中國歷來的皇帝是如何處理這件事，應是個很值得研究的課題。目前有關皇室齋戒制度的研究，還很少見，有的只是就中國素食主義或素食制度的探討，這些也僅止於一般庶民百姓，或特定的宗教信眾作分析。本章主要是就中國古代的齋戒制度作考察，引用的材料以《禮記》、歷代的《會典事例》爲主，再配合其他相關的史料。在論述上主要有兩方面，一是將就齋戒本身的意義、作用，及歷代皇帝對齋戒的重視與作法作探討；另一部份是分析「齋戒」形成一種制度化後，所扮演的功能及其影響。

第一節　古代的齋戒祭祀

　　《說文解字》對「齋」字的解釋是：「齋，戒潔也，從示齊省聲。」〔註1〕含有守戒潔身之意。「齋」，是指古人在祭祀或舉行重要典禮前，清心寡欲，淨身潔食，以示莊敬之意。〔註2〕《禮記·曲禮》：「齊戒以告鬼神。」（「齋」本作「齊」字）由於含有戒潔身心的內涵，所以通常將「齋戒」兩字合用。《孟子·離婁下》就提到：「雖有惡人，齋戒沐浴，則可以祀上帝。」齋戒沐浴成了祭祀

〔註1〕段玉裁，《說文解字》，（台北：黎明文化，民國73年2月），頁3
〔註2〕《漢語大詞典》，〈齋〉字條

前很重要的儀式，古來祭天（上帝）儀式最爲神聖隆重，率由天子來主持，所以歷代的皇帝每年主持重要祭典時，實施「齋戒」是必然的事。以清朝的皇帝爲例，實施「齋戒」時，依《清會典》的規定：「齋戒日，不理刑名，不辦事，有緊要事仍辦。不燕會，不聽音樂，不入內寢，不問疾弔喪，不飲酒，不茹葷，不祭神，不掃墓。前期一日沐浴，不疾有服者勿與。」〔註3〕祭祀前，如此嚴格的飲食起居規定，自清順治皇帝開始，就一直相沿下來不曾改變，爲清代每位皇帝所遵行。

至於何時開始有齋戒以祀上帝的禮儀？相傳炎帝神農氏首次制作「蠟祭之禮」，可算是我國最早有關祭祀之禮的記載。黃帝則是第一次制作冠冕和旒服，並首次隆重正式地用以祭禮上帝。《春秋合誠圖》中提到：「黃帝請問太一長生之道，太一曰：齋六丁，可以成功。」〔註4〕《內傳》中也提到：「帝誓翦蚩尤，乃齋三日，以告上帝。」〔註5〕這些傳說可能即是齋戒之始。到了帝舜時代，開始有了「三禮」、「五禮」的章法。史稱：「舜東巡狩，至於岱宗，修五禮，又命伯夷典三禮。」所謂「三禮」是指：祭天神、祭人鬼、祭地祇等三個門類。「五禮」則是指吉、凶、軍、嘉、賓等五禮。三禮、五禮是關於祭祀的禮儀，其後經周公闡發定型，成爲往後中國幾千年不改的基本框架。至於「齋戒」是否和祭禮同時產生，目前尚有待進一步考證。可以確定的是，至遲到西周時期，已有「齋戒以祭」的作法。《史記・周本紀》記載：「武王病，天下未集，群公懼，穆卜，周公乃祓齋，自爲質，欲代武王，武王有瘳。後而崩，太子誦代立，是爲成王。」〔註6〕是說武王有疾，周公以誠敬之心，齋戒沐浴，祭禱於三王，希望以他自己爲質，來替代武王，並除去不祥之祓。周公的作法正是《禮記》所說的齋戒以告鬼神。《易・繫辭》亦云：「聖人以此齊戒，以神明其德夫。」〈注〉洗心曰齊，防患曰戒。〈疏〉齊戒其身。齊字也即是齋字，《禮記・祭統》曰：「齊者精明之至也，所以交於神明也。」《禮記・祭統》又云：「及其將齊也，防其邪物，訖其嗜欲，耳不聽樂，心不苟慮，手足不苟動。」皆是在強調祭祀前齋戒的重要性。可知周天子在祭祀以前，

〔註3〕《清會典事例》〈禮部一二六・祭統〉，頁 635

〔註4〕黃奭輯，《春秋合誠圖》，收錄於《叢書集成》三編，十六〈黃氏逸書攷〉，第十四函（台北：藝文印書館，民國 61 年）。

〔註5〕《內傳天皇鼇極鎮世神書》，收錄於《四庫全書存目叢書》子部・術數類 63（台南：莊嚴出版社，民國 84 年）。

〔註6〕《史記》〈周本紀第四〉。

應有齋戒以示誠敬的作法。

　　戰國時期，《史記》「藺相如完璧歸趙」的典故中，記載藺相如手握“和氏璧”向秦王要求說：「和氏璧，天下所共傳寶也，趙王恐，不敢不獻。趙王送璧時，齋戒五日，今大王亦宜齋戒五日，設九賓於廷，臣乃敢上璧。」〔註7〕為了得到和氏璧，秦王也不得不答應藺相如要齋戒五日。可以想見，在當時將齋戒之事看的很重要。藺相如希望秦王在得到和氏璧後，能依約歸還趙國城池，所以要求秦王齋戒五日以示真誠不欺。《史記・秦始皇本紀》亦記載：「始皇還，過彭城，齋戒禱祠，欲出周鼎泗水。使千人沒水求之，弗得。」〔註8〕相傳禹鑄九鼎，傳到周朝，因戰亂九鼎沒入泗水中。秦始皇想要找回周朝鎮國寶鼎，特別以誠敬之心，齋戒沐浴禱於泗水河神，結果還是無功而還。秦始皇二十八年：「齊人徐市等上書，言海中有三神山，名曰蓬萊、方丈、瀛洲，僊人居之。請得齋戒，與童男女求之。於是遣徐市發童男女數千人，入海求僊人。」〔註9〕齋戒以求仙人的作法，多少也可反應出，時人對齋戒與神仙思想的思維。此外，齋戒的時機也不只用於祭祀或宗教活動之時，有時國君為了表示慎重其事，借誠敬取信於民，也會設壇齋戒。楚漢相爭之時，劉邦被封為漢中王，韓信不為劉邦所重用，因而出走。蕭何知道韓信出走，急馬將信追回，並建議劉邦如果想王天下，就必需重用韓信。蕭何曰：

　　「王計必東，能用信，信即留；不能用信，信終亡耳。」王曰：「吾為公以為將。」何曰：「雖為將，信不留。」王曰：「以為大將。」何曰：「幸甚。」於是王欲召信拜之。何曰：「王素嫚無禮，今拜大將如召小兒，此乃信所以去也。王必欲拜之，擇日齋戒，設壇場具禮，乃可。」王許之。諸將皆喜，人人各自以為得大將。至拜，乃韓信也，一軍皆驚。〔註10〕

蕭何建議劉邦要設壇場，齋戒沐浴，行正式拜大將軍的禮儀，讓所有的人都相信這是一件很慎重的大事，以為是那位了不起的大將軍要產生，結果竟然是韓信，真是出乎大家的意料之外。這段寫來很生動有趣，重點在齋戒設壇場時，所製造出來的效果。

〔註7〕　《史記》〈廉頗藺相如列傳第二十一〉。
〔註8〕　《史記》〈秦始皇本紀第六〉。
〔註9〕　《史記》，〈秦始皇本紀第六〉。
〔註10〕　《漢書》〈列傳卷三十四・韓彭英盧吳傳第四・韓信〉。

　　大體而言，秦漢以後的禮制記載，已可清楚的看到，齋戒是皇帝很重要的一項禮制。根據《後漢書・禮儀志》的記載：「凡齋天地七日，宗廟山川五日，小祠三日。齋日內有汙染，解齋，副倅行禮。先齋一日，有汙穢災變，齋祀如儀。大喪，唯天郊越紼而齋，地以下皆百日後乃齋，如故事。」〔註11〕漢代的皇帝在祭天地時，要先行齋戒七天，祭宗廟山川要五天，其他小祠也要齋戒三天。每當齋戒之日，皇帝要親率文武百官進行齋戒，並且檢查獻神的犧牲和各種祭祀器具是否齊備，其後各代皇帝祭典也大都如此。

第二節　皇帝對齋戒信仰的推行

一、早期蔬食、菜食的傳統

　　中國自古以農立國，百姓多賴耕種維生，在飲食方面，多以蔬菜穀物為主。除非是居上層的官人階級，平常有機會享用肥美的肉食，一般的民眾想吃珍饈佳餚是不容易的。《孟子・梁惠王上》說：「雞豚狗彘之畜，無失其時，七十時者可以食肉矣。」〔註12〕依孟子所主張的王道仁政標準，一般人如能安居樂業，到七十歲能常有肉食，就已是很好的狀況了，可見當時一定離這樣的標準還遠，而百姓平日難得食肉，幾近於素食的情況一定很普遍。而且，有些時候是明定有素食的規範。《儀禮・喪服》中，就記載有居喪必須「飯素食」的飲食規範：

　　　　既虞，翦屏柱楣，寢有席，食疏食，水飲，朝一哭、夕一哭而已。
　　　　既練，舍外寢，始食菜果，飯素食，哭無時。〔註13〕

「疏食」，即是蔬食，和「素食」、「菜食」是相通的。「素食」一詞用普遍使用，是在佛教傳入中國之後的事。〔註14〕《儀禮》中居喪素食的規範，到了漢代仍然被遵行，而且愈是在上位者的官員，似乎愈加重視。《漢書・霍光傳》中就記載，昌邑王因居喪期間未遵守素食的規範，「服斬縗，亡悲哀之心；廢禮誼，居道上不素食，使從官略女子載衣車內，所居傳舍，始至謁見，立為

〔註11〕《後漢書》卷十四，〈禮儀志第四〉禮儀上。
〔註12〕《孟子》，《十三經注疏》本（台北：新文豐公司，1978 年 1 月）頁245。
〔註13〕《儀禮》卷第 28，喪服禮第 11。
〔註14〕徐立強，《梁武帝制斷酒肉之主張與中國佛教素食文化之關係》，（華梵大學東方人文思想研究所碩士論文，民國 89 年 5 月），頁 7。

皇太子，常私買雞豚以食。」〔註15〕因而遭到彈廢。既然居喪素食如此受到重視，於是原本只是居喪期間的禮儀，到了南北朝之時，已漸次發展成父母喪亡時，長期素食的作法。而且是素食愈久，愈表示孝心。以南梁的嚴植之為例，列傳中記載：

> 植之少善莊、老，能玄言，精解喪服、孝經、論語。及長，治鄭氏禮、周易、毛詩、左氏春秋。性淳孝謹厚，不以所長高人。少遭父憂，因菜食二十三載，後得風冷疾，乃止。〔註16〕

嚴植之是從父親過世之後，就開始菜食（即素食），前後持續了二十三年之久，一直到身體得了風冷疾之後，才停止菜食。另外，南梁的劉杳，也是在母親過世後，即持齋蔬食終身。《梁書‧列傳》中的記載：

> 杳治身清儉，無所嗜好。為性不自伐，不論人短長，及篤釋氏經教，常行慈忍。天監十七年，自居母憂，便長斷腥羶，持齋蔬食。及臨終，遺命斂以法服，載以露車，還葬舊墓，隨得一地，容棺而已，不得設靈筵祭醊。其子遵行之。〔註17〕

而南陳的司馬申，《陳書‧列傳》中的記載，也是：「父母俱沒，因此自誓，菜食終身。」〔註18〕此外，《齊書‧列傳》中的孝義列傳，則是記載了一位王文殊，因父親過世，為孝思而長年蔬食（即素食），最後甚至因此孝行感人，獲得「孝行里」的稱呼：

> 王文殊，吳興故鄣人也。父沒虜，文殊思慕泣血，蔬食山谷三十餘年。太守謝瀹為功曹，不就。永明十一年，太守孔琇之表曰：「文殊性挺五常，心符三教。以父沒獯庭，抱終身之痛，專席恒居，銜罔極之卹。服紵縞以經年，餌蔬菽以俟命，婚義滅於天情，官序空於素抱。儻降甄異之恩，牓其閭里。」鬱林詔牓門，改所居為「孝行里」。〔註19〕

王文殊自父親過世後，居山谷中，思慕泣血，蔬食三十餘年，可謂孝行感人。因而獲得太守的推薦，鬱林王的表揚，並詔改所居的里所為「孝行里」。其他類似的記載，在正史中還很多。如《宋書‧列傳》記載劉瑜，在母親去世後，

〔註15〕　《漢書》卷68，列傳第38。
〔註16〕　《梁書》，〈列傳〉卷48。
〔註17〕　《梁書》，〈列傳〉卷50，列傳第四十四‧文學下‧劉杳。
〔註18〕　《陳書》新校本，〈列傳〉卷29。
〔註19〕　《南齊書》新校本，〈列傳〉卷55。

仍蔬食二十餘年。〔註 20〕阮長之則是在十五歲時，因遭逢父親去世之慟，而蔬食多年。〔註 21〕《南齊書》也記載劉善明因母親被虜陷北而蔬食，哀戚如持喪。〔註 22〕崔懷愼也因父親被虜，而蔬食如居喪禮。〔註 23〕可知當時民間的觀念中，素食（菜食、蔬食）已與報恩思親相結合，爲民間所奉行。

此外，對一些窮苦人家而言，平日生活上飯蔬食的情形也是常見的事，這種幾乎接近於素食的飲食狀況，多少帶有一種「安貧樂道」的精神。《論語・述而篇》說：「子曰：『飯蔬食飲水，曲肱而枕之，樂亦在其中矣。不義而富且貴，於我如浮雲。』」〔註 24〕《後漢書・列傳》中記載了竇融蓬戶蔬食，躬勤孝養，而受到崇敬的情形：

> 永初中，三輔遭羌寇，章避難東國，家於外黃。居貧，蓬戶蔬食，
> 躬勤孝養，然講讀不輟，太僕鄧康聞其名，請欲與交，章不肯往，
> 康以此益重焉。是時學者稱東觀爲老。〔註 25〕

同樣的情形，列傳中有記載一位朱穆，爲官數十年，蔬食布衣，家無餘財，因而受到表揚：

> 穆素剛，不得意，居無幾，憤懣發疽。延熹六年，卒，時年六十四。
> 祿仕數十年，蔬食布衣，家無餘財。公卿共表穆立節忠清，虞恭機
> 密，守死善道，宜蒙旌寵。策詔述，追贈益州太守。所著論、策、
> 奏、教、書、詩、記、嘲，凡二十篇。〔註 26〕

朱穆當官數十年，始終蔬食布衣，因而獲得「忠清」的立節表揚。類似的記載在《三國志・魏書》中的王烈也是：

> 時國主皆親駕乘適烈私館，疇諮政令。察孝廉，三府並辟，皆不就。
> 會董卓作亂，避地遼東，躬秉農器，編於四民，布衣蔬食，不改其
> 樂。東域之人，奉之若君。〔註 27〕

朱穆布衣蔬食多年，不改其樂，因而獲得當地人的崇敬，甚至奉之如國君。可見當時人對幾近素食的蔬食者，其社會評價是很受尊崇的。《漢書》中記載，

〔註20〕《宋書》，〈列傳〉卷 91。
〔註21〕《宋書》，〈列傳〉卷 92。
〔註22〕《南齊書》，〈列傳〉卷 28。
〔註23〕《南齊書》，〈列傳〉卷 55。
〔註24〕《論語・述而篇》，《十三經注疏》8，頁 62。
〔註25〕《後漢書》，〈列傳〉卷 23。
〔註26〕《後漢書》，〈列傳〉卷 43。
〔註27〕《三國志・魏書》卷 11。

王莽即是以素食來表現他憂民之深切：

> 每有水旱，莽輒素食，左右以白。太后遣使者詔曰：「聞公菜食，憂
> 民深矣。今秋幸熟，公勤於職，以時食肉，愛身爲國。」〔註28〕

顯然是蔬食、菜食者給人「節儉、安貧、樂道」的印象，王莽爲了表示他憂國憂民的心，凡遇有大的災難，就採用素食的方式來表達。

　　以上所述，無論是居於孝思或是安貧樂道之考量而素食者，由於不具有宗教信仰的成份在內，所以沒有任何的約束性，全憑個人的意志來決定，不若後來具宗教性教餐式的吃齋，來得有影響力。而眞正將素食導入宗教的修行上，則是在魏晉南北朝時期，佛教傳入中國後開始，其中以梁武帝的〈斷酒肉文〉的影響最大。

二、梁武帝的「斷酒肉文」

　　一般認爲中國特有的吃齋風尚，是受佛教傳來中國後的影響所致，但印度的原始佛教是托鉢乞食，原無素食的特定戒律，傳來中國後，由於大乘佛經中的慈悲戒殺思想與中國文化相結合，漸發展出以「素食」爲獨特的教餐，目的在貫徹佛陀清淨不殺的慈悲精神，所以早期的齋戒信仰，多與佛教的修持有關。

　　學界有關佛教齋戒信仰形成的解釋，不外乎幾項因素：一是因梁武帝藉由政治力量，讓素食徹底推行於四眾弟子；其次是佛教傳來中國後，改變以往托鉢行乞的方式，其三是古代中國民間的飲食習慣，與素食原本相當接近，其四是素食止殺觀念與中國齋戒思想相融合的結果，便很自然地採納素食的觀念，而延續至今。〔註29〕其實主要的關鍵因素，還是在於梁武帝對齋戒的推行。

　　由於在原始佛教的戒律中，無不得吃肉的素食律，所以佛教傳來中國後，初期並無嚴格的素食齋戒之規定，許多和尚尼姑都沒有吃素持齋。梁武帝時期，爲了有效整頓日益眾多的僧尼，使佛門的清規得立樹立，乃積極提倡齋戒斷酒肉食，作〈斷酒肉文〉一篇，作爲推展佛門齋戒的依據。梁武帝的〈斷酒肉文〉則是透過政治力量，規定「如是若言，出家人猶嗜飲酒、噉食魚肉，是則爲行同於外道，而復不及。」〔註30〕強制出家眾務斷酒肉。武帝的〈斷

〔註28〕《漢書》，〈列傳〉卷99。
〔註29〕林伯謙，〈素食與佛法行持〉，《第五屆中國飲食文化學術研討會論文集》（台北：財團法人中國飲食文化基金會，民國87年6月15日）頁331～358。
〔註30〕梁武帝，〈斷酒肉文〉，《廣弘明集》卷26，《大正藏》卷52，頁294。

酒肉文〉影響深遠，使齋戒素食的制度得以形成，並與佛教的修行相結合，因爲因梁武帝不單是斷酒肉的規定而已，他還建構了斷酒肉的修行理論，解釋爲何必須禁斷酒肉吃素的理由，此爲中國佛教齋戒吃素的最早形成。

三、齋戒信仰的推動

中國佛教齋戒信仰的形成，梁武帝所頒布的〈斷酒肉文〉，實有決定性的影響。在〈斷酒肉文〉中，梁武帝首先指出，何以要勸出家人斷酒肉的種種理由：

> 凡出家人所以異於外道者，正以信因、信果、信經。——今佛弟子酣酒嗜肉，不畏罪因，不畏苦果。即是不信因、不信果，與無施無報者復何以異。此事與外道見同，而有不及外道。是何外道，各信其師，師所言是弟子言是，師所言非弟子言非。涅槃經言：迦葉我今日制諸弟子，不得食一切肉。而今出家人猶自噉肉，戒律言：飲酒犯波夜提，猶自飲酒無所疑難。此事違於師教，一不及外道。〔註31〕

梁武帝總共提出九項理由，說明出家人猶嗜飲酒、噉食魚肉，則不如外道。這些理由只是一再強調，佛門出家弟子與一般外道，其根本的差別就在「斷酒肉」的戒律。如果佛門弟子連這條最基本的戒律都不能守，則與外道何異，甚至是不如外道。

其次，梁武帝再從佛門弟子受戒後，若嗜酒噉肉就是犯戒，如此則比一般之居家人還不如。梁武帝言：「居處塔寺，仰對尊像，若飲酒食肉如事等事，出家之人不及居家。何故如是，在家人雖飲酒噉肉，無犯戒罪，此一不及居家人。」〔註32〕如此梁武帝也提出九點，出家人嗜酒肉不及居家人的道理。

梁武帝就以出家人嗜酒肉，則有九項不如外道，及九項不如居家人爲由，展開整束佛門規矩的動作。下令曰：「今日大德僧尼，今日義學僧尼，今日寺官，宜自警戒，嚴淨徒眾。若其懈怠不遵佛教，猶是梁國編戶一名。」〔註33〕意思是要將不守斷酒肉戒的僧尼，勒令還俗。梁武帝不只用政治力來強加推行，而且爲了讓斷酒肉的戒律合理化，特地在京師開講《涅槃經》，以將近一年的時間，集合全國各地的主要僧尼一千多人來聽講。闡述《涅槃經》中所

〔註31〕梁武帝，〈斷酒肉文〉，頁294。
〔註32〕梁武帝，〈斷酒肉文〉，頁295。
〔註33〕梁武帝，〈斷酒肉文〉，頁295。

言：「食肉者斷大慈種」的道理：

> 何謂斷大慈種？凡大慈者皆令一切眾生同得安樂，若食肉者，一切
> 眾生皆為怨對同不安樂。若食肉者，是遠離菩薩法。若食肉者，是
> 遠離菩薩道。若食肉者，是遠離佛果。若食肉者，是遠離大涅槃。
> 若食肉者，障生六欲天，何況涅槃果。〔註34〕

講解《涅槃經》的過程中，也會對不同的問題提出研討，例如有人提到魚肉
是否可食的問題，梁武帝就說：

> 諸大德僧、諸解義者，講涅槃經，何可不懇懃，此句令聽受者心得
> 悟解。又有一種愚癡之人云：我止噉魚實不食肉，亦應開示，此處
> 不殊水陸，眾生同名為肉。〔註35〕

為了強調斷酒肉的重要性，梁武帝一再的說：「諸大德僧尼，當知噉食眾生者是
魔行，噉食眾生是地獄種，噉食眾生是恐怖因，噉食眾生是斷命因。」〔註36〕
梁武帝幾乎是把出家人嗜食肉者，說成是一切罪惡的根源。

　　雖然梁武帝很努力且近乎嚴屬的推行，出家人斷酒肉的戒令，但法會後的
僧尼們，似乎還有不少的置疑。其中最主要的疑惑，是來自佛經中無斷肉事及
懺悔食肉法的問題。為此，武帝又敕令請義學僧一百四十一人，及義學尼五十
七人，共同集會於華林華光殿，使莊嚴寺的法超、奉誠寺的僧辯及光宅寺的寶
度等三位律師共同主持這次的論辯。經熱烈的研討，最後作成如下的結論：

> 僧道，律中無有斷肉法，又無懺悔食肉法，諸律師從來作若為開導，
> 使人致有此疑。法超奉答：律教是一，而人取文下之旨不同。法超
> 所解，律雖許噉三種淨肉，而意實欲永斷。何以知之，先明斷十種
> 不淨肉，次令食三種淨肉，未令食九種淨肉，如此漸制，便是意欲
> 永斷，法超常日講，恒作如是說。
>
> 制又問僧辯法師，復作若為開導。僧辯奉答：僧辯從來所解大意，
> 亦不異法超，但教有深淺，階級引物。若論噉三種淨肉，理當是過，
> 但教既未極，所以許其如此。
>
> 制又問寶度法師，復若為開導。寶度奉答：愚短所解只是漸教，所
> 以律文許噉三種淨肉。若涅槃究竟明於正理，不許食肉。若利根者，

〔註34〕梁武帝，〈斷酒肉文〉，頁295～296。
〔註35〕梁武帝，〈斷酒肉文〉，頁296。
〔註36〕梁武帝，〈斷酒肉文〉，頁296。

於三種淨肉教，即得悉不食解，若鈍根之人，方待後教。〔註37〕

這次的論辯相當重要，不但關係著梁武帝斷酒肉令的合理性，也顯示出佛教在傳入中國以來，並未有嚴格的斷酒肉戒律，而是許噉三淨肉（不見、不聞、不疑）。爲了圓說斷酒肉與三淨肉之間的差別，法超、僧辯及寶度等三位律師，都針對這點提出說明，也顯示當時噉三淨肉的僧尼，必然是普遍的現象。這次論辯的結果如何？對往後的影響又是如何？根據康樂的研究認爲：梁武帝禁斷僧團酒肉的迴響，雖史無明言，但在當時客觀環境的要求下，南方僧團大概就此接受了。〔註38〕這對往後中國佛教齋戒信仰的形成，及確立斷酒肉的戒律，成爲出家眾的修行教餐，應具有其決定性的關鍵。

南方有梁武帝的大力推展，令僧團奉行斷酒肉的戒律；至於北方的僧團呢？什麼時候採取全面的素食，一般學界的研究，多認爲是在北齊的文宣帝（西元 550～559）時期。〔註39〕雖然《北齊書・帝紀》對文宣帝的記載，看似一位殘暴好殺的國君，但他確曾下令推行過齋戒。文宣帝天保七年（西元558 年）五月間，「帝以肉爲斷慈，遂不復食。」〔註40〕三年後，文宣帝更下令停斷蝦、蟹、蜆、蛤之類的捕取，及鷹鷂的捕用。〔註41〕而在《續高僧傳》〈僧稠傳〉中，也說到文宣帝是每年三次，每月六天，勸導人民齋戒，不管官方或民間都一律素食：

> 稠年過七十，神宇清曠，動發人心。敬克情物，乘機無墜。帝扶接入內，爲論正理，——爾後彌承清誨，篤敬殷重，因從受菩薩戒法，禁酒斷肉，放捨鷹鷂，去官畋魚，鬱成仁國。又斷天下屠殺，月六年三敕民齋戒，官園私菜，葷辛悉除。帝以他日告曰：道由人弘，誠不虛應。願師安心道念，弟子敢爲外護檀越何如。稠曰：菩薩弘誓，護法爲心。陛下應天順俗，居宗設化，棟梁三寶導引四民，康濟既臨義無推寄。即停止禁中四十餘日。日垂明誨，帝奉之無失。
>
> 〔註42〕

〔註37〕梁武帝，〈斷酒肉文〉，頁 299。

〔註38〕康樂，《佛教與素食》，（台北：三民書局，民國九十年十月），頁 91。

〔註39〕林伯謙，〈北傳佛教與中國素食文化〉，《東吳中文學報》，頁 108，康樂，前引書，頁 91。

〔註40〕《北齊書》卷四〈文宣帝紀〉，《二十五史》第三冊（上海：上海古籍出版社，1995 年 12 月）頁 2516～2517。

〔註41〕《北齊書》，頁 2517。

〔註42〕《續高僧傳》卷十六。收錄於《大正新修大藏經》第五十冊，頁 554。

文宣帝的這些宣示與作爲，顯然是對當時北方的僧團，有很大的影響。加上南北雖是分裂，但民間的交流勢所難免，北方會受到南方的影響也是必然的。所以我們可以合理的推論，當南方的梁武帝在西元 523 年左右，宣示〈斷酒肉文〉後的二十多年，北方的齊文宣帝同樣作了勸令民間齋戒的宣示，這或許也是多少受到南方梁武帝的影響所致。

四、唐高祖的三長齋月與十齋日

三長齋月與十齋日，謂之「年三月十」。指的是唐高祖武德二年正月二十四日，下令每年的正、五、九月爲長齋月，及每月的一、八、十四、十五、十八、二十三、二十四、二十八、二十九、三十日的十齋日，全天下都要斷屠禁殺。根據劉淑芬的研究，整個唐代將近二百九十年裡，除了武宗滅佛期間外，每年有一百天以上，是普天之下都斷屠禁殺的，在那個沒有冷藏設備的時代裡，全民幾乎都是吃素。〔註43〕

所謂的「年三月十」的齋戒，是由南北朝時期，佛教「年三月六」的齋日所演變而來的。根據《梵網經》卷下的規定：「於六齋日，年三長齋月，作殺生、劫盜、破齋犯戒者，犯輕垢罪。」〔註44〕所謂佛教的「年三月六」是指一年之中的正、五、九月的三長齋月，在這三個月裡的初一至十五日，皆須蔬食齋戒。另外的月六，是指每個月的六個齋日，即八、十四、十五、二十三、二十九、三十日等，這些日子裡也是要吃素持戒的。〔註45〕劉淑芬的研究指出，南方最晚從東晉開始，中國佛教徒就開始實施三長齋月的齋戒。〔註46〕不過真正大力推行三月六齋的，還是要以梁武帝爲主。《法苑珠林》記載梁武帝是：「造光宅同泰五寺，常供千僧，國內普持六齋八戒。」〔註47〕武帝在天監十年（西元 511 年），宣示〈斷酒肉文〉之前，國內的信眾已有六齋日的實行。借著配合〈斷酒肉文〉的政策宣示，僧團一年之中既然已有七十二日的吃素，再要求全面吃素就容易多了。所以劉淑芬認爲，梁

〔註43〕劉淑芬，〈「年三月十」：中古後期的斷屠與齋戒〉（上），《大陸雜誌》第一○四卷第一期。頁 15。

〔註44〕《梵網經》，收入《大正新脩大藏經》第二十四冊，頁 1007b。

〔註45〕詳見《弘明集》收入《大正新修大藏經》第五十二冊，卷十三，郗超〈奉法要〉，頁 86。

〔註46〕劉淑芬，前引文，頁 16。

〔註47〕《法苑珠林》卷 100，收入《大正新修大藏經》第五十三冊，頁 1025b。

武帝實行僧團斷酒肉齋戒，另一個成功的因素，是當時的信眾已普遍有持三月六齋的現象所致。〔註48〕至於北方，在北齊文宣帝時，如前所述，宣帝也是：「斷天下屠殺，月六年三敕民齋戒。」可見南、北朝都差不多同時期，致力於事行「年三月六」的政策。

統一南北朝的隋文帝，自幼長於寺院中，對佛教本來就有很深的因緣，所以對南北朝以來「年三月六」的齋戒制度，也是持續的推行。開皇三年（西元583年），隋文帝降敕旨云：

> 好生惡殺王政之本。佛道垂教善業可憑。稟氣含靈唯命爲重。宜勸勵天下同心救護。其京城及諸州官立寺之所。每年正月五月九月。恒起八日至十五日。當寺行道。其行道之日遠近民庶。凡是有生之類。悉不得殺。〔註49〕

短暫的隋朝在動亂中結束，唐高祖李淵建立了唐朝。高祖武德二年（西元619年）正月二十四日，唐高祖敕令：「自今以後，每年正月、五月、九月，及每月十齋日，並不得行刑，所在公私，宜斷屠釣。」〔註50〕正式將南北朝以來，佛教所實行的「年三月六」齋制，增改爲「年三月十」的齋制。「年三月十」是指三長齋月及十個齋戒日。差別是將原來的六齋日，再加上一、十八、二十四、二十八日等四天，成爲「十齋日」。何以唐高祖會以「十齋日」取代「六齋日」呢？根據劉淑芬的研究認爲，可能是由於唐朝的皇室尊奉老子，崇信道教，而將道教約在六世紀形成的「十齋日」，用來取代佛教的「六齋日」。〔註51〕唐代從高祖武德二年開始，就這樣普遍的在民間推行三長齋月及十齋日。這樣可以想見的，終唐之世，除了武宗滅佛期間外，有約二百九十年間，人民一年之中，將有一百多天，占全年的三分之一，是禁屠吃齋的。

第三節　清代的齋戒祭祀

根據清代會典的記載，皇室安排齋戒的相關事宜，是件很費周張的大事：

> 凡齋戒，由禮部行文吏兵二部，轉行文武衙門，將應入齋戒職名，於祭祀前十日，開送太常寺。宗室鎮國將軍以下，奉恩將軍以上；

〔註48〕劉淑芬，前引文，頁18。
〔註49〕《歷代三寶紀》卷12，收入《大正新脩大藏經》第四十九冊，頁108a。
〔註50〕〔宋〕王溥《唐會要》卷41，〈斷屠釣〉，（上海：上海古籍出版社，1991）。
〔註51〕劉淑芬，前引文，頁24。

宗室覺羅都統以下，參領輕中都尉佐領以上；文職宗室覺羅尚書以
下，員外郎並員外郎品級官以上，均由宗人府開送。八旗滿洲蒙古
漢軍公侯伯以下，輕中都尉佐領以上；滿漢文職大學士以下，員外
郎並員外郎品級官以上，均由吏部開送。漢缺武職冠軍使，由鑾儀
衛參將遊擊由軍覺領衛門開送。〔註52〕

以上是用於清代祭天地的大祀時，除皇帝之外，必須參與齋戒的文武官員，
而為了有效持行齋戒儀式，還另設有「查齋官」、「查壇官」各一員。前者是
稽查各衙門官齋戒的待行情形，後者是稽查壇內官齋戒的情形，可見對於齋
戒的重視。

　　清代的齋戒制度是因襲明代而來，在未入關前，並沒有如此莊重繁瑣的
齋戒儀式。「清順治八年，定大祀致齋三日，中祀致齋二日，各衙門均設齋戒
木牌。」〔註53〕大祀的三日，皇上其中二日是在大內致齋，另一日則在壇內
齋宮致齋。當皇上在齋宮致齋時，所有陪祀各官員，也要一起「赴壇齋宿」。
康熙年間，對於齋戒又有一些嚴格規定：

康熙二十三年題准，陪祀致齋各官，有期服者，一年不得與齋戒。
大功小功緦麻在京病故者，一月不得與齋，在京聞訃者，十日不得
與齋戒。〔註54〕

到了雍正五年，為了更有效的持行齋戒制度，將原本只有二位的齋戒稽查員，
增加到十多位：

雍正五年諭：壇廟祭祀，理宜潔淨齋戒。嗣後命御史二人，各部院
衙門司官二人，每旗賢能官各一人，內務府官二人，三旗侍衛二人，
前往壇內稽察。其齋戒臨近時，將旗下大臣職名具奏，朕酌量遣往
稽察。〔註55〕

可以看出齋戒制度，在清順治以來，就非常受到重視，並設有嚴格的稽察辦法。
要能參與齋戒，除了必須有相當的官品外，而且不得聞訃或參與喪事。因為那
樣是代表身體不淨，不夠潔淨就失其誠敬莊嚴之心，所以不得參與齋戒。

　　清雍正時期，似乎對於齋戒一事特別重視。除重申於齋戒期間，必須確

〔註52〕《清會典事例》卷四一五，〈禮部一二六‧祭統〉，頁635。
〔註53〕《清會典事例》卷四一五，同前註，頁636。
〔註54〕《清會典事例》卷四一五，同前註，頁636。
〔註55〕《清會典事例》卷四一五，同前註，頁636。

實檢束身心，竭誠致敬外，還特別於殿庭安設「銅人」，坐臥之處亦書「齋戒牌」。雍正十年諭：

> 國家典禮，首重祭祀。每齋戒日期，必檢束身心，竭誠致敬，不稍放逸，始可以嚴格昭事而格神明。朕遇齋戒之日，至誠至敬，不但殿庭安設銅人，即塑臥之處，亦書齋戒牌，存心儆惕，須臾勿忘。至內外大小官員，雖設齋戒牌於官署，但恐言動起居之際，稍有褻慢，即非致齋嚴肅之義。〔註56〕

由雍正皇帝重視齋戒的態度上可以了解，齋戒在祭祀上，也有其宗教性的意涵。目的在對祭祀的神明，表達誠敬之心，似乎是愈嚴格的齋戒制度，愈能表達對神明的誠敬之意，相信將獲得更多神明的庇佑。另外，雍正皇帝如此嚴格的要求群臣行齋戒禮，或許也有藉此達到檢束群臣身心，加強皇權統治的用意。這一點可由雍正所言，為何要設齋戒銅人及齋戒牌的目的看出：

> 考明代祀典，凡陪祀及執事之人，有懸祀牌之例。今酌定齋牌之式，令陪祀各官佩著心胸之間，使觸目儆心，恪恭周僾。並得彼此觀瞻，益加省惕，其於明禋大典，益昭虔潔。著傳諭各部院八旗並直省文武官一例遵行。〔註57〕

設想每一位陪祀齋戒的官員，人人在胸前都掛著一塊「齋戒牌」，雖有觸目儆惕的作用，但看了也未免太制式化了點。雍正帝認為這樣可收彼此觀瞻，益加省惕的效果，在行祭祀禮時，益昭虔潔。所以從雍正朝以後，凡是齋戒名單內的陪祀官員，在禮部將名單開送太常寺後，隨即發送「齋戒牌」。

此外，雍正帝還將相沿已久，在齋宮"吹角嚴鼓"的樂聲，也一併禁止，以昭肅穆。雍正十四年的聖諭中明示：

> 朕於兩郊大祀，先御齋宮，以齊一思慮。記曰：齋者耳不聽樂。孔子曰：三日齋，一日用之，猶恐不敬，二日伐鼓何居，言不敢散其志也。今齋宮宵漏下，鳴畫角嚴鼓以為節，雖異於宮懸合奏，而吹角鼓聲，軍中之容，其所謂專致其精明者與，此蓋相沿前明弊典未更，後此嚴更鼓角，不當用之齋次。〔註58〕

雍正帝認為"吹角鼓聲"這種行之於齋宮的音樂，有失齋戒的靜肅，不易齊

〔註56〕《清會典事例》卷四一五，頁636。
〔註57〕《清會典事例》卷四一五，頁636。
〔註58〕《清會典事例》卷四一八，頁681。

一思慮，是之前明朝所相沿下來的弊典，應予更正，以後凡行齋戒，於齋宮時，一律禁用。由此可見雍正帝對齋戒之嚴謹。

一、齋必變食

《論語・鄉黨》：「齊必變食，居必遷坐」。齊即齋字，古人在齋戒時，為求達到潔淨的目的，通常是不茹葷、不飲酒，故謂之變食。清順治八年，在定齋戒禮制時就規定：「祀前十日，錄齋戒人名冊致太常，屆日不讞刑獄，不宴會，不聽樂，不宿內，不飲酒、茹葷，不問疾、弔喪，不祭神、掃墓。有疾與服勿與。」〔註 59〕不飲酒、茹葷，未必全然是素食。根據大陸學者李元龍的考證，所謂齋戒不茹葷，並非如佛教界的齋戒吃素，而是不吃所謂的五葷菜，包括有蔥、蒜、韭、薤、興渠等五種菜，因為這五種葷菜吃了容易產生口臭，有不潔的感覺。〔註 60〕但受到佛教傳入中國的影響，歷代有些皇帝確實奉行了齋戒素食的作法，例加南北朝時代的梁武帝提倡「斷酒肉」的持戒觀念，自己也親身奉行。清代的乾隆皇帝也是個例子，在每年四月八日的浴佛節，乾隆皇帝會親自吃素齋戒。四月初，乾隆皇帝即親下諭旨，規定四月初七日起，后妃止葷添素。宮內各處佛堂，都要供上素菜五品，素菜有卷籤、山藥、麵筋、香蕈、鍋渣等五種。根據《皇帝進膳底檔》的記載，乾隆二十年四月七日是：「萬歲爺、皇后各用供一桌。素菜十三品，（其中）麵卷三品、麵筋三品、卷籤二品、山藥二品、豆腐乾三品」。〔註 61〕因此，在清代的皇室中，特別在清宮御膳房設立專門的「素局」，負責皇帝在吃素期間的飲食。清宮素局的素飲料理非常精緻美味，能製作 200 多種的素菜。後來在北京就有一家源出於宮庭御膳房素局的 "全素劉" 素菜館，號稱能烹製宮中的 200 多種名素菜。採用的主要原料為麵筋、腐竹、香菇、口蘑、木耳、玉蘭片、竹筍等 70 多種，湯料也有十多種，全是素菜葷做，別俱一格。〔註 62〕

康熙二十六年，由於連年乾旱成災，皇帝照例要齋戒祈穀，於是康熙帝

〔註 59〕《清史稿》卷 82，〈禮志五十七〉。
〔註 60〕李元龍，〈關於祭天齋戒飲食禁忌之探求〉，收錄於《清代天壇暨祭天文化研究檔案資料匯編》第十九冊。
〔註 61〕轉引自苑洪琪，《中國的宮廷飲食》，（台北：臺灣商務印書館，1998 年 9 月），頁 191。
〔註 62〕王仁湘，《飲食與中國文化》，（北京：人民出版社，1999 年 1 月），頁 43。

下詔曰：「今茲仲夏，久旱多風，陰陽不調，災孰大焉。用是減膳撤樂，齋居默禱。雖降甘霖，尚未霑足。皆朕之涼德，不能上格天心。政令有不便於民者更之，罪非常赦不原者咸赦除之。」〔註 63〕所謂減膳齋居，就是行齋戒，潔淨自己以祭天祈雨。

二、居必遷坐

行齋戒時，飲食上要持齋不茹葷、戒酒，而且不得參加宴會，不能聽音樂，不宿內、不問疾、弔喪，不祭神、掃墓等，可見是相當嚴格的規定。因此，為了澈底執行，與便於齋官的管理。祭祀之前皇帝要住進齋宮，陪祀的諸大臣要在壇外齋宿。此乃符合《論語》所言，行齋戒者「居必遷坐」的禮儀。以清代祭祀天地的大祀為例：

> 大祀天地，皇帝於大內致齋二日，壇內齋宮致齋一日。王以下公以上，均於府第齋戒二日，壇外齋宿一日。宗室奉恩將軍以上，在該衙門齋戒二日，壇外齋宿一日。八旗滿州蒙古漢軍輕車都尉佐領以下，滿漢文職員外郎並員外郎品級官以上，武職漢軍冠軍使參將遊擊以上，均在部院衙門及各該衙門齋宿二日。外任來京官文職道府以上，武職協領副將以上，在附近地方齋宿二日。前祀一日，各赴壇外齋宿。如遣官恭代王公不齋戒，各官在署致齋三日。〔註 64〕

可見一次祭祀天地的典禮，幾乎是上至中央下至地方的文武官員全動起來，人人必須持齋、戒酒等。皇帝要在齋宮致齋，陪祀人員要在祭壇外齋宿，所有參與人員，像是一場大拜拜，想必也是熱鬧非凡。但整個過程是莊嚴肅穆，馬虎不得的。就以乾隆十九年十一月九日的祭天壇為例，所有陪祀人員的齋戒名冊如下表：〔註65〕

〔註63〕《清史稿》卷七，〈聖祖本紀〉。
〔註64〕《清會典事例》卷四一五，前引書，頁637。
〔註65〕全國明清檔案資料目錄中心編，《清代天壇暨祭天文化研究檔案資料匯編》第一冊，頁28～33。

乾隆十九年十一月初九日祭
天壇齋戒冊

大 學 士 忠 勇 公	傅　恒	（齋戒）
大　　學　　士	來　保	（齋戒）
	史貽直	（齋戒）
	陳世倌	（齋戒）
協辦大學士署尚書	阿克敏	（齋戒）
協辦大學士尚　書	蔣　溥	（齋戒）
學　　　　　士	介　福	（齋戒）
	赫　赫	（齋戒）
	世　貴	（齋戒）
	夢　麟	（學差）
	塔永阿	（齋戒）
	奉　寬	（齋戒）
	錢維城	（齋戒）
	李清芳	（齋戒）
	程景伊	（齋戒）
	金德瑛	（咳嗽不齋戒）
侍　讀　學　士	明　德	（齋戒）
滿票簽		
侍　　　　　讀	舒興何	（服制）
	多爾濟	（痔瘡）
	德明圖	（生瘡）
	福章阿	（腹瀉）
	滿　寶	（感冒）
	巴延三	（軍機處班）
漢票簽		
侍　　　　　讀	馬　景	（齋戒）
	孫紹基	（感冒）
滿本堂		
侍　讀　學　士	額爾登布	（齋戒）
	阿　桂	（齋戒）
侍　　　　　讀	納錫泰	（生瘡）
	尼唐阿	（感冒）
	德克進	（齋戒）
	額爾登布	（齋戒）

```
漢本堂
侍　讀　學　士　　士佟世德（齋戒）
　　　　　　　　　曹　瑜　（齋戒）
　　　　　　　　　馬　璘　（阿奇書房）
　　　　　　　　　圖　山　（齋戒）
侍　　　　　讀　　王承基　（期服）
　　　　　　　　　佟世衡　（齋戒）
　　　　　　　　　福明安　（感冒）

蒙古堂
侍　讀　學　士　　僧　圖　（齋戒）
　　　　　　　　　七　什　（齋戒）
侍　　　　　讀　　查　錫　（齋戒）
```

以上表列總計有四十位內官，除期服、生病或出差者外，皆齋戒為陪祀人員。

三、圓丘與方澤

隆重的祭祀天地禮（稱祭祀圓丘與方澤），祭壇與齋宮的布置當然非常講究，且有其一定的禮制。清代大體上是沿用明代的制度。但早在未入關前的盛京，即建有圓丘、方澤壇來祭祀天地。「天聰十年，度地盛京，建圓丘、方澤壇，祭告天地，改元崇德。天壇制圓，三成，上成九重，週一丈八尺；二成七重，週三丈六尺；三成五重，週五丈四尺：俱高三尺。垣週百十有三丈。地壇制方，二成，上成方六丈，高二尺；下成方八丈，高二尺四寸。垣週百三十有三丈。制甚簡也。」〔註66〕這是滿州女真建國初期，在盛京舉行的祭天地禮儀，祭壇的建制還很簡單。世祖順治皇帝入關後，定都燕京（北京）建立清朝。為了進一步強化行使統治權的合法性，乃建圓丘於正陽門外南郊，建方澤於安定門外北郊。

清代祭天地的禮制，大體是沿襲明代的作法。明太祖在建國初期，也在京師所在，建立祭天地的壇墠與齋宮，稱「圓丘壇」與「方丘壇」。明初的圓丘壇是建於正陽門外，鍾山之陽；方丘壇是建於太平門外，鍾山之陰。有關明初南京「圓丘壇」的建制如下：

圓丘壇二成。上成廣七丈，高八尺一寸，四出陛，各九級，正南廣

〔註66〕《清史稿》卷八十二，〈禮志卷五十七〉吉禮。

九尺五寸，東、西、北八尺一寸。下成周圍壇面，縱橫皆廣五丈，高視上成，陞皆九級，正南廣一丈二尺五寸，東、西、北殺五寸五分。甃磚闌楯，皆以琉璃爲之。墻去壇十五丈，高八尺一寸，四面靈星門，南三門，東、西、北各一。外垣去墻十五丈，門制同。天下神祇壇在東門外。神庫五楹，在外垣北，南向。廚房五楹，在外壇東北，西向。庫房五楹，南向。宰牲房三楹，天池一，又在外庫房之北。執事齋舍，在壇外垣之東南。坊二，在外門外橫甬道之東西。燎壇在內墻外東南丙地，高九尺，廣七尺，開上南出戶。〔註67〕

有關明初「方丘壇」的建制是：

方丘壇二成。上成，廣六丈，高六尺，四出陞，南一丈，東、西、北八尺，皆八級。下成，四面各廣二丈四尺，高六尺，四出陞，南丈二尺，東、西、北一丈，皆八級。墻去壇十五丈，高六尺。外垣四面各六十四丈，餘制同。南郊有浴室，瘞坎在內墻外壬地。〔註68〕

明成祖遷都北京後，齋戒祭祀之禮一切如舊制，北京「圜丘壇」、「方澤壇」的建制，大體是依據南京的建制而來。

嘉靖九年復改分祀。建圜丘壇於正陽門外五里許，大祀殿之南，方澤壇於安定門外之東。圜丘二成，壇面及欄俱青琉璃，邊角用白玉石，高廣尺寸皆祖制，而神路轉遠。內門四。南門外燎爐毛血池，西南望燎臺。外門亦四。南門外左具服臺，東門外神庫、神廚、祭器庫、宰牲亭，北門外正北泰神殿。正殿以藏上帝、太祖之主，配殿以藏從祀諸神之主。外建四天門。東曰泰元，南曰昭亨，西曰廣利。又西鑾駕庫，又西犧牲所，其北神樂觀。北曰成貞。北門外西北爲齋宮，迤西爲壇門。壇北，舊天地壇，即大祀殿也。〔註69〕

清初在京師建圜丘壇（即天壇）與方澤壇，是在明代的基礎上，作進一步的擴展，根據〈壇壝之制〉的記載，有關圜丘壇的建制是：

圜丘南嚮，三成，上成廣五丈九尺，高九尺；二成廣九丈，高八尺一寸；三成廣十有二丈，高如二成。甃磚合一九七五陽數。陞四出，各九級。欄楯柱覆青琉璃。內墻圓，週九十七丈七尺五寸，高八尺

〔註67〕　《明史》卷四十七，〈禮志〉二十三，壇壝之制。
〔註68〕　《明史》卷四十七，同上註。
〔註69〕　《明史》卷四十七，〈禮志〉二十三，壇壝之制。

一寸。四面門各三，門柱各二。燔柴爐、瘞坎各一。外壝方，週二
百四丈八尺五寸，高九尺一寸。四門如內壝。〔註70〕

明代的圜丘壇是二成，清初改爲三成，大下及高度也有所不同。配合天壇，
在周邊的建制上，也更爲精細。計有：

北門後爲皇穹宇，南嚮，制圓。

外壝門外北神庫、神廚各五楹，南嚮。

井亭一。

其東爲祭器、樂器、諸庫。

又東爲井亭、宰牲亭。

門四：東泰元，南昭亨，西廣利，北成貞。

成貞北爲大享殿。壇圓，南嚮。東南燔柴爐、瘞坎，制如圜丘。

北門後爲皇乾殿，南嚮，五楹，覆青琉璃。

東北宰牲亭，薦俎時避雨雪處也。

西北曰齋宮，東嚮，正殿五楹，陛三出，中級十有三，左右各十五。
左設齋戒銅人，右設時辰牌。後殿五楹，左右配殿各三楹。內宮牆
方百三十三丈九尺四寸。中三門，左右各一。環以池，跨石梁三。

東北鐘樓一，外宮牆方百九十八丈二尺二寸，池梁如內制。

廣利門外西北爲神樂觀，東嚮。中凝禧殿，五楹。後顯佑殿，七楹。

西爲犧牲所，南嚮。

又西爲鐘樓，其大享殿圍垣南接圜丘，東、西轉北爲圓形。〔註71〕

到了乾隆十二年，再次的改建擴充圜丘壇，規模及建制益拓。「上成徑九丈，
二成十五丈，三成二十一丈，一九三五三七，皆天數也。通三成丈四十有五，
符九五義。量度準古尺，當營造尺八寸一分，又與九九數合。壇面甃高九重，
上成中心圓面，外環九重，其數一九累至九九。二三成以次遞加。上成每面
各十有八，二成各二十七，三成各四十五，並積九爲數，四乘之，綜三百有
六十，以應周天之度。其高上成五尺七寸，二成五尺二寸，三成五尺。欄、
柱、階級並準今尺。古今尺度贏縮稍差，用九則一。復改壇面爲艾葉青石。」
〔註72〕今天所見的北京天壇，主要即是完成於乾隆時期的建制。

〔註70〕《清史稿》卷八十二，〈禮志第五十七〉。
〔註71〕《清史稿》卷八十二，〈禮志第五十七〉。
〔註72〕《清史稿》卷八十二，〈禮志第五十七〉。

其次，有關清代「方澤壇」的建制：

> 方澤北嚮，週四十九丈四尺四寸，深八尺六寸，寬六尺，祭日中貯
> 水。二成，上成方六丈，二成方十丈六尺，合六八陰數。壇面甃黃
> 琉璃，每成陛四出，俱八級。二成南列嶽鎮五陵山石座，鏤山形；
> 北列海瀆石座，鏤水形：俱東西嚮。内壇方二十七丈二尺，高六尺，
> 厚二尺。正北門三，石柱六。東、西、南門各一，石柱二。北門外
> 西北瘞坎一。外壇方四十二丈，高八尺，厚二尺四寸。門制視内壇。
> 南門後皇祇室，五楹，北嚮。垣週四十四丈八尺，高一丈一尺。正
> 門一，外壇西門外，神庫，神廚，祭器、樂器諸庫，井亭，宰牲亭
> 在焉。〔註73〕

圓丘壇是用來祭天的處所，方澤壇是用來祭地的處所，此乃符合古來「天圓
地方」的傳說。中國帝王祭祀天地是件很隆重的事，這種相沿下來的祭禮，
不因改朝換代而有所改變，反而是愈加重視。因此，在相當程度上，應可視
爲是一種國家的信仰。然而，由於祭天地之禮只行之於帝王及文武百官，一
般平民是被禁止參與祭祀的，所以又不能說是一種普遍性的信仰，至多只能
視爲一種官方的信仰。

四、齋宮與齋戒銅人

齋宮是皇帝祭祀天地前，清淨齋戒之處所。明代的「齋宮」是在圓丘壇
外垣內西南，東向。清代的齋宮則設於圓丘壇西北面，東向。齋宮「正殿五
楹，陛三出，中級十有三，左右各十五。左設齋戒銅人，右設時辰牌。後殿
五楹，左右配殿各三楹。内宮牆方百三十三丈九尺四寸。中三門，左右各一。
環以池，跨石梁三。東北鐘樓一，外宮牆方百九十八丈二尺二寸，池梁如內
制。」〔註74〕設於齋宮內的齋戒銅人，主要是源於明太祖的建制。由於明太
祖很重視祭祀天地的禮儀，洪武二年，特命學士朱升等撰齋戒文曰：

> 戒者，禁止其外。齋者，整齊其內。沐浴更衣，出宿外舍，不飲
> 酒，不茹葷，不問疾，不弔喪，不聽樂，不理刑名，此則戒也。
> 專一其心，嚴畏謹慎，苟有所思，即思所祭之神，如在其上，如
> 在其左右，精白一誠，無須臾間，此則齋也。大祀七日，前四日

〔註73〕《清史稿》卷八十二，〈禮志第五十七〉。
〔註74〕《清史稿》卷八十二，〈禮志第五十七〉。

戒，後三日齋。」〔註75〕

明太祖爲了澈底執行齋戒祭祀之禮，特別在洪武二年下詔曰：「凡祭祀天地、社稷、宗廟、山川等神，爲天下祈福，宜下令百官齋戒。若自有所禱於天地百神，不關民事者，不下令。」又曰：「致齋以五日七日爲期，太久人心易怠止。臨祭，齋戒三日，務致精專，庶可格神明。」〔註76〕洪武三年，太祖爲了更有效的督促百官，在齋戒期間確實遵守規定，特地鑄造「齋戒銅人」立於齋所。

> 三年諭禮部尚書陶凱曰：「人心操舍無常，必有所警，而後無所放。」
> 乃命禮部鑄銅人一，高尺有五寸，手執牙簡，大祀則書致齋三日，
> 中祀則書致齋二日於簡上，太常司進置齋所。〔註77〕

自明太祖以後，「齋戒銅人」一直沿襲下來，成爲齋戒時的精神表徵，具有督促作用。此外，明太祖又在洪武五年，「命諸司各置木牌，以警褻慢，刻文其上曰：『國有常憲，神有鑒焉。』凡祭祀，則設之。又從陶凱奏，凡親祀，皇太子宮中居守，親王戎服侍從。皇太子親王雖不陪祀，一體齋戒。」〔註78〕此即所謂的「齋戒牌」。齋戒牌的建制，也爲清代所沿襲。滿清在入關後不久，爲了鞏固統治權力的合法性，在京師原明代祭祀天地的壇壝上，修建「圜丘壇」、「方澤壇」及「齋宮」，並隆重的舉行祭祀天地之禮。

清代在行齋戒禮制時，第一項即是進「齋戒牌」與「齋戒銅人」。《清會典》規定：「齋戒牌木制，飾以其紙，以清漢文書齋戒日期。銅人立形，手執齋戒銅牌。」皇帝在齋宮齋戒時，齋戒牌與齋戒銅人設於乾清門二日，在天壇齋戒時，則設於天壇齋宮，銅人設於無梁殿前月台上銅人亭內。〔註79〕

第四節　齋戒祭祀的時機與服儀

清代的皇帝，在一年之中要舉行多少次的齋戒祭祀禮，應可統計的出來。先就齋戒的時機而言，分爲大祀致齋三日，及中祀致齋二日兩類。所

〔註75〕《明史》卷四十七，〈禮志第二十三〉。

〔註76〕《明史》卷四十七，同上註。

〔註77〕《明史》卷四十七，同前註。

〔註78〕《明史》卷四十七，同前註。

〔註79〕周慶生，〈清代祭天文化述略〉，收錄於全國明清檔案資料目錄中心編，《清代天壇暨祭天文化研究檔案資料匯編》，第十九冊。

謂「大祀」包括有：祭圜丘、方澤、祈穀、雩祀、太廟、社稷等六項。「中祀」則包括祭祀日、月、歷代帝王、先師孔子、關帝、文昌帝君、先農、先蠶、天神、地祇、太歲等項。關於祀期方面，根據《清會典事例》的記載整理如下：

大祀（致齋三日）如下：

祭圜丘（每年一次）：順治元年定每歲冬至日，祀天於圜丘。

祭方澤（每年一次）：每歲夏至日，祭地於方澤。

祈穀（每年一次）：每歲正月上辛日，祈穀於上帝。如立春在上辛日後，則以次辛。

祭太廟（每年四次）：四孟時饗。孟春擇上旬吉日，夏秋冬均以孟月一日。

祭社稷（每年二次）：春秋二仲月，以上戊日祭。

雩祀（不定期）：雩祀即是祈雨，視需要而安排，事前由卜日者，豫卜吉期，固無特定的日期。

中祀（致齋二日）如下：

太歲（每年二次）：孟春擇日及歲除前一日。

先醫（每年二次）：春二月冬，十一月，以上甲日祭。

歷代帝王（每年二次）：春秋二仲月擇日致祭。

先師孔子（每年二次）：春秋二仲上丁日。

城隍（每年一次）：定每年八月，擇日致祭。

祭日、月（每年各一次）：春分日卯時祭日，秋分日酉時祭月。

關帝廟（每年三次）：除五月十三日致祭外，更增春秋二祭。

先農（每年一次）：仲春亥日。

文昌廟（每年二次）：二月初三日及仲秋卜吉致祭。

先蠶（每年一次）：季春巳日。

上述所列，係明定於《清會典事例》中，每年固定的祭祀活動，總計有大祀九項，中祀十項，以大祀致齋三天，中祀致齋二天來計算，一年中共須齋戒六十一天。這還不包括不定期舉行的祈雨祭祀，及重要的宗教節日。例如每年四月八日的浴佛節，乾隆皇帝就非常重視。四月初，乾隆皇帝即親下諭旨，規定四月初七日起，后妃止葷添素。宮內各處佛堂，都要供上素菜五品，素菜有卷籤、山藥、麵筋、香蕈、鍋渣等五種。根據《皇帝進膳底檔》的記載，乾隆二十年四月七日是：「萬歲爺、皇后各用供一桌。素菜十三品，

（其中）麵卷三品、麵筋三品、卷籤二品、山藥二品、豆腐乾三品」。〔註80〕

若根據清人金鶚的統計，一年之中的齋期，共約有一百二十日。他說：

> 天子宗廟四時之祭，每祭皆齋十日。冬至圜丘祭天，夏至方澤祭地，
> 寅月祭南郊，申月祭北郊，仲夏大雩帝，季秋大饗帝於明堂，孟冬
> 祀五帝亦各齋十日。仲春、仲秋祭社稷，春秋分朝日夕月，與四類
> 五神四望山川之祭各宜齋三日。又四時迎氣耕藉，及群小祀皆宜齋。
> 其中有可相并而省。一年齋期，約有百二十日。〔註81〕

至於皇帝及大臣在齋戒期間的服儀，也有詳細的規定。根據《清會典事例》
的記載：「齋戒期內，懇請御藍袍青褂。其陪祀及執事之王公大臣官員，穿貂
褂紅青褂朝珠。其無執事及不陪祀之王公大臣官員，俱穿紅青褂不褂朝珠。」
〔註82〕這是嘉慶帝在嘉慶七年，特別諭令軍機處大臣，會同禮部，仔細考察
歷來齋戒時的服儀後，由慶桂等奏稱後所核定。此後，這樣的齋戒服儀，就
簡稱為"素服"。咸豐五年八月八日，正逢社稷壇大祀禮，照例皇上要先期
致齋三天，咸豐帝特別下了諭旨謂：「朕御素服，冠綴纓緯，帶齋戒牌。初六
日大祭後，及初七初八日，朕俱御常服戴緯帽，其省牲及陪祀執事各員，初
五日齋戒期內，均著素服冠綴纓緯。初六日大祭後，及初七初八日均戴緯帽
常服不挂朝珠。」〔註83〕在齋戒期內，皇上及所有陪祀的大臣，都須穿著素
服，一直到齋戒期滿才能穿著常服。

第五節　清代齋戒制度的功能

清代皇室的齋戒觀念是與國家的重要祭典相結合，故多少帶有一點國家
信仰的內涵。至於民間的齋戒觀，則多與宗教信仰相結合，如佛教持齋戒殺
之修行觀即是，固民間的齋戒多為嚴謹的素食持戒。而清代皇帝的齋戒，因
已形成一種既定的制度，任何一位皇帝都必須行禮如儀，沒多少選擇的餘地。
正因為是一種制度上的運作，淡化其宗教信仰的內涵，所以在行齋戒禮時，
皇帝不全然吃素戒殺，不若民間持齋戒殺之嚴謹。這也顯出官方與民間對「齋

〔註80〕轉引自苑洪琪，《中國的宮廷飲食》，（台北：臺灣商務印書館，1998 年 9 月），
　　　　頁 191。
〔註81〕〔清〕金鶚：《求古錄禮說》〈齊必變食說〉。
〔註82〕《清會典事例》，前引書，頁 648。
〔註83〕《清會典事例》，前引書，頁 639。

戒」的認知上，有明顯的差異。清代皇帝對齋戒祭祀的重視，目的可能在凸顯對祭祀的重視，並借以呈現誠敬祭祀之意，也有強化其統治政權正統性的作用；其次，借齋戒制度的推行，皇帝可嚴格要求臣下遵行，也有助於對大臣們的駕御統治。這方面可由清代皇帝對齋戒的作法來論述：

一、凸顯對祭祀的誠敬之意

清代皇帝對齋戒的重視，可以雍正帝所言：「每齋戒日期，必檢束身心，竭誠致敬，不稍放逸，始可以嚴昭事，而格神明。」為代表。所謂「格神明」，指的是祭祀天地神明時，以誠敬之心去感動神明，才能得到庇佑，這是祭祀最重要的目的所在。為達到這個目的，潔淨齋戒以檢束身心、竭誠致敬，不得稍有放逸，都是必要的作法。為了以身作則，雍正皇帝說他自己是，「每遇齋戒之日，至誠至敬，不但殿庭安設銅人，即坐臥之處，亦書齋戒牌，存心儆惕，須臾勿忘。」設齋戒銅人的目的，是要時時刻刻提醒，必須謹守齋戒規定，整束身心，不敢稍有放鬆。皇帝如此要求自己，嚴格遵行齋戒，自然有作給天下臣民看，以表示皇帝很重視祭祀，目的在凸顯正統性，及得授天命的內涵。這也是為何順治皇帝入主中國後，即要重修天壇，並在明代既有的基礎上，作更大的擴充，並隆重的舉行祭天地之禮，想必其目的也在此。

二、便於對臣下的統治

雍正皇帝每當齋戒時刻，定要嚴格的要求「內外大小官員，雖設齋戒牌於官署，但恐言動起居之際，稍有褻慢，即非致齋嚴肅之義。」不只皇帝自己行齋戒，連內外大小官員也都要一起行齋戒。當皇帝在前一日進駐齋宮時，陪祀的大臣也要跟著在壇外齋宿，各地方官則是在各地的衙門齋戒二日。如此由中央到地方一致的執行齋戒，很有齊一大家心志的作用，皇帝也可借此要求所有官員，以顯皇帝的威令。雍正皇帝就很善於借此要求參與齋戒的官員，雍正諭令曰：「今酌定齋牌之式，令陪祀各官佩著心胸之間，使觸目儆心，恪恭罔懈，並得彼此觀瞻，益加省惕。」為了嚴格執行，雍正帝還要每位參與陪祀的官員，要在身上佩帶「齋戒牌」，好讓大家相互督促，觸目儆心，彼此觀瞻，為的是怕陪祀官員懈怠，未真齋戒而馬虎了事。雍正帝為何要如此嚴屬要求官員，應有借此齋戒之機會，責令官員以顯君威的作用。

三、彰顯皇帝眞誠愛民之德意

清代的皇帝經常要行祭天地、祈穀、常雩禮、祭先農、祭先蠶等祈求豐收，國泰民安。當行這些祭祀禮前，皇帝定要嚴肅的齋戒自己，以顯示皇上對這件事的眞誠，也是間接昭告天下臣民，皇上是眞心誠意的爲民祈福，故而要齋戒以示其誠。同時，借著對內外官員的齋戒要求，也是在提醒所有官員，要時時以眞誠來治民。對於未認眞執行齋戒的官吏，則被視爲是不敬重其事，治民不力的官員。爲了澈底執行，嘉慶帝就曾諭令：「嗣後凡應行齋戒人員，俱著晝夜住宿公所，不准潛回私宅。其派出查齋之員，於日間稽查一次，夜間稽查一次，如有不到者，即行指名奏參，以儆曠怠。」〔註 84〕想必有地方官員未齋宿公所，所以嘉慶帝要下諭旨，重申禁令。何以要如此嚴格要求官員齋戒，在皇上的看法中，奉行齋戒已不純粹只是祭祀的事，而是代表這些官員是否齊心一志，是聽命於中央的好官吏。因爲一位眞正愛民的官吏，一定肯眞心爲民齋戒祈福，就像皇上眞誠齋戒爲民祈福一般。

四、嚴肅禁令以顯威儀

齋戒祭祀，有些類似宗教信仰的戒儀。清代皇帝在行齋戒期間，有一套既定的禁戒令，所有行齋戒的人都必須遵守。根據《清會典事例》中，有關清代皇帝所頒布的齋戒禁令，可整理成以下幾項：

1、齋戒之日，不理刑名。

2、不辦政事，但有要事仍辦。

3、不問疾、不吊喪。

4、不入內寢。

5、不聽音樂。

6、不飲酒、不食蔥、韭、蒜、渠、薤五葷菜。

7、不祈禱、不祭神。

8、不掃墓。

9、有炎艾體氣殘疾瘡毒者，不與齋戒；或有期服者，一年不與齋戒。

10、大功、小功緦麻，在京者一月不與齋戒；聞訃者十日不與齋戒。

11、王公大臣，年逾六十者，或齋戒而不陪祀，或不齋戒，許其自行酌量。

〔註84〕《清會典事例》，前引書，頁 651。

　　所有參與齋戒的人，都按照這套禁令運作，自然容易收到齊一心志的作用。皇帝可以此來要求臣下，收束身心，莊重其事。禮部官也借此來規範皇帝，必須依齋戒禮來實行，一切以達到祭祀參與者的虔誠、聖潔、嚴謹為目的。

第六節　小　結

　　綜合以上的論述可以了解，以勤政聞名的清代皇帝，在齋戒祭祀上，也顯得特別看重。齋戒，原本只是古代君王在祭告天地時，齋戒沐浴，潔淨自己，以示誠敬的一項作法。到了清朝，已發展成一套繁複的儀規，讓所有參與祭祀者去遵循，所以筆者認為，應已構成是一項制度的運作，謂之「齋戒制度」。這項制度對皇帝的生活起居與飲食，政府的統治運作，乃至國家的信仰等方面，都產生很大的影響。就生活起居而言：如上述分析，一年中有近六十天的齋戒期，凡所有行齋戒者，所謂「齋必變食、居必遷坐」的規定，在飲食生活起居上，都有所改變。清代的皇帝除以身作則，身體力行外，還設各項齋戒稽察官、齋戒牌、齋戒銅人等，以確保齋戒之執行。因此，這項制度的運作，是和政府的統治緊密結合，皇帝可借齋戒來管制官員，有助於皇帝的威令之建立。皇帝及官員也可借齋戒制度的運作，以顯出對真誠愛民的德治。天壇、方澤及齋宮的建制，代表國家信仰的具體內涵，皇帝及陪祀大臣的齋戒祭祀，也有鞏固國家信仰及主體價值的作用。

　　然而，值得反思的是，清代皇帝對齋戒制度的重視，並不代表在面對民間齋戒者的態度上，都會給予容忍。有很多民間宗教信奉者，都是素食持齋，他們是被皇帝下令嚴屬取締的一群。在清代的官方檔案中，有記錄的一些民間教派如齋教、羅教、老官齋教、江南齋教、白蓮教、青蓮教、大乘教、龍華會……等，幾乎全是奉行吃素齋戒的一群，他們被當成國家的亂源，而給以強力的鎮壓，並統一稱之為「齋匪」。民間持齋吃素者，基本上都有戒殺放生的信仰，同樣也是在奉行齋戒，卻被政府視為十惡不赦的一群盜匪，官方與民間對齋戒觀的差異性，是在探討整個中國特有的「齋戒制度」時，值得作進一步的分析研究。

第三章 民間宗教齋戒信仰之形成

第一節 民間道教的齋戒信仰

自梁武帝推行斷酒肉令以後，中國佛教的僧團漸次接受這項清規，而且視為理所當然。其影響所及，連道教徒也有不少採持齋、獨身的修行方式。雖然早在東晉時期的葛洪，即有欲修神仙術，必須持長齋，絕葷菜的說法：

> 乘蹻須長齋，絕葷菜，斷血食，一年之後，乃可乘此三蹻耳。其高
> 下去留，皆自有法，勿得任意耳。若不奉其禁，則不可妄乘蹻，有
> 傾墜之禍也。〔註1〕

所謂的「乘蹻」是指能舉足高飛的仙術，依葛洪的說法，要修煉成具有「乘蹻」的仙術，持長齋、絕葷菜是必要的條件，如此修滿一年以上，才有可能成就。葛洪的主張似乎沒有使大部份的道教徒奉行，直到梁武帝在僧團大力推行斷酒肉時，道教徒的持齋、獨身修行，至多還只是個人的行為，沒有像佛教是整個僧團都一起奉行。要有整個道教僧團像佛教一樣，一起奉行齋戒的情形，是要等到宋朝全真教的興起，才算是有一個以吃齋、獨身為修行戒規的道教僧團成立。不過，其他不少的道士，卻還是取妻生子，葷酒不拘的。康樂就舉例來說：當時全真教的創始人王重陽，其實也是仿效佛教的出家，長住道觀、獨身、素食，作為改革道教的第一步。全真道在北方大為盛行時，南方的正一教也是道教的一個支派，傳自江西龍虎山張天師一系，此派系就沒有奉行獨身、素食的戒律，這就是因為道教本身的分歧性所致。〔註2〕

〔註1〕 王明，《抱朴子內篇校釋》，（北京：中華書局。1988 年 7 月第 3 刷），頁 275。
〔註2〕 康樂，前引書，頁 120～121。

唐宋以後，除了佛教僧團之外，另一個真正將持齋吃素落實在教團修行上，作爲一項主要的戒律，是“民間宗教”。所謂「民間宗教」，是指唐宋以來，中國民間的一種自發性的宗教結社，它普遍流行於社會底層，爲非純粹佛、道兩教之外的多種民間教派之統稱。〔註3〕中國的民間宗教，有時也被稱爲“秘密宗教”。〔註4〕這是因爲這些民間宗教教派，基本上都是採秘密傳佈的方式，在民間廣爲流傳，由於是秘密的聚會傳教，最爲當政者所忌諱，無不視之爲“邪教”、“妖教”、“教匪”等類，加以嚴厲的取締。

一、東漢五斗米道的禁殺與禁酒

追溯中國民間宗教的源頭，學界一般是以出現於東漢末年的民間道教，作爲第一個形成的民間宗教。〔註5〕當時出現有兩支民間道教，一是張陵於東漢順帝年間，在四川鵠鳴山所創立的“五斗米道”；另一是由巨鹿人張角於東漢靈帝熹平年間，在華北創立的“太平道”。張陵的五斗米道，在三國時人魚豢所著的《典略》中有具體的描述：

> 熹平中，妖賊大起，三輔有駱曜。光和中，東方有張角，漢中有張脩。駱曜教民緬匿法，角爲太平道，脩爲五斗米道。太平道者，師持九節杖爲符祝，教病人叩頭思過，因以符水飲之，得病或日淺而愈者，則云此人信道，其或不愈，則爲不信道。脩法略與角同，加施靜室，使病者處其中思過。又使人爲姦令祭酒，祭酒主以老子五千文，使都習，號爲姦令。爲鬼吏，主爲病者請禱。請禱之法，書病人姓名，説服罪之意。作三通，其一上之天，著山上，其一埋之地，其一沉之水，謂之三官手書。使病者家出米五斗以爲常，故號曰五斗米師。實無益于治病，但爲淫妄，然小人昏愚，競共事之。後角被誅，脩亦亡。及魯在漢中，因其民信行脩業，遂增飾之。教使作義舍，以米肉置其中以止行人；又教使自隱，有小過者，當治道百步，則罪除；又依月令，春夏禁殺；又禁酒。流移寄在其地者，不敢不奉。〔註6〕

〔註3〕 韓秉方，〈中國的民間宗教〉，收錄於湯一介主編，《中國宗教：過去與現在》，（北京：北京大學出版社，1992.10），頁163。

〔註4〕 戴玄之，《中國秘密宗教與秘密會社》，（台北：臺灣商務印書館，民國79年）。

〔註5〕 馬西沙、韓秉方，《中國民間宗教史》，（上海：上海人民出版社，1992年12月）頁1。

〔註6〕 《三國志‧魏書》卷八，〈張魯傳〉，《二十五史》第二冊（上海：上海古籍出

其中提到依據〈月令〉，春夏有禁殺、禁酒的規定。韓秉方的研究指出，五斗米道在正月初五、七月七日、十月五日等三會日，要依日齋戒，呈章嘗會。另在五臘日（正月初一、五月五日、七月七日、十月一日、十二月五日）時，也可齋戒沐浴，祠先人，朝眞行道。此外，家有疾厄時，可請德賢道士三人、五人、十人不等。須設立壇，先三日清齋，後三日言功。供食一如齋食，不得葷穢。〔註7〕可見五斗米道已有在一些特定的日子，或是個別家庭的特別須求時，以禁殺齋戒的方式，舉行法事來祈福。

　　至於張角創立的太平道，在《後漢書・皇甫嵩傳》中，有簡要的記載：

> 初，鉅鹿張角自稱「大賢良師」，奉事黃老道，畜養弟子，跪拜首過，符水說以療病，病者頗愈，百姓信向之。角因遣弟子八人使於四方，以善道教化天下，轉相誑惑。十餘年間，徒數十萬，連結郡國，自青、徐、幽、冀、荊、楊、兗、豫八州之人，莫不畢應。遂置三十六方。方猶將軍號也。大方萬餘人，小方六七千，各立渠帥。訛言「蒼天已死，黃天當立，歲在甲子，天下大吉」。〔註8〕

張角的太平道，崇尚巫術符咒，並以此爲人治病驅邪。此外，也有設置義舍，禁飲酒等作法，但未有特別強調齋戒的教義。

　　就初期的民間道教團體來看，並未眞正是以齋戒作爲全體信眾的教法，至多只是一些特定的日子，或是特定的需求時，才有齋戒的作法。要說眞正以齋戒作爲全體教團必須遵守的規範，是以西晉前期傳入中國的"摩尼教"開始。

第二節　摩尼教與喫菜事魔

一、摩尼教入華

　　摩尼教是產生於西元前三世紀，古波斯薩珊王朝時期的一種宗教。創立者摩尼（Mani）乃是在西元二百五十年左右，出生於 Echatana 的一位身份很

　　　　版社，1995 年 12 月），頁 1098。

〔註7〕　馬西沙、韓秉方，《中國民間宗教史》，（上海：上海人民出版社，1992 年 12月），頁 6。

〔註8〕　《後漢書》卷一〇一，〈皇甫嵩朱列傳〉，《二十五史》第二冊（上海：上海古籍出版社，1995 年 12 月），頁 243。

高的教士。〔註9〕摩尼自稱在二十四歲時，一再受到天使的啓示，要在人間傳授新的教義，因而創立了摩尼教。該教是在瑣羅亞斯德教的理論基礎上，吸收了基督教、諾斯替教、佛教等的教義思想而形成自己的信仰。它的主要教義是"二宗三際論"，並有一套獨特的戒律和寺院制度。西元三至十五世紀，一直在亞、非、歐等地區流傳，約在六至七世紀間傳入中國。〔註10〕

　　關於摩尼教及其傳入中國的問題，學界已有不少的研究探討。舉其要者有：林悟殊《摩尼教及其東漸》〔註11〕、王國維〈摩尼教流行中國考〉〔註12〕、陳垣〈摩尼教入中國考〉〔註13〕、王見川《從摩尼教到明教》〔註14〕、牟潤孫〈宋代摩尼教〉〔註15〕、孫培良〈摩尼教及其東西傳播〉〔註16〕、沙畹、伯希和〈摩尼教流行中國考〉〔註17〕、吳晗〈明教與大明帝國〉〔註18〕、矢吹慶輝《摩尼教》〔註19〕、竺沙雅章〈喫菜事魔について〉〔註20〕、深谷富二郎〈マニ教に就いて〉〔註21〕等等。關於摩尼教入華的年代，首先是由蔣斧〔註22〕根據《長安志》的記載，提隋時摩尼教已傳入中國的看法；其後羅振玉提出摩尼教在晉代流行中國的主張。法國學者沙畹、伯希和提出的看法

〔註9〕 Edward Mcnall Burns、Robert E.Lerner、Standish Meacham Western Civilizations Tenth Edition（New York: W.W. Norton & Company, Inc. 1984），P.67。

〔註10〕《中國大百科全書‧宗教卷》，〈摩尼教〉條，（上海：上海人民出版社，1988年11月），頁272。

〔註11〕林悟殊，《摩尼教及其東漸》，（台北：淑馨出版社，1997年8月）。

〔註12〕王國維，〈摩尼教流行中國考〉，《亞洲學術雜誌》第11期，1921年。收入其《觀堂集林》第四冊，（北京：中華書局），頁1167～1190。

〔註13〕陳垣，〈摩尼教入中國考〉，《國學季刊》第1卷第2號，1923年4月，頁203～239。

〔註14〕王見川，《從摩尼教到明教》（台北：新文豐出版公司，1992年）。

〔註15〕牟潤孫，〈宋代摩尼教〉，《輔仁學誌》第7卷1、2期，1938年。頁125～146。

〔註16〕孫培良，〈摩尼教及其東西傳播〉，《西南師範學院學報》1979年第4期，頁29～37。

〔註17〕馮承鈞譯，沙畹、伯希和撰，〈摩尼教流行中國考〉，《西域南海史地考證譯叢八編》（北京：中華書局，1958年），頁43～100。

〔註18〕吳晗，〈明教與大明帝國〉，《清華學報》第13卷，1941年，頁49～85，收入氏著《讀史劄記》，（北京：三聯書局，1956年），頁235～270。

〔註19〕矢吹慶輝，《摩尼教》，（東京：岩波書店，昭和十一年）。

〔註20〕竺沙雅章，〈喫菜事魔について〉，《青山博士古稀紀念宋代史論叢》（東京，1974年）頁239～262。

〔註21〕深谷富二郎，〈マニ教に就いて〉，《史觀》21冊，昭和十六年。

〔註22〕蔣斧，〈摩尼教流行中國考略〉，載《敦煌石室遺書》，1909年。

認爲，摩尼教是在唐武則天延載元年（西元 694 年）時傳入中國，〔註23〕所根據的是《佛祖統紀》的記載：這一年「波斯國人拂多誕持《二宗經》僞經來朝。」〔註24〕此說一度成爲學者所接受的看法。後來，林悟殊則在〈摩尼教入華年代質疑〉一文中，〔註25〕將歷來對此說提出質疑的看法作綜合，並呼應柳存仁先生的看法，〔註26〕認爲摩尼教應是在唐武則天之前就已傳入中國。其他還有張星烺〔註27〕及重松俊章〔註28〕等人也是持相同的看法，但是如林悟殊所言：「要給摩尼教入華時間劃一個準確的年代是困難的，但我們覺得，中國內地可能在四世紀初便已感受到摩尼教的信息了。」〔註29〕對於在唐武則天延載元年之前，摩尼教已傳入中國的看法，則未有明確年代的提出。近來劉南強（S.N.C.Lieu）〔註30〕試圖就此一問題尋求解答，他是根據《閩書‧方域志》所提「唐高宗朝慕闍行教中國」〔註31〕的記載，當作摩尼教入華的年代。劉氏的立論，也得到王見川〔註32〕認同，綜合各方面的史料分析來看，此一說法是較爲可信的一個論點。

二、摩尼教的齋戒信仰

根據摩尼在世時對教徒所定的一系列清規戒律來看，可簡單的概括爲“三封”及“十誡”。所謂「三封」是指：口封、手封和胸封。口封是在飲食和言語方面的戒律，即不吃酒肉，不說謊言；手封是對行爲的戒制，即不在暗中作壞事；胸封是對思想及慾望的戒制，即要戒制淫慾。另外的「十誡」

〔註23〕此說是根據宋代釋志磐所撰《佛祖統紀》中的記載而來。主張此說的有法國學者沙畹、伯希和，及我國的學者陳垣等人。

〔註24〕〔宋〕志磐，《佛祖統紀》卷三十九，收入《大正新修大藏經》，編號二〇三五，第四十九冊。

〔註25〕林悟殊，〈摩尼教入華年代質疑〉，教入於氏著《摩尼教及其東漸》，前引書。

〔註26〕柳存仁，〈唐代以前拜火教摩尼教在中國之遺痕〉，見氏著《和風堂文集》（上海：上海古籍出版社，1991 年）。

〔註27〕張星烺，《中西交通史料彙編》（北京：中華書局，1978 年）。

〔註28〕重松俊章，〈唐宋時代の末尼教ど魔教問題〉，《史淵》1963 年 12 期，頁 85～143。

〔註29〕林悟殊，前揭書，頁 57。

〔註30〕Lieu, S.N.C., "Manichaeism in the late Roman Empire and Medieval China, a Historical Survey." Manchester,1985., Tubingen1992.

〔註31〕〔明〕何喬遠，《閩書》卷七，〈方域志〉。明崇禎二年刊本。

〔註32〕王見川，《從摩尼教到明教》（台北：新文豐出版社，民國 81 年 1 月），頁 134～140。

是指：不拜偶像、不妄語、不貪欲、不殺生、不奸淫、不偷盜、不欺詐或托言魔術、不二心或疑念、不怠惰及每日四次或七次祈禱、實行齋戒及懺悔。這三封及十誡之中，最重視的是齋戒不殺生及不淫慾。〔註33〕摩尼教的一首讚美詩中，有以下的一段：

> 尊敬聖靈，樂於齋戒，祈求和施捨，
>
> 樂於遵守不說謊，不殺生，不吃肉的律則，
>
> 樂於遵守潔淨，安貧的律則，
>
> 尊敬謙讓，仁慈。〔註34〕

這些嚴謹的戒律，在摩尼教的組織中，是從「選民」以上的人員都必須嚴格的遵守。選民階層是在最基層的眾多「聽者」中，挑選出的基本幹部，其上是「執事」，執事之上是「長老」，長老之上是「主教」，主教之上是「法師」，法師之上是「教主」。〔註35〕這種層層而上的教階制度中，選民階層是被挑選出來的最基層幹部，他的條件就是要能奉行「三封、十誡」。所以摩尼教徒齋戒吃素的情形很普遍，凡是基層幹部以上的，都要吃齋持戒，這對摩尼教來說，已經成為一種修持上的特徵。

摩尼教之所以如此重視齋戒不殺生及清修不淫慾，這與其最基本的"二宗三際"的信仰有關。二宗是指：世界原本就是光明與黑暗，善與惡的二元世界。三際是指：初際、中際和後際，即過去、現在和未來。中國摩尼教典籍《摩尼光佛教法儀略》中〈出家儀〉一節中，有以下的解釋：

> 初辨二宗：求出家者，須知明暗各宗，性情懸隔；若不辨識，何以修為？
>
> 次明三際，未有天地，但殊明暗；明性智慧，暗性愚痴；諸所動靜，無不相背。
>
> 中際者，暗既侵明，恣情馳逐；明來入暗，委質推移。大患冒離于形體，火宅願求于出離。勞身救性，聖教固然。即妄為真，孰敢聞名？事須辯析，求解脫緣。
>
> 後際者，教化事畢，真妄歸根；明既歸于大明，暗亦歸于積暗。二

〔註33〕《中國大百科全書‧宗教卷》〈摩尼教‧清規戒律條〉，前揭書，頁273。
〔註34〕引自王見川，《從摩尼教到明教》，前揭書，頁111。
〔註35〕王見川，前揭書，頁108。

宗各復，兩者交歸。〔註36〕

根據二宗三際的說法，這個世界有兩個截然相反的本原，一為光明王國，一為黑暗王國，這兩個本原在初、中、後三際有三個不同時期的表現。初際時，世界尚未形成，而且光明與黑暗是分開的；中際時，黑暗攻擊光明的國度；後際時期，再恢復到原來初際的情景，但光暗分開，黑暗妖魔將永遠被囚禁，再也不能入侵光明世界。〔註37〕然而目前仍是屬於中際時期，要到這個世界毀滅時，才標示著中際的結束，後際的開始。

　　摩尼教的特點就在於這種絕對的善惡二元論，及對現世的悲觀看法。認為這個世界是以魔鬼的身體所創造，而人類是魔鬼最可憎的化身的產物。光明分子被人的肉身所囚禁，為了使世界復得光明，人要持守三封及十誡。因此，摩尼主張清修，為了要讓囚禁在身中的光明分子（即善的成分）得到解放，他嚴禁摩尼教僧侶結婚，因為結婚會產生新的生命，這意味著使光明分子再度受囚禁；他要信徒不得傷害動物，甚至植物，因為動植物裡邊包含著光明分子，所以每位信徒都應奉行齋戒吃素；他要信徒信守十誡，懺悔信教前犯過的十種不正當行為，因為這些行為有礙於靈魂的得救。〔註38〕

　　摩尼教教義中"清修獨身"及"齋戒吃素"的目的，是為了讓身中的光明分子得到釋放，因此摩尼教特別重視這二項戒律。我們可以就一所摩尼寺院的建制來看，就能略知一二。在《摩尼光佛教法儀略》的〈寺宇儀第五〉中，有描繪了一座摩尼寺的藍圖如下：

> 經圖堂一，齋講堂一，禮懺堂一，教授堂一，病僧堂一。右置五堂，法眾共居，精修善業，不得別立私室廚庫。每日齋食，儼然待施，若無施者，乞丐以充。唯使聽人，勿畜奴婢及六畜（即馬、牛、羊、豬、狗、雞）等非法之具。〔註39〕

從一座摩尼教的寺院可以看出，住在寺院內的僧侶，每日要齋食、誦經、禮懺等功課是不可少的。

〔註36〕《摩尼光佛教法儀略》，〈出家儀〉，引自樓宇烈、張志剛主編，《中外宗教交流史》（長沙：湖南教育出版社出版，1999 年 7 月），頁 143。

〔註37〕 Mircea Eliade 著，廖素霞、陳淑娟譯，《世界宗教理念史》卷二，（台北：城邦文化出版，2001 年 12 月 20 日），頁 369～373。

〔註38〕 林悟殊，《摩尼教及其東漸》，前揭書，〈摩尼的二宗三際論及其起源初探〉，頁 25。

〔註39〕 劉南強（Samuel N.C.Lieu）著，林悟殊譯，〈摩尼教寺院的戒律和制度〉，收錄於氏著《摩尼教及其東漸》，前揭書，頁 112。

三、喫菜事魔

摩尼教在唐代開始大為傳播，但也不是那麼順利，唐開元二十年（西元732 年），唐玄宗下敕令禁斷摩尼教：「末摩尼本是邪見，妄稱佛教，誑惑黎元，宜嚴加禁斷。」〔註 40〕然而這次的禁令並未能禁絕摩尼教，到了天寶十四年（755）"安史之亂"的爆發，又給了摩尼教以另一種方式，重新在唐朝大為傳播。原因是唐王朝為了解燃眉之急，不只一次的請兵回紇，終於敉平安史之亂。這樣的借兵行動，給了以摩尼教為國教的回紇，一個很好的機會，再次將摩尼教帶回來中國傳播。而唐王朝為了給回紇有利的誘因，當然也不能阻止回紇的摩尼教。於是，摩尼教憑仗著回紇的奧援，重新獲得了在唐公開傳教設寺的許可。此後，一直到會昌三年（843）武宗對摩尼教大加迫害為止，這將近一百年的時間裡，根據林悟殊的研究認為：「合法傳播的摩尼教主要還是限於寺院式的宗教活動，教徒的主要成分還是中亞人，還不是以漢族的下層百姓為基礎。」〔註 41〕

會昌三年，唐武宗對摩尼教的迫害是非常嚴厲的，其影響也是非常大的。據《僧史略》的記載：

> 會昌三年，敕天下摩尼寺并廢入官。京城女摩尼七十二人死。及在
> 此國回紇諸摩尼等，配流諸道，死者大半。〔註 42〕

這次的迫害讓摩尼教徒「死者大半」，這或許有些言之過重，但也顯見這次的打擊是相當嚴重的。然而摩尼教並未就此滅絕，反而是「未盡根荄，時分蔓衍」，〔註 43〕開始轉入地下，被廣大的下層民眾所信奉，漸演化為民間秘密宗教。

當摩尼教由寺院走入更廣泛的民間，成為下層民眾的秘密信仰後，官方對它的了解與掌握也愈加困難。由於「吃素」一直是摩尼教的一大特徵，這一點顯然未因時空的不同而有所改變，於是隨著摩尼教的融入民間，在中國的下層社會開始出現集體吃齋的民間宗教信仰者，就像佛教徒以寺院為核心的集體齋戒吃素，民間宗教也開始有群體齋戒吃素的信仰團體出現。這一批批以吃齋為信仰的民間宗教，出現在唐宋以後的下層社會，引起了當政者的

〔註 40〕〔唐〕杜佑《通典》卷四十注（王永興等點校，北京：中華書局，1988 年 12 月 1 版）。

〔註 41〕林悟殊，〈宋代明教與唐代摩尼教〉，氏著《摩尼教及其東漸》，前揭書，頁 146。

〔註 42〕〔宋〕贊寧，《大宋僧史略》卷下，〈大秦末尼〉條，收錄於《大正新脩大藏經》第 54 冊。

〔註 43〕同上註。

關注，官方就以"喫菜事魔"來形容它，民間也改以明教來稱呼。

　　從會昌三年官方禁斷摩尼教後，到約一百年後梁貞明六年（926），爆發了"陳州母乙之亂"，這是第一個以吃素爲信仰的民間群體，所涉及的叛亂。五十多年後的北宋太平興國五年（980），贊寧撰《僧史略》，評述此一反亂事件時，將其定爲摩尼教徒之亂。他說：

> 梁貞明六年，陳州末尼黨類，立母乙爲天子，累討未平。及貞明中，誅斬方盡。後唐石晉，時復潛興，推一人爲主，百事稟從；或畫一魔王踞坐，佛爲其洗足。〔註44〕

這樣的說法一直被佛教徒所延用，到了南宋景定咸淳年間（1270）的釋志磐編撰《佛祖統紀》時，對於這一段的記載也是說：

> 梁貞明六年陳州末尼聚眾反，立母乙爲天子。朝廷發兵擒母乙，斬之。其徒以不茹葷飲酒，夜聚淫穢，畫魔王踞坐，佛爲洗足，云佛是大乘，我法乃上上乘。其上慢不法有若此。〔註45〕

至於母乙之亂是否眞爲摩尼教之亂，學界對此已有所質疑。〔註46〕王見川則是根據《舊五代史》的記載：「陳州里俗之人，喜習左道，依浮屠氏之教，自立一宗，號曰上乘；不食葷茹，誘化庸民，揉雜淫穢，宵聚晝散。」〔註47〕推論母乙之亂只是至個外來成分的佛教異端團體所爲。〔註48〕

　　如果"母乙之亂"非眞摩尼教徒所爲，那最直接和摩尼教有關的記載，就算是一些被稱爲"喫菜事魔"的民間信仰團體了。吳晗對何以會用喫菜事魔來形容摩尼教，有如下的解釋：

> 陳州末尼所奉爲魔王，又素食。魔王蓋即魔尼，以明教有明王出世之說，而摩尼又稱明使也。……其教又爲歷來政府及佛徒所嫉，佛徒每斥異己爲魔，易摩爲魔，斥爲魔王，爲魔教，合其齋食而呼之，則爲吃菜事魔。〔註49〕

〔註44〕〔宋〕贊寧，《大宋僧史略》，前揭書。

〔註45〕〔宋〕釋志磐《佛祖統紀》卷五四，（揚州市：江蘇古廣陵古籍刻印社，1992年）。

〔註46〕劉南強（Lieu, S.N.C.）首先對此提出質疑，見氏著 Manichaeism in the late Roman Empire and Medieval China, a Historical Survey."，前揭書。

〔註47〕《舊五代史》卷十，《二十五史》第六冊，（上海：上海古籍出版社，1995年12月），頁4865。

〔註48〕王見川，《從摩尼教到明教》，前揭書，頁194～197。

〔註49〕吳晗，〈從摩尼教到明教〉，前揭書，頁243。

從文獻上來看，宋代有不少“喫菜事魔”的記載出現。官方文獻中最早使用喫菜事魔一詞，是見於宋宣和三年（1121）閏五月七日，尚書省的上言：

> 契勘江浙喫菜事魔之徒，習以成風，自來雖有禁止傳習妖教刑賞，既無止絕喫菜事魔之文，即州縣監司，不爲禁止，民間無由告捕。遂致事魔之人，聚眾山谷，一日竊發，倍費經畫。若不重立禁約，即難以止絕，乞修立條。〔註50〕

十三年後的紹興四年（1134）五月，起居舍人王居正的奏本也說：

> 伏見兩浙州縣，有喫菜事魔之俗。方臘以前，法禁尚寬，而事魔之俗，猶未至於甚熾。方臘之後，法禁愈嚴，而事魔之俗愈不可勝禁。……凡事魔者，不食肉。而一家有事，同黨之人皆出力以相賑卹。蓋不食肉則費省，費省故易足；同黨則相親，相親故親卹而事易濟。〔註51〕

這是在唐會昌禁教後約三百年，可以看出來在江浙一帶的喫菜事魔現象已很普及。雖然說被官方認定爲喫菜事魔的妖教，不盡然全是摩尼教，但可以肯定的是有一大部份是與摩尼教（即明教）有關。《佛祖統紀》中即說到：

> 嘗考夷堅志云，喫菜事魔，三山尤熾。爲首者紫帽寬衫，婦人黑冠白服，稱爲明教會。所事佛衣白，引經中所謂“白佛言，世尊”。取金剛經一佛二佛三四五佛，以爲第五佛。〔註52〕

所以日本學者竺沙雅章教授就說：「喫菜事魔，作爲宋代代表性的邪教，是官方所嚴加鎮壓的秘密宗教，人們稱之爲明教，視爲入傳中國的摩尼教的一宗。」〔註53〕雖然這麼說，但竺沙雅章特別強調，「即使記載中言爲喫菜事魔，亦不能一概斷定爲摩尼教。」〔註54〕

雖然說當時被稱爲“喫菜事魔”的民間信仰教團，不能一概以摩尼教視之，但顯然有一大部份是與摩尼教華化後的“明教”，有很密切的關係。這些喫齋教團的信仰活動情形，在宣和二年（1120）十一月的一篇官方的記載中，

〔註50〕〔清〕徐松輯《宋會要輯稿》一六五冊，〈刑法二〉，禁約。（北京：中華書局，1957年）。

〔註51〕〔宋〕李心傳，《建炎以來繫年要錄》卷七六。（台北：新文豐出版社，民國74年）。

〔註52〕〔宋〕釋志磐《佛祖統紀》卷四八，前揭書。

〔註53〕竺沙雅章，〈喫菜事魔について〉，收入《青山博士古稀紀念宋代史論叢》（東京，1974年9月），頁259。

〔註54〕同上註。

有很仔細的描述：

> 一溫州等處狂悖之人，自稱明教，號爲行者。今來明教行者，各於
> 所居鄉村，建立屋宇，號爲齋堂，如溫州共有四十餘處，並是私建
> 無名額佛堂。每年正月內，取曆中密日，聚集侍者、聽者、姑婆、
> 齋姐等人，建設道場，鼓扇愚民男女，夜聚曉散。一明教之人，所
> 念經文及繪畫佛像，號曰《訖思經》、《證明經》、《太子下生經》、《父
> 母經》、《圖經》、……等經佛號。〔註 55〕

有齋堂的設置，是摩尼教的特徵之一，可見這些明教徒，平常聚在一起時，
必然是吃齋的，而單單溫州一帶，機有四十餘處被官方發現，可見其流傳的
盛況。吃的是素菜，拜的是摩尼教特有的神佛，很容易讓人以喫菜事魔稱呼
之。所以後來在紹興七年（1137）的一篇奏言中，就將溫州一帶的吃齋教團，
稱之爲喫齋事魔：

> 宣和間，溫、台村民多學妖法，號喫菜事魔。鼓惑聽眾，劫持州縣。
> 朝廷遣兵蕩平之後，專立法禁，非不嚴切。訪聞近日，又有姦猾，
> 改易名稱，結集會社。或名白衣佛會，及假天兵，號迎神會。千百
> 成群，夜聚曉散，傳習妖教。〔註 56〕

這些喫菜教團，會被稱爲白衣佛會，一定是有外表穿著白衣所致，這也與摩
尼教的最高神"大明尊"（或稱摩尼光佛），身著白色法衣有關；另外，雖稱
佛會，但非佛教徒，有千百成群，夜聚曉散的聚眾，顯然爲當政者所疑懼，
除以傳習妖法視之，並給于嚴切的取締。

實際上，這類的喫菜事魔的教團，不只是溫州等地有，在其他各地諸路，
也都大有人在。所以宣和三年，當局就下令，命「諸路事魔聚眾燒香等人，
所習經文，令尙書省索取名件，嚴立法禁，行下諸處禁毀。令刑部遍下諸路
州軍，多出文榜，于州縣城郭鄉村要會處，分明曉諭。」〔註 57〕可見當時在
北宋後期的社會，一定有不少的喫齋事魔的教團，在福建、江浙一帶秘密流
行。到南宋時期，由於社會的動亂加劇，喫齋事魔的活動也更加活躍。南宋
太原人莊綽撰《雞肋編》中，就有以下的記述：

> 事魔食菜法禁甚嚴，有犯者家人雖不知情，亦流於遠方，以財產半

〔註 55〕　〔清〕徐松輯《宋會要輯稿》一六五冊，刑法二，禁約，前揭書。
〔註 56〕　〔清〕徐松輯《宋會要輯稿》同上註。
〔註 57〕　〔清〕徐松輯《宋會要輯稿》同上註。

給告人，餘皆沒官，而近時事者益眾。1、云自福建流至溫州，遂及二浙。睦州方臘之亂，其徒處處相煽而起。2、聞其法，斷葷酒，不事神佛祖先，不會賓客，死則裸葬。……〔註58〕

此外，任職南宋高宗尚書左丞，曾擔任福州知縣兼福建安撫使的葉夢得，在《避暑錄話》一書中也提到：

近世江浙有事魔喫菜者，云其原出五斗米而誦《金剛經》，其說皆與今佛者之言異，故或謂之金剛禪。〔註59〕

南宋的王質在《雪山集》一書中也提及：

臣往在江西見其所謂食菜事魔者，彌鄉互里，誦經焚香。夜則闃然而來，旦則寂然而亡。其號令之所從出而語言之所從授則有宗師。宗師之中有小有大而又有甚小者。其徒大者或數千人，其小者或千人，其甚小者亦數百人。其術則有雙修，二會、白佛、金剛禪，而其書則又有《佛吐心師》、《佛說涕淚》、《小大明王出世開元經》、《括地變文》、《齊天論》、《五來曲》。其所以為教戒傳習之言亦不過使人避害而趨利，背禍而向福。〔註60〕

還有南宋御史中丞廖剛著《高峰文集》一書，則提到：

今之喫菜事魔，傳習妖教，正此之謂。臣訪聞兩浙江東西，此風方熾。倡自一夫，其徒至於千百為群，陰結死黨。犯罪則人出千錢或五百行賕，死則人執柴一枝燒焚，不用棺槨衣衾，無復喪葬祭祀之事，一切務減人道。〔註61〕

另外《宋會要輯稿》中也有這樣的記載：

浙右有所謂道民，實喫菜事魔之流，而竊自託於佛老，以掩常議。既非僧道又非童行，輒於編戶之外，別為一族。姦淫污穢甚於常人，而以屏妻孥斷葷酒為戒法。貪冒貨賄甚於常人而建祠廟、修橋樑為功行。一鄉一聚，各有魁宿。平居暇日，公為結集曰燒香、曰燃燈、

〔註58〕 〔宋〕莊綽，《雞肋編》上卷，（上海：上海書店，1990年）。

〔註59〕 〔宋〕葉夢得，《避暑錄話》卷四，《筆記小說大觀》三十八編，第三冊，（臺北市：新興書局，民國74年）。

〔註60〕 〔宋〕王質，《雪山集》卷三〈論鎮盜疏〉，收錄於《文淵閣四庫全書》第1149冊（台北：臺灣商務印書館，民國72年）。

〔註61〕 〔宋〕廖剛，《高峰文集》卷二〈乞禁妖教劄子〉，（上海：商務印書館，民國23～24年），《四庫書珍本》初集，集部，別集類；1438～1444。

　　曰設齋、曰誦經。千百爲群，倏聚忽散，撰造事端，興動工役，彙

　　緣名色，斂率民財，陵駕善良，橫行村陬。〔註62〕

綜合以上幾條史料的記載來看，南宋時期在福建、浙江、江西一帶，有不少的喫菜事魔的教團在民間社會流傳，雖然學界的探討，認爲這些喫菜事魔的教團不全然是摩尼教，〔註63〕但從其特徵來看，應該與摩尼教的信仰有關。諸如斷葷酒、不事神佛祖先、不會賓客、死則裸葬，及所誦的經典等是。但其他如燒香、燃燈、設齋、誦經等，又是與一般的民間信仰相同。所以我們可以了解一點，這時期的摩尼教應是深入民間，且進一步的華化成明教，並與本有的民間宗教相融合。韓秉方就認爲它的影響一直到後來白蓮教的演化，他說：

　　此時，在社會下層，暗地裡活動著摩尼、白雲和白蓮三個教派，它

　　們由於都受到朝廷的鎮壓這一共同命運，所以便逐漸驅使它們互相

　　接近，互相融合，以至最後匯歸一體，演化成歷史上有名的白蓮教。

　　〔註64〕

摩尼教本身是一種外來的宗教，卻很成功的在宋代的民間社會，廣泛的流傳，這是由於摩尼教能走入民間社會，與民間信仰相結合，成功的華化成明教，並影響到往後明清時期民間宗教的發展。雖然後來摩尼教及明教的名稱已不多見，但它的教義思想，卻深深的滲透到各民間教派之中，繼續發揮它的影響力。

第三節　白蓮教與民間教團

　　另一個產生在南宋，也同樣主張齋戒不殺生、戒酒、素食的民間教團，影響的深遠不亞於摩尼教，它是指源於佛教淨土宗的"白蓮教"。白蓮教可視爲是佛教淨土宗走入民間，讓一般非出家眾也能加入，借由師徒式的教團組織，所結合而成的一種，不同於傳統以寺院爲核心的佛教僧團的型態，而是類似民間宗教的教團組織，所以它可視爲是佛教淨土宗民間宗教化的產物。日人野口鐵郎在《明代白蓮教史の研究》一書中，談到白蓮教的基本特質時，認爲白蓮教是從佛教阿彌陀佛信仰所衍生出來的一派，它是以居士爲主，以淨土信仰爲中心的一種"淨業教團"，一種提倡禁欲的善業和茹素齋

〔註62〕清・徐松輯《宋會要輯稿》一六五冊，刑法二之一三〇，前揭書。

〔註63〕王見川，《從摩尼教到明教》，〈第七章：明教與喫菜事魔〉，前揭書。

〔註64〕馬西沙、韓秉方，《中國民間宗教史》，前揭書，頁94～95。

戒的民間宗教結社。〔註 65〕大陸學者濮文起對白蓮教所下的定義是比較完整的，他說白蓮教是：

> 南宋時期誕生的民間秘密宗教。它發軔于東漢末年的太平道與天師道，先是擷取佛教傳入中國後興起的白蓮社、彌勒教、淨土宗、大乘教、三階教、南禪宗等宗派簡便易行的教義，又與回到民間的摩尼教合流，同時汲取儒家和道家的某些思想，經過千年融合與演化，到南宋時期基本定型的民間秘密宗教。〔註66〕

按這樣的說法，白蓮教幾乎是融合了當時的民間宗教各派，在南宋時期形成的一個民間秘密宗教。

一、白蓮懺堂的淨業教團

南宋高宗紹興三年（1133），吳郡僧人茅子元在吳郡濱山湖創立淨業教團"白蓮懺堂"。在《佛祖統紀》中，對此有所描述：

> 白蓮菜者，高宗紹興初，吳郡延祥院僧弟子元，依倣天台出圓融四土圖、晨朝禮懺文、偈歌四句、佛念五聲勸男女修淨業，戒護生為尤謹，稱為白蓮導師。有以事魔論於有司者，流之江州，其徒展轉相教，至今為盛。良渚曰，此三者皆假名佛教以誑愚俗，猶五行之有沴氣也。今摩尼尚扇於三山，而白蓮白雲處處有習之者。大氐不事葷酒，故易於裕足；而不殺物命，故近於為善。愚民無知皆樂趨之，故其黨不勸而自盛，甚至第宅姬妾，為魔女所誘入其眾中，以修懺念佛為名，而實通姦穢，有識士夫宜加禁止。〔註67〕

這樣的教團和以往的佛教寺眾，最不的同處在於容許一般非出家人參加，說是「愚民無知皆樂趨之」，可見這些以修淨業為名的教團，必定廣受歡迎。它們的特徵是：不事葷酒，不殺物命，修懺念佛等。而由於有一般的俗眾參加，所以佛門中人對茅子元開此方便法門，似乎頗有意見。志磐著《佛祖統紀》就把它歸為"事魔邪黨"，並加以嚴屬的批判。於是白蓮懺堂被當政者所取

〔註65〕野口鐵郎，《明代白蓮教史の研究》，（東京：雄山閣出版，昭和 61 年 2 月 20 日）頁 18。
〔註66〕濮文起，《中國民間秘密宗教辭典》，〈白蓮教條〉，（成都：四川辭書出版社，1996 年 10 月），頁 8。
〔註67〕〔宋〕志磐，《佛祖統紀》，收在《大正新脩大藏經》，第四十九冊，編號二〇三五。

締，茅子元被判妖妄惑眾之罪，流放江州。

　　雖然茅子元被流放，白蓮懺堂也被取締解散，但是"白蓮"一詞，卻從此彰明於天下。〔註68〕而白蓮懺堂的聚眾念佛模式，也由此化明為暗，走入民間，與民間秘密宗教合流，形成往後元、明兩朝，廣大流傳的"白蓮教"。

二、白蓮教的齋戒信仰

　　根據白蓮教的主要經典《廬山蓮宗寶卷》的內容來看，白蓮教在初期形成後的教義，與佛教淨土宗並無多大的差別，在淨業的主張方面也是不外乎持齋戒殺，奉行五戒，修十善果等。在〈受持戒法〉篇中有如下的記載：

> 初受三皈，次持五戒，漸修十種善法，圓滿三聚律儀。根熟則全持，根生則分受。年有三善，月有六齋。如或五戒難行，且除酒肉二味；十重易犯，且持不殺一門。輕塵積嶽，墜露添流，一滴下崖，終歸大海。故《涅槃經》云：「佛在世日，以佛為師；佛滅度後，以戒為師。」《梵網經》云：「戒如明日月，亦如瓔珞珠，微塵菩薩眾，由是成正覺。」所以龍無犯殺之心，狼有持齋之意。比丘苦節，至於繫草護鵝；居士病緣，終不飲酒食肉。〔註69〕

整個修持淨業重點的「五戒」，即是佛教所說的不殺生、不偷盜、不邪淫、不妄語、不飲酒。另一重點是「十善法」，即不殺生、不偷盜、不邪淫、不妄語、不兩舌、不惡口、不綺語、不貪欲、不瞋恚、不邪見等十項。在這五戒、十善中，可以看《蓮宗寶卷》尤其強調要不殺生，持齋戒除酒肉。另外在〈慈心不殺〉篇中，也有明確的闡述：

> 卵胎濕化，飛走蟲魚，皆未來諸佛之流，或過去多生父母。……殊不知斷其命者是出佛身血，食其肉者寧非父母之身，造殺害之深尤，斷慈悲之種性，生前福壽暗裡消磨，死後沉淪刀山劍樹，還作雞豬魚兔次第填償，至此宰割烹炮，因果相似。諦觀食肉，可謂寒心，縱售易於屠門，亦難逃於重罪。菩薩寧當破骨，終不食噉眾生，是以白兔焚身而仙人不顧也。草尚不拔，肉豈容噬？遠彼庖廚，有聞聲不忍之訓；養他出賣，同口殺心食之尤。大聖垂慈，所以制戒，

〔註68〕濮文起，《中國民間秘密宗教》，（台北：南天書局，1996 年 8 月）頁 23。
〔註69〕〔元〕普度，《廬山蓮宗寶鑑》，收入楊訥編，《元代白蓮教資料彙編》，（北京：中華書局，1989 年 6 月），頁 25。

永斷殺生，其德大也，修淨土人故當持守。可謂不貪香餌味，始是碧潭龍。〔註70〕

上述是關於為何要持齋吃素戒殺生的理論闡述，看來這些觀念主要還是佛教的因果觀，其中吃肉「斷慈悲種性」是《涅槃經》的思想；〔註71〕另外，食肉者會「生前福壽暗裡消磨，死後沉淪刀山劍樹，還作雞豬魚兔次第塡償，至此宰割烹炮，因果相似。」的說法，即是將吃肉視爲邪惡的事，會受到因果的報應。最後再強調先聖制定戒律，永斷殺業的用意。此外，爲了宣揚持齋素食的理念，白蓮教的另一部重要的著作《廬山白蓮正宗曡華集》一書中有〈食素頌〉一篇，內容提到：

> 我見奉長齋，終朝吃菜滓。不食魚兔肉，只食淡姜瓜。舌上生甘露，心田發善芽。通身清淨了，現出白蓮花。
>
> ……
>
> 堅持齋戒有何埃，淨極心花豁爾開。舉口便知禪悅味，個中受用善中來。
>
> 一生素飯絕纖埃，長養靈胎道眼開。不信但看三世佛，皆因積種善根來。
>
> 一廚素飯絕纖埃，缽碗巾單自展開。飽後更無餘食想，身心清淨業何來。白飯如珠絕點埃，十聲佛罷缽盂開。莫言不是諸天供，香積廚中製造來。凡夫火宅本沾埃，硬把道人門戶開。識得眾生元是佛，慈悲不殺奉如來。〔註72〕

強調奉行齋戒，吃素以達到身心清淨絕纖埃的目的，這與前一章談到中國自古以來的齋戒觀念相符合。只要身心清淨了，心田自然能發出善芽、現出白蓮。這樣將吃齋與修行相結合，已是當時佛教與民間宗教共同的特徵。爲了強調齋戒的重要性，就反面來論述，《曡華集》中另有一篇〈食葷頌〉云：

> 我見世途惡，作業不思量。豬吃死人肉，人吃死豬腸。豬不嫌人臭，人反道豬香。覷破回頭看，蓮花生沸湯。
>
> 食葷畢竟惹塵埃，性地多貪打不開。螺螄蚌蟹雞鵝鴨，都是腥羶臭

〔註70〕〔元〕普度，《廬山蓮宗寶鑑》，前揭書，頁26。

〔註71〕詳見徐立強，《梁武帝制斷酒肉之主張與中國佛教素食文化之關係》，華梵大學東方人文思想研究所碩士論文，民國89年5月，頁23。

〔註72〕〔元〕果滿編，《廬山白蓮正宗曡華集》收入楊訥編，《元代白蓮教資料彙編》，（北京：中華書局，1989年6月），頁217。

穢來。穢污藏身滿體埃，得人餧飼口先開。看他牛馬豬羊犬，都是
前生作業來。空行水陸帶纖埃，只為貪心不放開。莫謂眾生無識性，
呼之畢竟轉身來。埋頭愛去混塵埃，帶角披毛性不開。癡漢又將他
食噉，輪迴何日得休來。食噉眾生滿口埃，性天業覆不能開。思量
惡道沉輪苦，早向菩提路上來。〔註73〕

相對於吃齋可得身心清淨，吃肉則是「穢污藏身滿體埃」；吃齋是積種善根，吃
肉則是惡道沉輪；吃齋是長養靈胎道眼開，吃肉則是輪迴何日得休來。這些相
對的說法，將吃肉說成是一件罪大的惡事，吃肉者會輪迴生死，吃齋者就能登
上菩提路超生了死，這樣的觀念基本上已為往後吃齋的宗教性內涵定調。

三、元代的白蓮教

　　白蓮教自南宋茅子元創白蓮懺堂以來，終南宋之世並未受到任何的取
締，這段時期可謂穩定的發展期，到了元代的白蓮教，就呈現出蓬勃發展的
態勢。元代的白蓮教總的來看，主要有兩大發展趨勢：一是以茅子元正宗自
居，承繼與實踐其教義，在政治上採取與元政府合作的態度；另外是一些本
非白蓮教徒，擷取了一些白蓮教義及作法，雜揉彌勒下生的觀念，也名為白
蓮教，走的是下層民眾運動路線，完全背離茅子元創教的宗旨，在政治上是
採反抗元政權的態度。〔註74〕

　　在元代，屬前者的白蓮懺堂已大量出現，並且發展成為一門獨立的宗教，
即白蓮教。根據《蓮社萬緣堂記》的記載：

佛教入中土由東漢始，溢為蓮教由東晉始，分為豐郡萬緣堂則由至
元己卯歲始也。遠公開蓮社，更十數代，歷十數百載，遠矣而寖盛。
南北混一，盛益加焉，歷都過邑無不有所謂白蓮堂者，聚徒多至千
百，少不下百人，更少猶數十，棟宇宏麗，像設嚴整，乃至與梵宮
道殿匹敵，蓋誠盛矣。斯堂特其一焉耳。初，州東之偏有勝地曰萬
家岡，南城吳氏世業也。有鄉民曰覺全君，蓮社道人也，斷葷血持
經法五世矣。〔註75〕

〔註73〕　〔元〕果滿編，《盧山白蓮正宗曇華集》，前揭書，頁216。
〔註74〕　馬西沙、韓秉方，《中國民間宗教史》，前揭書，〈第四章：佛教淨土信仰的演
　　　　　進與白蓮教〉，頁137。
〔註75〕　劉壎，〈蓮社萬緣堂記〉，收入《元代白蓮教資料彙編》，前揭書，頁256～257。

如果照上述看來，元代的白蓮懺堂遍及各地，信徒數以萬計，白蓮堂也愈蓋愈宏偉，其盛況是可以想見的。而且也有人歷經五世，都是斷葷血持齋的白蓮道人，一代傳一代，歷久不衰。

另外，在元代期間，屬第二種情況的也相當多，韓山童起兵之亂為例，《元史》中有如下的記載：

> 〈至正十一年五月〉初，欒城人韓山童祖父，以白蓮會燒香惑眾，謫徙廣平永年縣。至山童，倡言天下大亂，彌勒佛下生，河南及江淮愚民皆翕然信之。福通與杜遵道、羅文素、盛文郁、王顯忠、韓咬兒復鼓妖言，謂山童實宋徽宗八世孫，當為中國主。福通等殺白馬、黑牛，誓告天地，欲同起兵為亂，事覺，縣官捕之急，福通遂反。山童就擒，其妻楊氏，其子韓林兒，逃之武安。〔註76〕

可見韓山童的祖父時，還是位純粹的白蓮教徒，參加白蓮會。到了韓山童時，就參雜了一些民間宗教的信仰，尤其是彌勒下生的思想，而且在謀亂起兵時，殺白馬、黑牛以祭天，顯然已不是白蓮教原知所主張的不殺生，持齋的作法。類似的白蓮教名義所進行的反亂活動，整個元朝九十年間有相當多起，整理如下：

表3-1　元代白蓮教事件統計表

年　代	內　　　容	備　註
世祖至元十七年（1280）	杜萬一在江西領導白蓮教起義，自稱天王，改元萬乘，參加者數萬。	這是白蓮教的第一次起事。
成宗大德四年（1300）	高仙道在廣西以白蓮教組織起義，參加者數以千計。	
仁宗皇慶二年（1313）	白蓮教得到朝廷承認和保護，可以公開傳教，建立寺廟，并蠲免錢糧。	
英宗至治二年（1322）	朝廷下詔"禁白蓮佛事"，"諸以白衣善友為名，聚眾結社者禁之"。	
順帝至元三年（1337）	二月，河南陳州人棒胡（胡閏兒），持彌勒佛小旗為號，在河南信陽州發動白蓮教起義。起義後"建年號，發布宣敕"，河南行省左丞慶童領兵討之。	
順帝至元四年（1338）	六月，江西袁州爆發山周子旺領導的白蓮教起義，從者五千，每人背心皆書佛字，周子旺自稱周王，自立年號，元朝派兵鎮壓，周子旺被殺。	

〔註76〕《元史》卷四二，〈順帝紀〉五，收入《二十五史》第九冊，前揭書，頁114。

順帝至正十一年（1351）	五月，北方白蓮教首韓山童，劉福通在潁州發動白蓮教大起義，旨在推翻元朝統治。韓山童被捕犧牲，劉福通立其子韓林兒爲小明王，國號大宋，改元龍鳳，建立起農民政權。	
順帝至正十一年（1351）	八月，南方白蓮教首彭瑩玉協助徐對輝在蘄州發動白蓮教大起義，推立徐壽輝爲帝，國號天完，改元治平，建都蘄水。	
順帝至正十六年（1356）	白蓮教徒朱元璋率領農民起義軍攻下集慶，稱吳國公。	
順帝至正二十年（1360）	徐壽輝被害後，其屬將明玉珍自立爲“隴蜀王”，在重慶建立政權，以白蓮教爲國教，國號夏，年號天統。	
順帝至正二十五年（1365）	湖北白蓮教徒蘭丑兒假稱彭瑩玉，鑄造印章，設置官吏，起兵反抗朱元璋的鎮壓。	
順帝至正二十六年（1366）	韓林兒被朱元璋沉殺於瓜州江中。	

註：本表系根據濮文起編〈中國民間秘密宗教大事記〉〔註77〕整理而成。

　　上表關於白蓮教的事件中，最大的一起反亂事件，是發生在順帝至正十一年的白蓮教大起義。導火線是元朝政府強徵民夫堵塞黃河決口，導致河南、河北十五萬民夫怨聲載道，潁州的韓山童及其弟子劉福通等人利用這個機會，在黃河故道中埋下一個獨眼石人，造讖語說：「莫道石人一只眼，此物一出天下反。」果然石人被挖出，一下子就鼓動成千上萬的民夫起來。韓山童在白鹿莊誓師起兵，因頭裏紅巾，號稱“紅巾軍”，又因其燒香拜彌勒佛，又稱“香軍”。〔註78〕

　　然而，根據馬西沙的研究認爲，韓山童家族從來就不是白蓮教徒，沒有任何史料證明這個家族信仰彌陀淨土或組織白蓮懺堂，亦無白蓮教徒道號。所以馬氏認爲，比較有可能的應是彌勒教會，因爲當地從唐宋以來，一直流行著彌勒下生信仰“香會”，也就是“香軍”。〔註79〕由此可推論，元代以來的諸多民間宗教結社的反亂事件，對官方來說，很可能有不少是不分眞實與否，一概以“白蓮教”統稱之。這些走上反抗當政者的反亂運動，和原始

〔註77〕濮文起編《中國民間秘密宗教辭典》〈中國民間秘密宗教大事記〉整理合而。（成都：四川辭書出版社，1996 年 10 月）。
〔註78〕詳見濮文起，《中國民間秘密宗教》，（台北：南天書局，1996 年 8 月），頁 29。
〔註79〕馬西沙、韓秉方，《中國民間宗教史》，前揭書，頁 148～150。

白蓮懺堂主要是以念佛、持齋、戒殺、求往生淨土爲主的信仰，已有很大的不同。其後在明代也是一樣，有更多被稱爲白蓮教的反亂事件發生。

四、明代的白蓮教

由於朱元璋本身曾是白蓮教徒，起義後也曾利用南北兩支紅巾軍，即與白蓮教有關的力量，來推翻元朝。所以朱元璋深知白蓮教的造反力量，因此在他登基不久，便立即採納李善長的建議，頒布取締白蓮教的禁令：

> 凡妄稱彌勒教、白蓮社、明尊教、白雲宗等會，一應左道亂正之術，
>
> 煽惑人民，爲首者絞，爲從者各杖一百，流三千里。〔註80〕

然而，白蓮教並沒有因爲這樣而斂跡，反而在明代更加的蓬勃發展。日人野口鐵郎根據《明實錄》中有關白蓮教事件的統計，整個明朝共計有 270 次之多。其中最多是明萬曆有 67 次，其次是明嘉慶有 44 次，再來是天啓年間的40 次，主要是集中在明朝的中後期。若就地域來看，河北的 44 次最多，其次是陝西的 28 次，再來是山西的 26 次，都是集中在華北一帶。〔註81〕

明代白蓮教的教派活動，幾乎貫串整個明代的歷史，然而明代的白蓮教與南宋茅子元創教時期的白蓮教已大不相同，其中最大的改變是在信仰的內涵上，由阿彌陀佛的淨土信仰，走向彌勒佛的救世信仰。另外，就是教派的型態也愈來愈複雜，由於其中的一些支派走上與明政府對抗的路線，更加深當局對白蓮教的疑慮，也構成了整個明代最嚴重的社會問題。而白蓮教不斷被當政者取締，"白蓮教"就成了惡名招彰的代名詞，於是明代中葉以後，一些新興的教派少有以白蓮教一詞命名的，更多不同名目的新興教派開始出現。其中較有代表性，對後來清代民間宗教具深遠影響的有：羅教、無爲教、大乘教、黃天道、紅陽教、長生教、龍華會等。尤其以羅祖創立的羅教，反其所沿生出來的支派，對後來的影響最大。

第四節　羅教的素食教團

明清以來，流行於民間下階層，擁有廣大信仰群眾的秘密宗教，很多是主張齋戒素食的修行觀，奉行齋戒的嚴謹度，甚至不亞於正統的佛教。以產

〔註80〕明・吳元年訂，《明律集解・附例》卷 12，（台北：成文出版社，民國 58 年）。
〔註81〕野口鐵郎，《明代白蓮教史の研究》，前揭書，頁 32。

生於明代後期的羅祖教爲例，它是後來明清眾多民間教派發展的重要源頭，羅祖教在一開始創教就主張絕對的素食修行觀，這方面應是深受佛教齋戒信仰的影響。

羅教的創始者羅夢鴻（羅因），生於明英宗正統七年（1442 年），祖籍山東萊州府即墨縣，家境清貧，世代隸軍籍。根據〈祖師行腳十字妙頌〉所記，羅祖是胎裡素，且「離母胎，不食葷，菩薩臨凡。」〔註82〕從小就吃齋的羅祖，對宗教信仰與修行似乎特別感興趣，加上三歲喪母，七歲喪父的家變打擊，使他在成長過程中，一直有追求人生大事究竟解脫的想法。經過一番辛苦的追尋，羅夢鴻在四十歲那一年，明成化十八年十月十八日悟道，正式創立了羅教。〔註83〕

從小就吃齋的羅祖，在羅教經典《五部六冊》中，特別調了“吃齋修行”的觀念。羅祖認爲，“吃齋”是能否了脫生死出離苦海的關鍵，他說：「食長齋，引領人齊出苦海，食酒肉，引領人永墮沉淪。」〔註84〕“食長齋”是指發願每天三餐都食素，且不沾葷酒者，羅祖認爲這種修行者，才能成爲眾生出離生死苦海的引領人。如果一位持長齋者，中途背願破了戒（開齋），羅祖認爲這是很嚴重的事，他說：

> 可憐你，爺和娘，生死受苦。你破齋，爺和娘，永不翻身。
>
> 有父母，地獄裡，身受重苦。你開齋，把父母，送在無間。
>
> 你祖宗，地獄裡，身受重苦。你開齋，把父母，又送無間。
>
> 指望兒，食長齋，超度父母。你破齋，把父母，又送沉淪。〔註85〕

羅祖認爲吃齋修行不只關係到自己能否了脫生死，也關係到自己的父母能否超生了死。羅祖提出“食長齋”能超拔地獄裡受苦的父母親，是與孝道的道德思想相結合，讓吃齋更具有其正當性。

至於那些人應該吃齋，羅祖認爲所有的人，不分貴賤善惡，都應吃齋。他說：

> 官人食齋千佛喜，引的眾官出苦輪。

〔註82〕林立仁整編，《五部六冊經卷》〈苦功悟道卷〉，（台北：正一善書，民國83年6月），頁12。

〔註83〕馬西沙、韓秉方，《中國民間宗教史》，〈第五章　羅教與五部經典〉，（上海：上海人民出版社，1992年12月），頁165～173。

〔註84〕《嘆世無爲卷》，林立仁整編，前揭書，頁128。

〔註85〕《嘆世無爲卷》，同上註，頁129。

> 惡人食齋千佛喜，引的惡人出苦輪。
>
> 善人食齋千佛喜，引的善人出苦輪。
>
> 你要開齋千佛惱，惱殺陰司十閻君。
>
> 有朝一日勾著你，永下地獄不翻身。
>
> 你開齋戒不打緊，引的眾人入苦輪。〔註86〕

認何人，只要吃齋就能得到千佛的喜愛，反之，如果吃齋又開了齋，就會得到千佛的惱怒。皈依齋教後，有立願吃素的儀式，如果中途破戒吃葷，就謂之"開齋"。開齋的情況是很嚴重的，按羅祖的說法，會將眾人引入痛苦的輪迴中。

對於修行人，卻不斷酒肉者，羅祖斥之為愚痴迷種，是無法返回淨土家鄉的，羅祖說：

> 有一等愚痴迷種，說迷人飲酒食肉，不參道，也得歸家。迷人終日走著生死之路，又不知安身立命，又不知淨土家鄉，他怎麼便得歸家？〔註87〕

因此，對於吃齋修行者，羅祖認為是有真智慧的人。他說：

> 有智之人得了道，怎麼說？無智之人得了道，怎麼說？上等有智之人，想無量劫，生死受苦無盡，又怕死後不得翻身，永不開葷酒。下等無智之人，得了道，不想無量劫生死受苦無盡，又不怕死後，永不得翻身。開了葷酒，叫做下等之人，你不怕生死，開了葷酒。
>
> 〔註88〕

羅祖提倡的齋戒，是要奉行素食及禁酒，即不吃葷酒。對於已立願入齋者，羅祖則要特別告誡不可「開齋破戒」，否則一但開齋者，將墮入地獄餓鬼道。他說：

> 良緣普勸眾人聽，莫作開齋破戒人；死墮陰司為餓鬼，那時受苦自甘心。頭似太山十分重，腹如嚙海喉似針；永劫不能聞漿水，舉步當作破車聲。與人開齋為餓鬼，自家開齋重十分；擋住人天都受苦，你下地獄不翻身。〔註89〕

〔註86〕《嘆世無為卷》，同前註，頁130。

〔註87〕《正信除疑無修證自在寶卷》上卷之一，林立仁整編，下卷頁17。

〔註88〕《正信除疑無修證自在寶卷》上卷之一，林立仁整編，下卷頁39。

〔註89〕《正信除疑無修證自在寶卷》上卷之一，林立仁整編，下卷頁41。

以上有關羅祖對吃齋的重視與教義中，可以看出吃齋是修行者最重要的一項戒律，它是能否了脫生死，培養眞智慧，成爲千佛所喜的一項關鍵。

一、齋戒報恩、禁斷酒肉

後來的江南齋教，就是源於羅祖教，所以在齋教的教義中，也就特別重視吃齋的戒律。這一點可由其後齋教主要的戒經《大乘正教科儀寶卷》中，特別重視持齋受戒的規定看出來。《大乘正教科儀寶卷》是每位齋教徒日常誦唸的經卷，遇有重要的法會齋期，更是反復誦唸。其中有一段提到，信眾要吃齋受戒以報恩的觀念：

<blockquote>

一報天地蓋載恩　　天覆地載豈是輕

天降甘露普潤地　　地發萌芽養眾生

吃齋受戒明禮義　　報答天地蓋載恩

二報日月照臨恩　　日月普照大乾坤

東出西沒無停息　　週而復始放光明

吃齋受戒明心性　　報答日月照臨恩

三報皇天水土恩　　皇天水土養黎民

君王有道民安樂　　八方能寧靜好修行

吃齋受戒行大道　　報答皇王水土恩

四報爹娘養育恩　　爹娘恩如大海深

十月懷胎娘受苦　　三年乳哺母辛勤

父是天來母是地　　不敬父母敬何人

上代古人行大孝　　宣揚四海盡留名

若要兒孫孝順我　　我今先孝二雙親

吃齋受戒行孝道　　報答爹娘養育恩

五報祖師傳法意　　普傳妙法度眾生

傳法之恩難酬報　　時時恭敬報深恩〔註90〕

</blockquote>

對於天地君親師的五恩，都是要以吃齋受戒來報答，可知齋教對吃齋受戒的重視。而整個齋戒的內容，最重要的就是"禁斷酒肉"，《科儀寶卷》中有如

〔註90〕《大乘正教科儀寶卷》，收錄於王見川、林萬傳主編，《明清民間宗教經卷文獻》（以下簡稱《經卷文獻》）第六卷，（台北：新文豐出版，1999年3月），頁377～378。

下的規定：

> 你今跪在我聖祖蓮花臺前，所求何事？答：求了生脫死。到好，我
> 看世人只曉得貪名圖利，飲酒吃肉，那曉得生死二字，皆因心地不
> 明，故此未能醒悟。我今持醒說破你聽，用心聽著。酒是穿腸毒藥，
> 飲能亂性迷心，君子醉也亂胡行，敗國亡家傷性命。五百大戒酒為
> 尊，酒字說明，肉字再講。肉字裡兩個人，裡頭不見外頭人，吃他
> 半觔還八兩，打轉輪迴人食人。酒肉兩字聽說分明，我說者膽戰，
> 你聽者心可以驚，所以立心勸化善男信女，不可貪圖口腹，迷失當
> 人。〔註91〕

齋教對禁斷酒肉的主張，是「說者膽戰，聽者心驚」，是非常嚴格的。由於如此的重視與反復的強調，江南齋教雖是流傳日廣，分支派別日多，但在這項持齋受戒的基本教義上，不會有絲毫的改變。

除江南齋教外，其他源於羅教的教派還不少。自清代雍正七年（1729），各省的羅教祖多次遭到取締鎮壓，以致後來的羅教徒為了逃避迫害，紛紛將教名更改。於是有一字教、老官齋教、無為教、大乘教、三乘教、龍華教、茲粑教、金幢教、觀音教等名目產生。這些教派的共同特徵就是"吃齋"，所以官方多以"齋教"或"齋匪"稱之。

表3-2　明代白蓮教事件統計表

年　　代	內　　　　容	備　　註
洪武六年（1373）	白蓮教徒王元保在四川重慶發動反明起義	
洪武六年（1373）	白蓮教徒王玉二在湖北蘄州聚眾反明。湖北羅田王佛源自稱彌勒佛降生，起兵響應。	
洪武十二年（1379）	白蓮教徒彭普貴在四川嘉定州眉縣率眾起義，事洩被捕。	

〔註91〕《大乘正教科儀寶卷》，前揭書，頁379。

第四章　清代民間的吃齋教團

　　清代時期的民間秘密宗教是相當活躍的，教派林立，名目繁多。蔡少卿根據中國第一歷史檔案館的記載作統計，有多達 215 種不同名目的教派。〔註1〕其中一些教派是經過明、清長時期的幾代發展，而衍生出許多不同名目的教派。更多的是教派與教派之間的相互影響，彼此融合，形成「經非一卷，教非一門」〔註2〕的複雜局面，各自在不同的地域，各自發展出自己的一片天。這其中有多少教派是以吃齋爲基本信仰的呢？以下先就檔案中所見的記載，分清代的初期順治至康熙年間，中期乾隆至嘉慶，及後期道光至宣統等三個階段來論述。

　　所根據的檔案資料，主要有：《明清檔案》〔註3〕、《清太宗文皇帝實錄》、《清世祖章皇帝實錄》〔註4〕、《清德宗實錄》〔註5〕、《清宣宗實錄》〔註6〕、《皇清奏議》〔註7〕、《起居注冊》、《宮中檔康熙朝奏摺》〔註8〕、《宮中檔雍正朝奏摺》〔註9〕、《宮中檔乾隆朝奏摺》〔註10〕、《宮中檔嘉慶朝奏摺》〔註11〕、《剿捕檔》

〔註 1〕　詳見蔡少卿，《中國秘密社會》（杭州：浙江人民出版社，1989 年 3 月），頁 6 ～7。
〔註 2〕　《軍機處錄副奏摺》，嘉慶十九年四月十三日，浙江巡撫李奕疇奏摺。
〔註 3〕　《明清檔案》第六、七、三十五冊（台北：中央研究院，民國七十五年）。
〔註 4〕　〔清〕佚名，《清世祖章皇帝實錄》（善本，史部，稿本）。
〔註 5〕　〔清〕覺羅勒德洪，《清德宗實錄》（台北：華聯出版社，民國 53 年）。
〔註 6〕　〔清〕覺羅勒德洪，《清宣宗實錄》（台北：華聯出版社，民國 53 年）。
〔註 7〕　〔清〕佚名，《皇清奏議》（善本，史部，清鈔本）。
〔註 8〕　《宮中檔康熙朝奏摺》，（台北：國立故宮博物院，民國六十五年）。
〔註 9〕　《宮中檔雍正朝奏摺》第 1～34 輯（台北：國立故宮博物院，1977～1980 年）。
〔註 10〕　《宮中檔乾隆朝奏摺》第 1～75 輯（台北：國立故宮博物院，1982～1988 年）。
〔註 11〕　《宮中檔嘉慶朝奏摺》第 1～34 輯（台北：國立故宮博物院，1995 年）。

〔註12〕、《上諭檔》〔註13〕、《清中期五省白蓮教起義資料》〔註14〕、《欽定剿平三省邪匪方略》〔註15〕、《外紀檔》〔註16〕、《軍機處檔・月摺包》〔註17〕、《奏摺檔》〔註18〕、《乾隆朝上諭檔》〔註19〕、《清代檔案史料叢編》〔註20〕、《雍正朝漢文硃批奏摺彙編》〔註21〕、《軍機處錄副奏摺》〔註22〕、《硃批奏摺》〔註23〕、《欽定平定教匪紀略》〔註24〕、《辛亥革命前十年民變史料》〔註25〕、《曹順起義史料匯編》〔註26〕、《中國民間宗教史》〔註27〕、《真空家鄉：清代民間秘密宗教史研究》〔註28〕、《中國會道門》〔註29〕、〈中國民間秘密宗教大事記〉〔註30〕、〈滿洲老檔譯件論證之一〉〔註31〕等。

第一節　初期的吃齋教團

　　明末蓬勃發展的民間宗教，並未因明清的更迭而受到影響，主要的教派大都延續到清朝。由於入關前後的清政府忙於征戰，亦無暇顧及這方面的問

〔註12〕《剿捕檔》（台北：國立故宮博物院藏）。

〔註13〕《上諭檔》方本（台北：國立故宮博物院藏）。

〔註14〕中國社會科學院歷史研究所清史室編，《清中期五省白蓮教起義資料》（南京：江蘇人民出版社，1981年2月）。

〔註15〕《欽定剿平三省邪匪方略》（台北：國立故宮博物院，內府朱絲欄寫本）。

〔註16〕《外紀檔》（台北：國立故宮博物院藏）。

〔註17〕《軍機處檔・月摺包》（台北：國立故宮博物院藏）。

〔註18〕《奏摺檔》（台北：國立故宮博物院藏）。

〔註19〕中國第一歷史檔案館編，《乾隆朝上諭檔》（北京：檔案出版社，1991年）。

〔註20〕中國第一歷史檔案館編《清代檔案史料叢編》第3、9、12輯（北京：中華書局）。

〔註21〕中國第一歷史檔案館編《雍正朝漢文硃批奏摺彙編》（上海：江蘇古籍出版社，1989～1991年）。

〔註22〕《軍機處錄副奏摺》（北京：中國第一歷史檔案館藏）。

〔註23〕《硃批奏摺》（北京：中國第一歷史檔案館藏）。

〔註24〕《欽定平定教匪紀略》（台北：國立故宮博物院藏，朱絲欄寫本）。

〔註25〕中國第一歷史檔案館、北京師範大學歷史系編選，《辛亥革命前十年民變史料》上下冊（北京：中華書局，1985年）。

〔註26〕喬志強，《曹順起義史料匯編》（太原市：山西人民出版社，1957年）。

〔註27〕馬西沙、韓秉方《中國民間宗教史》。

〔註28〕莊吉發《真空家鄉：清代民間秘密宗教史研究》（台北：文史哲出版社，民國91年6月）。

〔註29〕邵雍，《中國會道門》。

〔註30〕收入濮文起，《中國民間秘密宗教辭典》（成都：四川辭書出版社，1996年10月）。

〔註31〕載於孟森，《明清史論著集刊》（台北：南天書局，民國76年5月）。

題，反而讓民間宗教有一段平靜的發展期。從順治到康熙朝的六、七十年間，官方檔案中記載到的民間宗教，詳見〈附表一：清代檔案所見民間宗教教派活動統計表〉所示：順治到康熙總計有二十一種不同名目的民間教派，其中屬於有齋戒信仰的吃齋教團，共計有東大乘教、大成教、善友會、白蓮教、無為教、天圓教、大乘教、黃天道、混元教、羅祖教、聞香、收元教、五葷道收元教、弘陽教等十五種。其中尤其是聞香教系統相關聯的大成教、善友會、東大乘教、大乘教等幾個教門為主要。另就分佈的地點來看，主要是集中在直隸、山東、山西、江蘇、廣東等四省。

其次，有關雍正一朝官方記載到的民間教派活動，除了大成教之外，還有不少的教派，整理如〈附表一：清代檔案所見民間宗教教派活動統計表〉所示：雍正一朝共計有三十種教門。其中屬吃齋教團的計有：一字教（龍華會）、三元會、三皇聖祖教、三乘會、大成教、大乘教、白蓮教、收元教、長生教、清淨無為教、混元教、混沌教、無為教、順天教、黃天道、橋樑教、羅祖教、龍華會等十八種。若就活動的地點來看，主要是集中在：直隸、山東、山西、江西、浙江、江蘇等幾省。以下先就檔案所見，這些主要的吃齋教團活動的情形，整理成簡表如下表4-1：

表4-1　清初順治至雍正年間民間吃齋教團宗教活動簡表

年　代	地　點	教派名稱	內　　　　　　　容
順治3年	直隸	善友會、大成教	高明自順治二年五月內吃齋，趙萬銀自二月內吃齋，趙應亨自九月內吃齋。各又入會聽信在逃饒陽縣姓孔不知名一人為師傅，俱皈依為大成教門。〔註32〕
順治17年	廣東	大成教	馮正保供稱：小的是順天人，在天津衛營內隨王入廣，從來一向吃齋，因是拾貳年間，與這周師傅相遇，講起大成教來，小的愚人就十分信他。〔註33〕
雍正2年	直隸刑臺縣	順天教	此教始於劉言基之會祖劉才運，與要國卿周定國李寡婦之夫等家之祖，昔年同入中嚴寨，托稱修行持齋起會，倡為順天教名色。〔註34〕

〔註32〕中國第一歷史檔案館藏：順治三年七月二十八日，郝晉〈揭貼〉。
〔註33〕《明清檔案》第三十五冊（台北：中央研究院，民國75年10月），頁B20097。順治十七年正月初八日，廣東巡按張問政揭帖。
〔註34〕《宮中檔雍正朝奏摺》第二輯（台北：國立故宮博物院，民國66年12月），

雍正 2 年	直隸刑臺縣	順天教	劉言基等皆係莊農，因祖代相繼，恬不爲怪。其子生員劉延祚，並不持齋，深知其父非屢勸不從其志，蓋在圖取香錢以爲利藪。故父假而不肯歸也，今各知悔悟，情願開齋散教，改邪歸正。〔註35〕
雍正 3 年	浙江溫州府	邪教	此黨根由已有五六十年，祖父相傳，原先止係邪教名曰教門，喫齋拜佛，至近年方有合符金銀龍牌葫蘆等事。〔註36〕
雍正 5 年	陝西長子縣	齋公教（龍華會）	小的原忌葷吃齋是實，並沒有做犯法的事，家裡也沒有什麼經卷。〔註37〕
雍正 6 年	山東昌邑縣	三元會空字教	據楊文等供稱是天主堂，喫本命齋。據高擇善等供是三元會空字教。〔註38〕
雍正 7 年	山東東平州	三元會空字教	據供牛三花拉以喫齋念佛、修善祈福，并超渡人祖宗，醫治人疾病爲由，哄誘鄉愚騙取香錢。〔註39〕
雍正 7 年	福建	羅教、無爲教	此教是羅明忠的祖上羅威就在正德年間傳下來的，封爲無爲教，誦的是一部苦心悟道經，吃齋點燭。問其教主是誰，答云教是羅祖所傳。〔註40〕
雍正 7 年	福建	羅教、無爲教	又問入這教有何用處呢？據稱我們有年紀，怕果報，修來世投托人世，喫齋念佛爲事，並無別的用處。〔註41〕
雍正 7 年	江西南安贛州	大成教、三乘教	查出之人在城者習手藝，在鄉者務耕作，止在家喫素修行，又名大成教、三乘教，並無匪爲。〔註42〕

頁 740。雍正二年六月十二日，直隸巡撫李維鈞奏摺。

〔註35〕《宮中檔雍正朝奏摺》第二輯（民國66年12月），頁740～741。同上註。

〔註36〕《宮中檔雍正朝奏摺》第四輯（台北：國立故宮博物院，民國67年2月），頁452。雍正三年六月二日，浙按察使甘國奎奏摺。

〔註37〕《雍正朝漢文硃批奏摺彙編》第十冊，（蘇州：江蘇古籍出版社，1991年），頁383。雍正五年八月十六日，山西巡撫高成齡奏摺。

〔註38〕《宮中檔雍正朝奏摺》第十一輯（台北：國立故宮博物院，民國67年9月），頁101。雍正六年八月十四日，巡察山東等處湖廣道監察御使蔣洽季奏摺。

〔註39〕《宮中檔雍正朝奏摺》第十三輯（台北：國立故宮博物院，民國67年11月），頁663。雍正七年七月二十一日，河東總督田文鏡奏摺。

〔註40〕《宮中檔雍正朝奏摺》第十四輯（台北：國立故宮博物院，民國68年2月），頁698。雍正七年七月二十一日，福建巡撫劉世明奏摺。

〔註41〕《宮中檔雍正朝奏摺》第十四輯，同上註，頁698

〔註42〕《雍正朝漢文硃批奏摺彙編》第十三冊，（蘇州：江蘇古籍出版社，1991年），頁447。雍正七年十二月六日，江西巡撫謝旻奏摺。

雍正 8 年	江西南贛吉參府	羅教	各縣內實有民人習尚羅教，每縣多者數拾餘人，少者拾餘人。有即在於住屋，供經唸誦，稱爲經堂，亦有在於鄉僻小庵，供經唸誦者。間有婦女亦從此教，大率**持齋唸經**，舉相附和，尚無聚眾生事，倡首鼓惑之徒。〔註43〕
雍正 10 年*	蘇州陽湖縣	大成教	供稱前因伊子周文惠，在糧船上做裁縫。路過天津，遇有大成教頭周士成，授以此教。每逢上元、中元、下元等日，眾人各出分金做會，**茹素誦經**。除去會費之外，湊銀十兩或五兩，寄送天津去與周士成拜懺，並無造作妖言等。〔註44〕
雍正 10 年*	蘇州陽湖縣	大成教	小的看的是羅門經，**喫長齋**，勸人爲善。每年各處的人來做會拜懺，原要費幾十兩銀子，餘剩的積貯在那裡，做些好事等。〔註45〕
雍正 10 年	直隸	大成教	於順治年間其來日久，以輪迴生死誘人修來世善果，**吃齋念經**，男女混雜，彼此不避。〔註46〕
雍正 12 年	江西	羅教	**喫齋誦經**，集眾作會之舉，各郡邑俱有此等人。始則勸人行善，或云報答天地之德，或云報答父母之恩，以致無知村愚，不論老幼男女，靡然傾信。〔註47〕
雍正 13 年	安徽南陵縣	三乘會、滋粑教	父親在日，小的跟著**喫齋念經**，父親死後就是小的行教。也有人來念經拜佛施捨，小的沒有給過人的法名。〔註48〕
雍正 13 年	安徽南陵縣	三乘會、滋粑教	潘玉衡念經供的是彌勒佛，又叫笑羅漢。從上燈時念經到五更時候，將滋粑切開男女各吃一塊，吃畢各散去睡，女的往後樓去，男人都在前樓歇。潘玉衡是在後樓歇的，大凡逢佛菩薩生日都來在他家裡，**念經吃齋**。有與他銀子或三錢或五錢實是有的。〔註49〕

〔註43〕 《宮中檔雍正朝奏摺》第十五輯（台北：國立故宮博物院，民國68年1月），頁677。雍正八年二月十二日，江西南贛總兵官劉章奏摺。

〔註44〕 《宮中檔雍正朝奏摺》第十九輯（台北：國立故宮博物院，民國68年5月），頁803。雍正十年閏五月初一日，署蘇州巡撫喬世臣奏摺。

〔註45〕 《宮中檔雍正朝奏摺》第十九輯，同上註，頁804

〔註46〕 《雍正朝漢文硃批奏摺彙編》第二十三冊，（蘇州：江蘇古籍出版社，1991年），頁709。雍正十年十一月二十九日，直隸總督李衛奏摺。

〔註47〕 《雍正朝漢文硃批奏摺彙編》第二十六冊，（蘇州：江蘇古籍出版社，1991年），頁919。雍正十二年九月一日，江西巡撫常安奏摺。

〔註48〕 《史料旬刊》第十一期，（台北：國風出版社，民國五十二年六月）天373，雍正十三年五月十二日，江南總督趙弘恩等奏摺。

〔註49〕 《史料旬刊》第十一期，天374。同上奏摺。

雍正 13 年	安徽南陵縣	三乘會、滋粑教	劉天相供……小的父親從前因瞎了眼，夏公旭勸小的父親**吃齋**，後小的父親故了，夏公旭又勸小的吃齋，小的也跟夏公旭**喫過齋**，並未入教，如今小的久已不**吃齋**了。……〔註50〕
雍正 13 年	安徽南陵縣	三乘會、滋粑教	胡宗仁供，夏公旭是小的外公，小的父親死的早，母親叫小的吃了三年**報恩齋**。前年三年齋滿就開了齋，久已吃葷的了，並不曾入教。〔註51〕
雍正 13 年	安徽南陵縣	三乘會、滋粑教	夏德先供：犯生父親先年無子，求了觀音才生犯生，取名觀音保。自小多病，堂伯夏公旭勸小的**吃齋**的，犯生吃了三年報恩齋，久已沒吃齋了，並沒入潘玉衡的教。〔註52〕

　　由上表所示，就所記錄的教派活動來看，除了大成教仍是這個時期的主要教門外，另外比較活躍的教派就是羅教，及其支派無為教和大乘教。它們齋戒信仰的活動情形，分述如下：

一、善友會與大成教

　　"大成教"，一個在清初被官方多次查獲，具代表性的吃齋教團，也是順治朝很主要的民間宗教。根據馬西沙的研究指出：事實上，大成教與善友會、東大乘教、大乘教、弘陽教都和明代後期的聞香教有淵源關係，而聞香教又是羅祖教的一支流派，所以清初的這些教派彼此都有很密切的關係。〔註53〕聞香教自明末天啓二年（1622），徐鴻儒領導的大乘教起義後，經過一番轉折，到了清初改以"善友會"及"大成教"的名目，繼續在民間廣為流傳。"善友"一詞的稱呼，一直都是聞香教中對一般信眾的稱謂，馬西沙即據此來論證清初的"善友會"即是聞香教。〔註54〕清兵入關前的崇德年間，禮部奉聖旨，有一篇在滿文老檔案中記載，關於曉諭諸善友的內容：

　　　　自古僧以供佛，道以祀神。近有善友，非僧非道，一無所歸，實系左道也。且人能盡其生，即能盡其死。既無怨尤，齋素何用？真有怨尤，齋素何益？與其善口，不若善行。俗云：「行善者天降以福。」

〔註50〕《史料旬刊》第十一期，天375。同上奏摺。
〔註51〕《史料旬刊》第十一期，天375。同上奏摺。
〔註52〕《史料旬刊》第十一期，天375。同上奏摺。
〔註53〕詳見馬西沙、韓秉方，《中國民間宗教史》，第十章〈從聞香教到清茶門教〉。
〔註54〕同上註，頁 579～585。

善原在心，非徒惜口腹之謂也。〔註55〕

提到的"善友"非僧非道，顯然是個民間秘密教團，被稱爲"左道"，即是聞香教的教徒。聖諭中強調「無愆尤，齋素何用？有愆尤，齋素何益？」可見這些善友會的教徒，平日一定是個吃齋的教團，所以官方要特別據此來勸導。先是在崇德七年（1642）五月間，有善友會的會首李國梁等多人，因密告而被捕。滿文老檔〈聖訓‧屛異端〉對此有清楚的記載，當時總計有約三百人被捕，其中爲首的十六人被處斬殺。〔註56〕爲此事件，在聖諭中也有特別再提到：

> 今善友廉養民、李國良等，合群結黨，私造印札，邪說誣民，攻乎
> 左道，紊亂綱常，凡同黨三百餘人，俱定死罪。蒙皇上寬宏，止誅
> 爲首十六人。自今以後，除僧道外，凡老少男婦齋素之事，俱行禁
> 止。如有仍前齋素者，或爲他人所首，或爲部人查獲，必殺無赦，
> 該管各牛錄章京及本主，不行查究者，一例治罪，特諭。〔註57〕

這樣的聖諭是非常嚴厲的，不只是立誅爲首者十六人，更規定一般老百姓，自今以後凡非僧道者，俱不得吃齋，如有私自吃齋者，必殺無赦。這樣嚴格的規定，可說是歷來所未見的。顯見清兵在入關前即對吃齋的民間教團深感疑慮，而用吃齋作爲判定的標準，這顯然也是受善友會有吃齋特徵的影響所致。

聞香教在清初除了"善友會"之外，還有就是以"大成教"的名目，繼續廣爲傳衍。順治三年（1646）七月間，清政府拿獲大成教徒趙高明、趙萬銀、趙應亨等人，根據他們所招供的內容來看：

> 高明自順治二年五月內吃齋，趙萬銀自二月內吃齋，趙應亨自九月內
> 吃齋。各又入會聽信在逃饒陽縣姓孔不知名一人爲師傅，俱皈依爲大
> 成教門。每□三次叩頭，一報天地，二報皇王，三報父母，燒香避事。
> 妄稱將來兵火臨頭，消災免厄。高明又不合請孔道到家，抄下《九蓮
> 經》、《定劫經》、《黃石公御攬集》等邪書，在家蓄藏，原非創纂。邪
> 書中有十疋小月是個趙字，高明姓趙，妄信邪說。〔註58〕

由上述可以看出，大成教應是一個主張吃齋的教團，一般人加入一段時間後就會開始吃齋。另外，所提到的三部主要經書，應是當時大成教平時使用的經典。

〔註55〕孟森，〈滿文老檔譯件論證之一〉，載《明清史論著集刊》，頁350。

〔註56〕孟森，〈滿文老檔譯件論證之一〉，頁349～350。

〔註57〕孟森，〈滿文老檔譯件論證之一〉，頁350。

〔註58〕中國第一歷史檔案館藏：順治三年七月二十八日，郝晉〈揭貼〉。轉引自馬西沙、韓秉方，《中國民間宗教史》，頁587。

其中的《九蓮經》，指的就是《皇極金丹九蓮正信皈眞還鄉寶卷》的簡稱。這部
經相傳爲一貫道九代祖黃德輝所著，日人澤田瑞穗也認爲是黃九祖所著。〔註59〕
但馬西沙的考證則認爲，此經應是聞香教王氏所造，爲王姓累代傳教所用的經
書。〔註60〕此經〈無量天眞顯道品第十三〉中有一段關於修行大道的要件提到：

> 祖師答曰：你大衆近前來聽吾指點，修行大道，你各人沐手拈香對
> 天發願，授持三皈五戒，依我十件大事，我才傳與你佛法理性。修
> 行不論行住坐臥，天門常開，地戶永閉，專意觀息，神不外遊，氣
> 不耗散。〔註61〕

所謂的三皈，是指皈依佛、法、僧三寶；五戒是指不殺生、不偷盜、不邪淫、
不妄語、不飲酒。此與一般的佛教戒律無異，守五戒等於就是要吃齋，所以
大成教徒基本上都是要如此奉行的。

　　隔年的四月間，清政府在山西絳州，又拿獲大成教首鄭登啓，稱大成教
師，在稷山縣馬壁峪的山頂廟內，「以答醮爲由，糾聚邪賊同謀作亂。」此次
鄭登啓連同其他同伙共計有二十餘人被捕。〔註62〕

　　事隔十二年後的順治十六年（1659），大成教再次在廣東被查獲，可見其
傳播已遠至最南方。此次查獲大成教首爲周裕，「自稱大成教主，傳授七珍八
寶，妖言四佈，誘人領香聚會。」〔註63〕周裕到了廣東傳大成教，其中住在
城裡的馮正保是周裕的主要門徒，被授予"領衆師傅"，一但周裕離開城裡
時，就由馮正保代理教務，馮正保被捕後的口供說：

> 小的是順天人，在天津衛營內隨王入廣，從來一向吃齋，因是拾貳
> 年間，正這周師傅相遇，講起大成教來，小的愚人就十分聽信他。
> 小的住在城裡頭，替他勸化些人入教是實，周師傅如過嶺去了，小
> 的在廣城裡替他主教，叫人聚會領香，要斂錢糧都是實情，不敢欺
> 瞞等情。〔註64〕

〔註59〕澤田瑞穗，《增補寶卷の研究》（圖書刊行會，1975 年）。
〔註60〕馬西沙、韓秉方，《中國民間宗教史》，頁 612～613。
〔註61〕《皇極金丹九蓮正信皈眞還鄉寶卷》，〈無量天眞顯道品第十三〉收入《寶卷
　　　　初集》第八冊，頁 249～250。
〔註62〕《明清檔案》第六冊（台北：中央研究院，民國 75 年 6 月），頁 B3277。順
　　　　治四年十月二十七日，山西巡撫祝世昌題本。
〔註63〕《明清檔案》第三十五冊（台北：中央研究院，民國 75 年 10 月），頁 B20097。
　　　　順治十七年元月初八日，廣東巡按張問政揭帖。
〔註64〕同上註

原本就吃齋的馮正保，一遇上主張吃齋的大成教主，當然是一拍即合，馬上投入教內，並成為大成教在廣州城裡的主要領導。周裕在廣東傳教的方式，是「到人家裡，聚會領香，要斂錢糧。」〔註65〕其後廣東巡按張問政將周裕、馮正保及另一位盛啓明等三人發廣州府監候。

其後，大成教在康熙一朝的六十一年間，目前未有任何官方文獻的記載發現。一直到雍正元年（1723），才又在山東查獲大成教的蹤跡，山東巡撫陳世倌在雍正二年（1724）的一份奏摺中提到：

> 查聞東省邪教有大成教、無為教、羅教、空子等名。大抵以燒香諷經為事，以修真養命為說，引誘愚夫愚婦入其教中，便可消禍獲福。於是無知之徒為所蠱惑，甘心歸奉，每名每月納錢數十文，以作供養。立有會首，代為收斂，而蹤跡詭秘。〔註66〕

由上述可以了解，大成教與其他幾個教派一樣，經順治、康熙兩朝，依然是蓬勃的在民間發展，而一向以統治嚴刻著稱的雍正帝一上台，就展現出嚴格取締民間秘密宗教的作風，作為清初主要教派之一的大成教，當然不能例外的要受到嚴酷的打擊。尤其是在雍正九年（1731）至十年（1732）之間，分別在直隸、江蘇、湖北、河南等地，雍正皇帝重重的打擊了這些民間宗教。雍正九年（1731），清政府在湖北黃州府拿獲大成教要犯：「管廷訓即管天申、彭又文，學習邪教。又在伊家前後搜獲銅劍、符書、圖印、細符、紙符等件。據管天申供，習大成教，係彭又文、彭皇次所傳。」〔註67〕隔年（雍正十年）正月，在常州府陽湖縣地方，再次拿獲大成教重要教首周士成。據被捕的周天祚供稱：

> 前因伊子周文惠，在糧船上做裁縫。路過天津，遇有大成教頭周士成，授以此教。每逢上元、中元、下元等日，眾人各出分金做會，茹素誦經。除去會費之外，湊銀十兩或五兩，寄送天津去與周士成拜懺，並無造作妖言等語。〔註68〕

可知大成教在一些重要的節日，有集資做會，茹素誦經的情形。另外，據周

〔註65〕同上註

〔註66〕《宮中檔雍正朝奏摺》，第三輯（台北：國立故宮博物院，民國六十七年一月），頁175。雍正二年九月十二日，山東巡撫陳世倌奏摺。

〔註67〕《宮中檔雍正朝奏摺》第十七輯（台北：國立故宮博物院，民國六十八年三月），頁899。雍正九年四月初六日，魏廷珍奏摺。

〔註68〕《宮中檔雍正朝奏摺》第十九輯（台北：國立故宮博物院，民國六十八年五月），頁803。雍正十年閏五月初一日，喬世臣奏摺。

士成的供詞則說：

> 這大成教，小的聽得從前師父周尚禮說是一個名叫石伸起首的，後傳與董自亮、呂九九、陳耀馭、周應魁、張玉含、周尚禮、周士秀，遞相傳流下來。……小的看的是羅門經，喫長齋，勸人為善。每年各處的人來做會拜懺，原要費幾十兩銀子，餘剩的積貯在那裡，做些好事等。〔註69〕

上述可知，大成教至雍正年間已傳了幾代，一直都持續在發展。所看的經典羅門經，應是指羅教的五部六冊。喫長齋，本來就是其傳統的修持主張。到了同年的十一月間，直隸總督李衛奏稱，大舉查獲大成教首，係一位王姓的旗人武舉。經過一番的審訊，李衛的奏摺對當時大成教的傳教活動，有很清楚的描述：

> （大成教）始於順治年間，其來日久。以輪迴生死誘人修來世善果，吃齋念經，男女混雜，彼此不避。每月朔望，各在本家獻茶上供，出錢十文或從厚數百文，積至六月知六日，俱至次教首家，念經設供，名為晾經。將所積之錢交割，謂之上錢糧，次教首轉送老教首處，謂之解錢糧，或一、二年一次，各有數百金不等，其所誦之經，有《老九蓮》、《續九蓮》等名色。〔註70〕

大成教除了上元、中元、下元等幾個重大的節日，聚集各地的信徒做會茹素誦經外，平時也利用每月的初一、十五，聚集附近的信徒，至本家中吃齋、念經、設供。而且還按時送文錢給教首花用，謂之上錢糧、解錢糧，所念的經典是《九蓮經》，指的即是前述的《皇極金丹九蓮正信皈真還鄉寶卷》。

　　大成教經過雍正九年、十年的幾次大掃盪，至此以後在清代，就少有大成教的記載，有可能是化名成另一教派繼續傳教活動，也有可能是就此消聲斂跡了。

二、羅教在安徽的支派 "糍粑教"

　　羅教除了第三章所述，以庵堂、經堂的形式呈現外，也有羅教徒在自家中設立「佛堂」的方式。雍正十三年（1735）間，江寧布政使李蘭，在安徽省查獲羅教的支派 "糍粑教"，在境內傳教。有「合肥之已故夏公旭等；南

〔註69〕同上註，頁803～804
〔註70〕中國第一歷史檔案館編《雍正朝漢文硃批奏摺彙編》（上海：江蘇古籍出版社，1989～1991年）第23冊，雍正10年11月29日，直隸總督李衛奏摺，頁709

陵之王子玉等；宣城之董君瑞等；無爲之王子開等；巢縣之榮德明等；銅陵之吳彬然等，各爲其徒授以法名，凡入教者給以銀錢名曰種根，以此誘取貲財，怙惡已久。」〔註71〕「信徒愈多財源就愈多」，這是任何教派發展的不變定律。吸收新的信徒入教時，拜師禮總少不了要有"獻納金"，這種"束修之禮"在中國的傳統社會裡，被認爲是很合理的事。羅教吸收新信徒的拜師禮，要繳交不等的"種根銀子"。夏公旭等六人，最早是拜潘千乘（又名潘茂芳）爲師，潘是位羅教徒，在自家中設立佛堂傳教。由於常在佛殿上以糍粑供佛，所以人稱"糍粑教"。

　　潘千乘開設的佛堂，供奉著笑羅漢（彌勒佛），作爲平時喫齋念經的處所。潘千乘經營佛堂的方式，主要是以吃齋念經祈福爲名招收信徒，每次向新入教者收取"種根銀子"，每名約三至五錢。其次，根據檔案的記載，潘千乘在地方上還「以念經治病爲名騙人的錢用」，時常有些婦女前來求念經治病，遇有重病者則是到他家去念經。每次念完經，總會得到一些報酬，如果病情因而好轉，得到的酬謝也會多些。然而最多的財源收入方式，是利用佛菩薩的生日，約信眾回來佛堂作會念經吃齋，所有回來參加的信眾，至少都要給齋供錢三錢至五錢不等，回來的人愈多，收入也愈多。

　　潘千乘死後，教權傳給潘的兒子潘玉衡。雍正十三年（1735）教案發生時，潘玉衡被捕，根據潘玉衡的弟子夏公祥的供詞說：

> 潘茂芳原是教主，潘茂芳死後，就是他兒子潘玉衡了。小的哥子上
> 年害病，二月十八日叫姪子夏玉三去請潘玉衡，來同小的女婿王之
> 惠跟著念經保病。小的因病在家並不曾去，小的只雍正八年三月初
> 三日，往潘玉衡家去念過一回經。看見潘玉衡念經供的是彌勒佛，
> 又叫笑羅漢，從上燈時念到五更時候，將糍粑切開，男女各吃一塊，
> 吃畢各散去睡。女人往後樓去，男人都在前樓歇，潘玉衡是在後樓
> 歇的。大凡佛菩薩生日，都來在他家裡念經吃齋，有與他銀子或三
> 錢或五錢，實是有的。〔註72〕

這一段供詞很細密的供出，羅教的支派"糍粑教"在當地活動的情形。潘玉衡承繼父親潘千乘的教業，在地方上從事念經治病、作會吃齋的活動，借此賺取不少的錢財。

〔註71〕《史料旬刊》第十一輯，雍正十三年五月十二日，趙弘恩、趙國麟摺。
〔註72〕《史料旬刊》第十一輯，同上註。

第二節　中期的吃齋教團

清代在乾隆、嘉慶兩朝約九十年間，民間宗教依然是蓬勃的發展，且日益紛雜，出現了更多的新興教門，和層出不窮的教案，也爲後世留下爲數不少的珍貴檔案。爲便於了解，先就乾隆年間的教案整理如〈附表一：清代檔案所見民間宗教教派活動統計表〉所示：有關乾隆一朝的民間教門，共計有六十九個。其中可確認是吃齋的教團，計有：一字教、三元會、三陽教、三益教、大乘教、大乘無爲教、五盤教、天圓教、未來眞教、未來教、白陽教、白蓮教、收元教、收源教、收緣會、老官齋教、西天大乘教、西來教、空字教、金童教、在理教、悄悄會、長生教、紅陽教、清淨無爲教、混元紅陽教、混元教、喫素教、無爲教、無極教、黃天道、圓頓教、源洞教、榮華會、燃燈教、儒門教、橋樑會、龍華會、彌勒教、儒門教、羅祖三乘教、羅祖教等，共計有四十二種，大都爲清代主要的一些教門。其餘的二十七種教門，除了八卦教及其相衍生的教派外，大部份是不能確定是否爲吃齋，而且都是比較少見的一些教門。再就教門活動的分佈來看：主要是集中在直隸、山東、山西、河南、江蘇、安徽、江西、陝西、湖北等省。

一、乾隆朝吃齋教團的齋戒活動

就檔案所見，乾隆朝主要吃齋教團活動的情形，整理成簡表如下表 4-2：

表 4-2　清代乾隆年間民間吃齋教團宗教活動簡表

年　代	地點	教派名稱	內　　　　容
乾隆 13 年	福建	老官齋教	據稱建安、甌寧地方，有老官齋一教。平素誘人喫齋從教，詭言可以成佛。其喫齋之時，每月一、二次或數十人或近百人，至期聚集率以爲常。……在建安縣離城五六十里之北坪地方，聚集多人念經喫齋，因將伊法師拘拿三人監禁，奸民等于正月初四等日起意劫獄。〔註73〕
乾隆 13 年	福建	老官齋教	凡入會男婦，俱以普字爲法派命名，入會吃齋之人，鄉里皆稱爲老官，遂傳其教爲者官齋。〔註74〕

〔註73〕《史料旬刊》第二十七期，天 964，乾隆十三年三月三日，大學士納親奏摺。

〔註74〕《軍機處檔·月摺包》第 002027 號，（台北：國立故宮博物院），乾隆十三年三月八日，福建陸路提督武進陞奏摺。

乾隆 13 年	福建	老官齋教	甌寧地方有老官齋一教，平素誘人**吃齋信教**，詭言可以成佛。其吃齋之時，每月一、二次，或數十人或近百人。〔註75〕
乾隆 13 年	福建	老官齋教	無論男婦皆許**入會吃齋**，入其教者概以普字為法派命名，其會眾俱稱為老官。閩省建甌二縣男婦**從教吃齋**者甚多。〔註76〕
乾隆 13 年	福建	老官齋教	愚夫愚婦平日**吃老官齋**者，各處皆有。即建甌二縣各村莊吃齋之人實繁有徒，其聚謀為逆情事，雖同一齋堂之人，實在全然不知者。……〔註77〕
乾隆 13 年	福建	老官齋教	凡係吃齋之人，不問同行與否，亦有一概擒解者。各村素日**吃齋**，愚民人人自危，群思奔避遠方。……〔註78〕
乾隆 13 年	浙江	老官齋教、子孫教、長生道	邪教惑民最為人心風俗之害，其理竊取佛教之說，別立名號，或幻稱因果，或假託修持，勸人**食素誦經**，燒香結會。〔註79〕
乾隆 13 年	福建	老官齋教	其邪說始於羅教，自明代以來流傳已久，曾經雍正年間查禁，而迄今不改。其姚氏子孫仍往各處代取法名，總以普字為行，每一名送香資三錢三分，愚民奉若神佛，姚氏視若世業。因其僅只**吃齋**，勸人行善，地方官亦不加查禁。〔註80〕
乾隆 13 年	福建	老官齋教	僅只**吃齋**勸人行善，地方官亦不加查察。〔註81〕
乾隆 13 年	福建	老官齋教	僅只**吃齋**，並未同伙及不知謀情由。〔註82〕
乾隆 13 年	直隸	收元教	涉**燒香吃齋**，念經聚會，即時捕拏，嚴究不赦。〔註83〕

〔註75〕 《軍機處檔・月摺包》第002029號，（台北：國立故宮博物院），乾隆十三年三月九日，大學士納親奏摺。

〔註76〕 《史料旬刊》第二十七期，天966，乾隆十三年三月十四日，福州將軍新柱奏摺。

〔註77〕 《史料旬刊》第二十七期，天971，同上奏摺。

〔註78〕 《史料旬刊》第二十七期，天971，同上奏摺。

〔註79〕 《軍機處檔・月摺包》第002069號，（台北：國立故宮博物院），乾隆十三年三月二十五日，浙江巡撫顧琮奏摺。

〔註80〕 《史料旬刊》第二十八期，地31，乾隆十三年三月二十七日，大學士納親奏摺。

〔註81〕 《軍機處檔・月摺包》第002124號，（台北：國立故宮博物院），乾隆十三年四月七日，大學士納親奏摺。

〔註82〕 《軍機處檔・月摺包》第002145號，（台北：國立故宮博物院），乾隆十三年四月九日，閩浙總督喀爾吉善奏摺。

〔註83〕 《軍機處檔・月摺包》第002218號，（台北：國立故宮博物院），乾隆十三年三月二十三日，直隸總督那蘇圖奏摺。

乾隆 13 年	福建	老官齋教	建甌一處，雖鄉愚無知，僅止吃齋從教，終屬藏污聚匪之事。苟非撥本塞源，去惡務盡，勢必仍為後患。〔註84〕
乾隆 10 年	山西長治縣	混沌教	乾隆十年三月內，長治縣北關村大會，小的二月半就前去擺攤賣針。二十五日，遇見賣烏綾王會，是直隸沙河縣人，同在一處擺攤，說起他是吃齋的人，他因有病，小的說會治病，還有老師付傳的妙法。初三日會散了，就一同到小的家，小的領他在神前磕頭，就將運氣念無字真經的法子教他。……小的又教他要三皈五戒才得成正果，一皈佛、二皈法、三皈僧，一戒不殺牲、二戒不偷盜、三戒不邪淫、四戒量酒、五戒不誑語。〔註85〕
乾隆 13 年	四川	大乘教	本名曾鳳科于乾隆三年前往四川遇見唐登芳，勸令入教吃齋，取名瑞芳，但並未同唐登芳進京。……于乾隆三年三月間，在四川拜唐登芳為師入張保太的大乘教吃齋，取名瑞芳。〔註86〕
乾隆 13 年	湖南	大乘教	自乾隆十一年查拿大乘邪教之時，已嚴敕各縣自大乘邪教之外，凡一切私立教名，燒香吃齋，聚眾做會之徒，俱一律查禁。〔註87〕
乾隆 13 年	雲南	大乘教、羅教	近來各處罪徒，借燒香喫齋為名，陰行勾結者頗多。朕前降旨，原不專為大乘一教，可再傳諭各督撫等羅教一案，務須加意查辦杜絕株嗣。〔註88〕
乾隆 13 年	江西	老官齋教、羅教	高田地方有吃齋念經之姚文謨，密拏到案，並於伊處起有印綾一幅。〔註89〕
乾隆 13 年	福建	羅教、老官齋教	齋堂每月朔望，聚會念經吃齋。〔註90〕

〔註84〕《軍機處檔·月摺包》第 002261 號，（台北：國立故宮博物院），乾隆十三年四月二十八日，福建巡撫潘思榘奏摺。

〔註85〕中國人民大學歷史系，中國第一歷史檔案館合編，《清代農民戰爭史資料選編》第三冊（北京：中國人民大學出版社，1983 年），頁 271。

〔註86〕《軍機處檔·月摺包》第 002377 號，（台北：國立故宮博物院），乾隆十三年五月二十日，江西巡撫開泰奏摺。

〔註87〕《軍機處檔·月摺包》第 002535 號，（台北：國立故宮博物院），乾隆十三年六月二十七日，湖南巡撫楊錫紱奏摺。

〔註88〕《軍機處檔·月摺包》第 002874 號，（台北：國立故宮博物院），乾隆十三年八月二十四日，四川巡撫紀山奏摺。

〔註89〕《軍機處檔·月摺包》第 003733 號，（台北：國立故宮博物院），乾隆十三年十二月十二日，江西巡撫開泰奏摺。

〔註90〕《軍機處檔·月摺包》第 003826 號，（台北：國立故宮博物院），乾隆十三年十二月二十五日，閩浙總督喀爾吉善奏摺。

乾隆 14 年	貴州	羅教	每歲三月朔日起至初十日止，什百成群，全集寺觀，先期宿壇齋戒。〔註91〕
乾隆 14 年	福建	老官齋教	嚴飭地方官留心查訪，凡有一切吃齋，以禮佛爲名，形跡可疑之人，密加訪察，立即密拏，嚴拏究訊。〔註92〕
乾隆 14 年	福建	羅教	從前喫齋入教之人，寧化長汀兩縣，查訪存沒姓名，以及現在開葷改教，尚未理實根源。〔註93〕
乾隆 14 年	江西	羅教	閩省有齋犯五十餘名，現在已獲二十一名。其寧化齋犯業經勒令開葷還俗，齋堂盡行拆毀。……若鄉曲小民，持齋拜佛，念經禮懺，所在有之。……凡屬持齋之人，悉令開葷，經堂悉令拆毀。〔註94〕
乾隆 14 年	湖南	羅教	吃齋念經，化緣度日。〔註95〕
乾隆 14 年	江西湖廣	羅教	該犯堅供習學羅教，吃素念經，並無邪教匪類。〔註96〕
乾隆 17 年	山西	無爲教、橋樑會	持齋立會，邪教惑民，變爲風俗人心之害。歷年諭旨，飭行地方官，嚴查禁止在案。〔註97〕
乾隆 17 年	山西	無爲教、橋樑會	關氏故父關綸民在日，於康熙年間素習與人念經治病之事，迨後關氏嫁與胡昌思爲妻，昌思自幼務農，十八歲時病患癩瘡，係關綸民念經治愈，因而信佛持齋，其時尚無念經立會情事。〔註98〕
乾隆 18 年	山西長子縣	混沌教	小的平日剃頭算卦，賣針營生。又會參禪說偈運氣，念無字眞經，燒香占病。三十歲上，有本村王奉祿是個教門，勸人吃齋說偈，遂拜他爲師。〔註99〕

〔註91〕《軍機處檔‧月摺包》第 003870 號，（台北：國立故宮博物院），乾隆十四年一月十一日，貴州巡撫愛必達奏摺。

〔註92〕《軍機處檔‧月摺包》第 004045 號，（台北：國立故宮博物院），乾隆十四年二月二十六日，唐綏祖奏摺。

〔註93〕《軍機處檔‧月摺包》第 004341 號，（台北：國立故宮博物院），乾隆十四年五月十七日，福建陸路提督武進陞奏摺。

〔註94〕《軍機處檔‧月摺包》第 004550 號，（台北：國立故宮博物院），乾隆十四年七月十四日，閩浙總督喀爾吉善奏摺。

〔註95〕《軍機處檔‧月摺包》第 004787 號，（台北：國立故宮博物院），乾隆十四年八月二十七日，湖北巡撫唐綏祖奏摺。

〔註96〕《軍機處檔‧月摺包》第 004784 號，（台北：國立故宮博物院），乾隆十四年八月二十七日，湖北巡撫唐綏祖奏摺。

〔註97〕《軍機處檔‧月摺包》第 008180 號，（台北：國立故宮博物院），乾隆十七年四月十二日，山西巡撫阿思哈奏摺。

〔註98〕《宮中檔乾隆朝奏摺》，第三輯（民國七十一年七月），頁 485。乾隆 17 年 7 月 28 日，山西巡撫阿思哈奏摺。

〔註99〕中國人民大學歷史系，中國第一歷史檔案館合編，《清代農民戰爭史資料選編》第三冊，頁 270。

乾隆 18 年	山西長治縣	混沌教	小的第二兄弟跟著小的父親吃**長齋**。他每日在佛前供清茶一杯，吃著飲食先要供佛，并不同小的一教。他不收徒弟不傳經卷，只是自己**修齋**。〔註 100〕
乾隆 18 年	山西長治縣	混沌教	司禮供：小的是長治縣西坡村人，五十六歲了，是氈匠手藝。雍正五年春間有個杜三勸小的**吃齋**，說修個來生好處，世上騎騾騎馬的人都是前生修來的。〔註 101〕
乾隆 18 年	山西長治縣	混沌教	曹茂臣供：小的今年七十四歲了，是長治縣北和村人，做氈帽營生。從小天**戒不吃葷**。〔註 102〕
乾隆 18 年	山西長治縣	混沌教	楊氏供：馮進京是小的男人。他平素**吃齋念佛**，勸人行好是有的，並沒招集多人夜來明去的事。……小的**不吃齋**，自小到老沒受過一日好處，氣得耳聾了。小的男人性情不好，與小的是不相和的，有話也不對小的說。〔註 103〕
乾隆 18 年	山西長治縣	混沌教	劉氏供：小的四十七歲了，是司禮的女人。小的**不吃齋**，男人從前原**吃齋**，如今開葷多年了。〔註 104〕
乾隆 18 年	浙江	羅教、龍華會	有傳習羅教自稱龍華會之曹進侯，**茹素納錢**，哄誘民人。……周喜吉供稱，今年七十二歲，係伊妻父李必達傳下，念羅教經**吃齋行善**。〔註 105〕
乾隆 18 年	浙江	羅教、龍華會	如入會男婦，僅止**念佛吃齋**，並無別故，並自行投首者，取具的保詳請發落。〔註 106〕
乾隆 18 年	浙江	羅教、老官齋教、龍華會	曹進侯等倡立龍華會邪教，招引男婦入會**吃齋誦經**，營兵亦有入會誦經者，其法名皆以普字排行。〔註 107〕

〔註 100〕中國人民大學歷史系，中國第一歷史檔案館合編，《清代農民戰爭史資料選編》第三冊，前揭書，頁 273。

〔註 101〕中國人民大學歷史系，中國第一歷史檔案館合編，《清代農民戰爭史資料選編》第三冊，頁 274。

〔註 102〕中國人民大學歷史系，中國第一歷史檔案館合編，《清代農民戰爭史資料選編》第三冊，頁 275。

〔註 103〕中國人民大學歷史系，中國第一歷史檔案館合編，《清代農民戰爭史資料選編》第三冊，頁 275。

〔註 104〕中國人民大學歷史系，中國第一歷史檔案館合編，《清代農民戰爭史資料選編》第三冊，頁 275～276。

〔註 105〕《史料旬刊》第二十四期，天 861，乾隆十八年七月十九日，浙江巡撫雅爾哈善奏摺。

〔註 106〕《史料旬刊》第二十四期，天 862，同上奏摺。

〔註 107〕《史料旬刊》第二十四期，天 862，同上奏摺。

乾隆 28 年	直隸	黃天道、收元會	現在李遐年等，俱係伊兄裔孫，且曾經喫齋做會，亦應按律治罪。〔註108〕
乾隆 28 年	直隸	黃天道	王進賢供出伊在昌平，有常時來往，喫齋念經。……據各犯所供，雖俱不知有鈞鑄等詞，然其中有家藏經卷數部者，亦有雖不念經素日喫齋者。〔註109〕
乾隆 28 年	直隸	黃天道	施一貴、……等，無藏有經卷字跡，但平素俱曾喫齋，且與王進賢往來，又李文忠供出之劉才、李德福亦俱曾喫齋，應各照違制律杖一百，於本地方枷號一個月示眾，滿日折責發落。〔註110〕
乾隆 28 年	浙江	天圓教	徐周柄俱從楊維中學習喫素誦經，並於各犯家中搜出《金剛彌陀經》、及懺圖冊，訊係彌勒邪教支派。〔註111〕
乾隆 28 年	浙江	天圓教	如訊明止係喫齋誦經，並無斂錢傳播等事，即分別予以懲創，照例完結，不必輾轉株連。〔註112〕
乾隆 28 年	浙江	天圓教	歸安縣尤錫章訪獲喫齋誦經之何良貴、孫子文等。究問經懺來由，據供傳自舒思硯之徒張揚雲，遞傳至吳雲龍，雲龍故後，俱交金予懷收藏。〔註113〕
乾隆 28 年	浙江	天圓教	若袛係吃齋祈福，並無聚眾授徒情事，原可照例完結。〔註114〕
乾隆 33 年	浙江	羅教、大乘教	每年糧船回空，各水手來菴居住者，每日給飯食銀四分。平日僅止一、二人管菴，並無輾轉煽惑，教誘聚眾之事，皈教之人有喫素念經者，亦有不喫素不念經者。經名苦工、破邪、金剛、正信等項名目，並無不法邪語。〔註115〕

<hr>

〔註108〕《宮中檔乾隆朝奏摺》，第十八輯（民國七十二年十月），頁 379，乾隆二十八年四月五日，兆惠等奏摺。

〔註109〕《宮中檔乾隆朝奏摺》，第十八輯（民國七十二年十月），頁 455，乾隆二十八年四月十四日，兆惠等奏摺。

〔註110〕《宮中檔乾隆朝奏摺》，第十八輯（民國七十二年十月），頁 457，同上奏摺。

〔註111〕《宮中檔乾隆朝奏摺》，第十八輯（民國七十二年十月），頁 543，乾隆二十八年七月二十二日，浙江巡撫熊學鵬奏摺。

〔註112〕《宮中檔乾隆朝奏摺》，第十八輯（民國七十二年十月），頁 544，同上奏摺。

〔註113〕《宮中檔乾隆朝奏摺》，第十八輯（民國七十二年十月），頁 615，乾隆二十八年八月六日，尹繼善等奏摺。

〔註114〕《宮中檔乾隆朝奏摺》，第十八輯（民國七十二年十月），頁 648，乾隆二十八年八月八日，浙江學政錢學城奏摺。

〔註115〕《史料旬刊》第十二期，天 405，乾隆三十三年九月十日，浙江巡撫覺羅永德奏摺。

乾隆 33 年	江蘇	長生教、果子教	有朱華章等住居長生菴，倡立長生教，誘人喫齋誦經，並以果品供佛，分送燒香之人，妄稱可以延年，又名果子教等語。〔註116〕
乾隆 33 年	江蘇	大乘教、無為教	該管堂之人，非僧非道，藉稱各有宗派，開堂施教。平日茹素誦經，招徒傳授，并與無籍水手，往來存頓。〔註117〕
乾隆 33 年	江蘇	大乘教、無為教	每歲冬至，在教之人齊集堂內，將傳下經卷誦念禮拜。各出銀一錢及七、八分以為齋供，平時喫素修行，並無別項邪術。〔註118〕
乾隆 33 年	江蘇	長生教	前明萬曆年間，有已故之汪長生，創造齋堂，念佛吃素，相沿日久，聚集多人。〔註119〕
乾隆 33 年	浙江	羅教	水手亦不盡歸羅教之人，而每年平安回次，則各出銀五分，置備香燭素供，在菴酬神。向來守菴之人，是日念經數卷，其水手中歸教念經者，亦即隨之。〔註120〕
乾隆 34 年	江蘇	長生教、大乘教、無為教、龍華會	江蘇民俗每以茹素誦經為名，開堂設教，煽惑愚民，輾轉傳授，蔓延無已，最為閭閻之害。臣於上年秋間，訪獲蘇城各經堂，崇奉大乘、無為邪教，又於常鎮地方，訪有舊時龍華教遺孽，當將各教流傳經卷邪書，及入教人犯悉數搜挐，嚴行究審。〔註121〕
乾隆 34 年	江蘇	長生教	汪長生之教，或誘人喫齋禮佛，聚會燒香，或藏匿應劫邪經，持誦抄傳，或造賣陰司路引，誆騙財物，皆名為長生教。〔註122〕
乾隆 34 年	直隸	紅陽教	大興縣李國聘之祖李文茂在日，曾入紅陽教，存有經卷。李文茂之子李尚珍，亦隨吃齋。乾隆十一年奉禁之時，李文茂已身故，李尚珍亦即開葷，但未將經卷銷燬。〔註123〕

〔註116〕《史料旬刊》第十三期，天 449，乾隆三十三年九月十八日，江蘇巡撫彰寶奏摺。

〔註117〕《史料旬刊》第十五期，天 525，乾隆三十三年十月一日，江蘇巡撫彰寶奏摺。

〔註118〕《史料旬刊》第十五期，天 526，乾隆三十三年十月一日，同上奏摺。

〔註119〕《史料旬刊》第十三期，天 451，乾隆三十三年十月十三日，浙江巡撫覺羅永德奏摺。

〔註120〕《史料旬刊》第十二期，天 408～409，乾隆三十三年十一月三十日，閩浙總督催應階奏摺。

〔註121〕《宮中檔乾隆朝奏摺》第三十三輯（民國七十四年一月），頁 167，乾隆三十四年元月二十二日，江蘇巡撫彰寶奏摺。

〔註122〕《宮中檔乾隆朝奏摺》，第三十三輯，頁 167，同上奏摺。

〔註123〕《史料旬刊》第十五期，天 579，乾隆三十四年二月十二日，直隸總督楊廷璋奏摺。

乾隆 34 年	浙江	長生教	據嘉興府屬之秀水嘉興二縣，查獲郡城彌陀菴之于文益，及在家奉教之王懷德等，均係持齋拜懺之人。〔註124〕
乾隆 34 年	浙江	長生教	汪長生即汪普善，在西安縣地方。於前明萬曆年間創建齋堂，勸人吃齋念佛，謂可卻病延年。伊表姐姜徐氏即姜媽媽，亦用此說勸導婦女，名為長生教。汪長生死後，即葬於齋堂左邊之無影山。〔註125〕
乾隆 34 年	浙江	長生教	吃素皈教，菴內所供係觀音、彌勒、韋馱，所念係心經、金剛等經。來菴拜懺之人係陸添餘、……等。每次各出米一升錢十二文給于文益，買備香燭茱蔬，共食素齋一頓而散。〔註126〕
乾隆 34 年	湖廣	未來教、三元會	聞沙市地方有人吃齋做會，惑眾斂錢，會同營員親往查緝，隨拿獲李純佑，並在伊家搜出末劫、定劫兩經，及護道榜文符票等項。〔註127〕
乾隆 34 年	湖廣	未來教、三元會	有已故江陵縣民賀坤，平日吃齋，家藏三官、觀音、雷祖、玉皇、金剛、還鄉、末劫、定劫等經八部。勸人茹素念經祈福免災，并于每年三月初三、五月十三、九月初九等日做會一次，未來會名。〔註128〕
乾隆 34 年	浙江	長生教、天圓教	於初一十五吃素念經，各送岐山銀三錢六分，買受經懺各一部。〔註129〕
乾隆 34 年	湖北	未來教	李純佑自幼來楚任荊州府江陵縣沙市地方習藝裁縫，旋聽鄒連桂勸引，隨從賀坤喫齋祈福，年久不迨。李純祺於乾隆三十一年十月間，赴荊探望，同住月餘，見李純佑不務本業，時常茹素，屢勸不改，反與口角。遂另寓府城，挑水營生，不復往來。迨賀坤物故，李純佑於呂法搖家，得見賀坤所遺末劫、定劫兩經，名色奇異，取圖惑眾騙財，借抄添改，妄加逆語，號為未來教。〔註130〕

〔註124〕《史料旬刊》第十五期，天 528，乾隆三十四年三月十九日，浙江巡撫覺羅永德奏摺。

〔註125〕《史料旬刊》第十五期，天 528，同上奏摺。

〔註126〕《史料旬刊》第十五期，天 529，同上奏摺。

〔註127〕《軍機處檔・月摺包》第 010731 號，（台北：國立故宮博物院），乾隆三十四年十月四日，湖廣總督吳達善奏摺。

〔註128〕《軍機處檔・月摺包》第 010731 號，同上奏摺。

〔註129〕《軍機處檔・月摺包》第 011144 號，（台北：國立故宮博物院），乾隆三十四年十二月一日，浙江巡撫永德奏摺。

〔註130〕《軍機處檔・月摺包》第 011148 號，（台北：國立故宮博物院），乾隆三十四年十二月二日，湖北巡撫梁國治奏摺。

乾隆 36 年	山西	收元榮華會	查有保內民人卓分、顧尚友，每日**念佛吃齋**，恐其結會滋事，赴縣具拿。隨拘提二犯到案，究出本年一月內，有陽在成之兄陽在天，與河南桐柏縣民張成功，同到卓分家言談。以今年人口多災，勸令結錢做醮，并教令**吃齋禮佛**，念誦天元太保十字經。〔註 131〕
乾隆 36 年	河南	白陽教	乾隆二十二年十一月十一日，有直隸昌黎縣人王忠順，路過利山店法會，自稱彌勒佛轉世，係白陽教首，勸令入**教吃齋**，并引人入教可以超渡父母，自免災難，來世還有好處。〔註 132〕
乾隆 37 年	河南	白陽教	乾隆二十四年，王源九因無子嗣，同妻汪氏復行**吃齋**，當未歸教。及至二十九年九月間，直隸人王忠順來至王源九家，自稱彌勒佛轉世，係白陽教主。誘令王源九拜伊爲師，並令勸人入教，可以消災獲福。〔註 133〕
乾隆 37 年	直隸	白陽教、大乘教、清淨無爲教	鉅鹿縣人李祥生即李尚升，因其**患病喫齋**，王忠順即以**持齋**必順受戒爲詞，誘令李尚升入教，李尚升即拜王忠順爲師。〔註 134〕
乾隆 37 年	直隸	白陽教	乾隆三十四年正月內，在青雲店集上，與同縣人趙美公會遇，趙美公亦言及不時患病，未得良醫調治。屈得興即以有彌勒佛白陽教所傳八字傳誦，可以卻病，必須**喫齋燒香**方可傳授。趙美公信以爲實，即於是日往邀屈得興到家，屈得興令其**焚香喫齋**，趙美公隨向屈得興叩頭受教。〔註 135〕
乾隆 37 年	江蘇	白陽教	此案周天渠周受南二犯，聽從王漢九奉教，又轉相勸誘葛方來、王經鮑、洪義**喫齋**，均合依左道惑眾爲徒，例發邊遠充軍。〔註 136〕

〔註 131〕《軍機處檔‧月摺包》第 014121 號，（台北：國立故宮博物院），乾隆三十六年五月二十八日，安徽巡撫裴宗錫奏摺。

〔註 132〕《軍機處檔‧月摺包》第 015603 號，（台北：國立故宮博物院），乾隆三十六年十二月十六日，富明安等奏摺。

〔註 133〕《軍機處檔‧月摺包》第 016433 號，（台北：國立故宮博物院），乾隆三十七年三月二十六日，河南巡撫何煟奏摺。

〔註 134〕《軍機處檔‧月摺包》第 016299 號，（台北：國立故宮博物院），乾隆三十七年三月十二日，直隸總督周元理奏摺。

〔註 135〕《軍機處檔‧月摺包》第 016388 號，（台北：國立故宮博物院），乾隆三十七年三月二十日，直隸總督周元理奏摺。

〔註 136〕《軍機處檔‧月摺包》第 016828 號，（台北：國立故宮博物院），乾隆三十七年五月一日，署理江西巡撫薩載奏摺。

乾隆 37 年	江蘇	白陽教、喫素教	據龔㒘瑞供出喫素之龔秀坤、倪廷相、施長發、何二、曹耀祖等，當即按名查拿，一面搜查各犯家內，于龔秀坤家起出達摩指迷一本，懺訣一本，亦係邪教書籍。〔註137〕
乾隆 39 年	廣東	妖言惑眾	除隨同馬王氏吃齋祈福輕罪不議外，林阿裕、陳阿諒……十二名，均依謀叛，已行不分首從皆斬律擬斬立決。……馬阿魯藉母持齋醫病，妄思煽惑騙錢，則以善惡吉凶爲詞，捏造謠誘人禳災祈福，應照妄布邪言，煽惑人心爲首斬決。〔註138〕
乾隆 43 年	山西	收源教、源洞教	每年三次作會念經，各送齋錢給與段文琳收用。〔註139〕
乾隆 43 年	山西	收源教、源洞教	段文琳將景福奇所遺邪教歌曲收存，起意復行邪教。因素與陽曲縣人張成相識，於乾隆十三年至張成家，誘引招徒喫齋念經，張成即拜段文琳爲師。〔註140〕
乾隆 45 年	湖北	邪教	據黃三光供稱，伊故父黃如進在日，常誦兩咒，一係眞空家鄉，無生父母，現在如來，彌勒我主。一係秉聖如來，三元奉聖，五氣歸宗，佛命當知救苦救難觀世音菩薩。每日三次向日光拜念，逢九喫齋，說可消災求福，伊亦隨同念拜，還有一抄本達摩傳。〔註141〕
乾隆 45 年	河南	邪教	楊文煥狡匿眞情，止認吃齋念佛。該縣胡元琢不加詳究，僅予杖責。〔註142〕
乾隆 45 年	福建	羅祖大乘教	沈本源誑言崇奉羅祖大乘教，可以獲福消災，延年增壽，遂拜沈本源爲師，吃齋修善。〔註143〕

〔註137〕《軍機處檔・月摺包》第 017973 號，（台北：國立故宮博物院），乾隆三十七年八月二十九日，高晉等奏摺。

〔註138〕《宮中檔乾隆朝奏摺》第三十四輯（民國七十四年二月），頁225，乾隆三十九年元月十二日，兩廣總督李侍堯奏摺。

〔註139〕《軍機處檔・月摺包》第 022056 號，（台北：國立故宮博物院），乾隆四十三年十二月十六日，山西巡撫覺羅巴延三奏摺。

〔註140〕《軍機處檔・月摺包》第 022328 號，（台北：國立故宮博物院），乾隆四十三年十二月二十六日，山西巡撫覺羅巴延三奏摺。

〔註141〕《軍機處檔・月摺包》第 028108 號，（台北：國立故宮博物院），乾隆四十五年九月二日，湖廣總督富勒渾奏摺。

〔註142〕《軍機處檔・月摺包》第 028928 號，（台北：國立故宮博物院），乾隆四十五年十二月二十七日，河南巡撫雅德奏摺。

〔註143〕《軍機處檔・月摺包》第 029249 號，（台北：國立故宮博物院），乾隆四十五年十二月十六日，湖廣總督富勒渾奏摺。

乾隆 46 年	福建	羅教	僧人何圓……我自十八歲吃齋拜師，父名叫來全，我十九歲到浦城和里地方山菴出家。師父久已身故，這些羅教經卷，是師父與我的。後來自己抄寫，舊年菴堂失火，將舊經燒去，只存現在的。我於乾隆四十年上，又來到東源關新菴居住，舊菴裡住的是一個徒弟叫羅瞎子。〔註144〕
乾隆 46 年	福建	羅教	四十五年三遙沈本源以樓止得所，即雇諶孝懇地種植，起意開堂設教。捏稱四月朔係羅祖生日，供奉牌位，揚士珍……等先後拜沈本源為師，受戒吃齋，各送香錢自一百五、六文至四百文不等。〔註145〕
乾隆 46 年	福建	羅教	四十三年，復有寧化人伍文標，攜資交與賴思春，**隨同喫齋**，以度殘喘，俱未信奉羅教，此賴思春等在堂喫齋之實情也。……有年邁無依之老丁，即袁子飛及病廢之東德陞，各帶養贍銀兩至菴，交與何圓一，**隨同喫齋**，以度餘年。〔註146〕
乾隆 46 年	湖北	羅教	據應城縣知縣王嵩高宣稱，訪有縣民陳其才等，**吃齋招徒**。……已故周圓如以大乘教有五報，是報覆載照臨水土養育引進恩；又有五戒，是戒殺生偷盜淫邪誑語酒肉等。入教吃齋遵奉五報、五戒，可以邀福消災。〔註147〕
乾隆 46 年	湖北	羅教	**雖吃齋入教**，並未傳徒，應與先經**吃齋入教**，未曾傳徒，然後開齋之邱士達……等，罪減一等，杖一百，徒三年。〔註148〕
乾隆 46 年	湖北	羅教	據供乾隆二十五、六年間，有外甥陳佑相，至家問知周圓如身故，遺有經像託伊向劉氏取往應城是實。該府縣隨於各家搜查，俱無經像，查訊地鄰該村，亦無**吃齋入教**之人。〔註149〕
乾隆 47 年	山東	羅教	該州民人王福、劉佩、李士登、李子敬等，**持齋捧誦羅教邪經**。先後拏獲王福等九犯，搜起經卷錄供稟報。……王福籍隸亳州，種地為業，其故祖王源順，素常**吃齋念經**，曾覓得羅教邪經，並護道榜文

〔註144〕《軍機處檔·月摺包》第 030025 號，（台北：國立故宮博物院），乾隆四十六年三月十六日，閩浙總督陳輝祖奏摺。

〔註145〕《軍機處檔·月摺包》第 030319 號，（台北：國立故宮博物院），乾隆四十六年四月十八日，福建巡撫富綱奏摺。

〔註146〕《軍機處檔·月摺包》第 030319 號，同上奏摺。

〔註147〕《軍機處檔·月摺包》第 031258 號，（台北：國立故宮博物院），乾隆四十六年七月三日，湖廣總督舒常奏摺。

〔註148〕《軍機處檔·月摺包》第 032024 號，（台北：國立故宮博物院），乾隆四十六年九月八日，湖廣總督舒常奏摺。

〔註149〕《軍機處檔·月摺包》第 032024 號，同上奏摺。

			收藏在家。……嗣王源順與劉文銳相繼亡故，王福父子俱未**持齋習誦**。至二十七年，王福以父病未痊，曾經**吃齋念經**，又劉佩之故母張氏，亦曾**吃齋念經**，遺有羅教邪經，並護道榜文解論等項。〔註150〕
乾隆47年	山東	羅教	乾隆四十六年十二月內，王福、劉佩、李士登、李子敬等，因家有遺經，冀圖消災祈福，遂於每月朔望至王福家中，自備香燭，**持齋念經**。……王福等各家遇人患病，即在同教各家內**持齋念經**，以冀消災。〔註151〕
乾隆48年	江西	大乘教	素識貴溪縣人吳子祥，給與勸世懺語一本、大乘大戒經一本，並令**持齋念誦**，悔過求福。伊即照本念熟，嗣因族人萬勝榮、萬卓然患病，伊亦**勸令喫齋**，口授勸世懺語，令其誦經。〔註152〕
乾隆48年	山西	紅陽教	民人渠閏甫訊於乾隆四十五年，拜本村王增元為師，**喫齋念經**，有王毓山、閆青廷、郭永都等，併同會十餘人，於每年七月初四做會一次，供奉飄高老祖，持誦觀音普門品經。〔註153〕
乾隆49年	山東	坤卦教	李坤先平日鋸賣羅圈及販粉皮生理，從未見其行教收徒，亦不襤其在南宮縣收徒傳教之事。詰訊李坤先之妻段氏，堅稱伊夫平日並不念經吃素，不知伊夫向會拳腳，數年前有邢姓等向其學過拳腳。〔註154〕
乾隆49年	山西	紅陽教	直隸省拿獲山西平遙縣民人渠閏甫，供出**吃齋念佛**，賣房買經。現有伊師王增元在籍，係紅陽邪教等情。〔註155〕
乾隆49年	直隸	邪教	元士信供稱，王盧氏之夫王日新在日，曾用符燒化替人治病。伊遂拜王日新為師，王日新死後，其妻王盧氏亦**吃齋**，用符治病。〔註156〕

〔註150〕《宮中檔乾隆朝奏摺》，第五十三輯（民國七十五年九月），頁218～219，乾隆四十七年九月二十九日，署理兩江總督薩載奏摺。

〔註151〕《宮中檔乾隆朝奏摺》，第五十三輯，同上奏摺。

〔註152〕《軍機處檔·月摺包》第034124號，（台北：國立故宮博物院），乾隆四十八年十月九日，山西巡撫郝碩奏摺。

〔註153〕《宮中檔乾隆朝奏摺》第五十八輯（民國七十六年二月），頁433，乾隆四十八年十一月二十七日，山西巡撫農起奏摺。

〔註154〕《宮中檔乾隆朝奏摺》第五十九輯（民國七十六年三月），頁95～96，乾隆四十九年一月十三日，山東巡撫明興奏摺。

〔註155〕《軍機處檔·月摺包》第036027號，（台北：國立故宮博物院），乾隆四十九年三月二十九日，山西巡撫農起奏摺。

〔註156〕《軍機處檔·月摺包》第036429號，（台北：國立故宮博物院），乾隆四十九年四月二十七日，直隸總督劉峩奏摺。

乾隆 50 年	湖北	收元教	孫貴遠于乾隆三十三年八月初二日，在李從呼家鑽磨，李從呼言及伊奉收元教，**吃齋念經**，可以消災免禍，孫貴遠即給錢百文，拜師入教。李從呼口傳"南無天元太保阿彌陀佛"十字，又"十門有道一口傳，十人共士一子丹，十口合同西江月，開弓射箭到長安"咒語，令其念誦。〔註157〕
乾隆 52 年	直隸	收元教	據供收圓等經，均係伊故祖存留，救度經實止上卷一本。伊父董可亮並不識字，委不知來自何處，迨該犯粗知文義，自幼**吃齋**唪誦，代人念經消災除病。〔註158〕
乾隆 52 年	山西	收元教	直隸督臣劉峨咨開據蠹縣查獲該縣民人董敏，與完縣民人郭林等，有**持齋念經**等事，並於家內取出勸善歌單。〔註159〕
乾隆 52 年	山西	收元教	縣民郭林亦自幼**吃齋**，向與內邱縣在逃之劉進心結為善友，劉進心曾告知山西長子縣有刊刷歌單，以四張為一副，兩張為合同，兩張為靈文，生時唪誦，可以獲福，死後一半燒化，一半放在胸前，即可成為善人。……郭林先將歌單攜回，與董敏撞遇，彼此談及**吃齋念佛**等事，并詢知歌單來歷。〔註160〕
乾隆 52 年	直隸	收元教	五十一年四月內，柳進心與完縣人郭林撞遇，道及**吃齋念佛**，遂相交好。是年六月間，柳進心復遇郭林，令其散賣歌單，并告係教首田金臺遺傳，以四張為一副，總名合同男女，唪誦可以消災得福。〔註161〕
乾隆 52 年	山西	白蓮教、收元教	據該司在於各該犯家內逐細搜查，並無不法經卷字跡，審明亦**無持齋念經**之事。……張冉公於雍正六年倡立白蓮邪教，破案問擬斬決正法。其子張開林等免議，均在長子縣傭工度日，並未踵行邪教，亦未**持齋念經**。……有子孫現在者，逐一查訊，委無**持齋念經**等事。但均係匪犯子孫，必須嚴加約束，庶免出外滋事。〔註162〕

〔註157〕中國第一歷史檔案館編《清代檔案史料叢編》第九輯，（北京：中華書局，1983年），頁173，乾隆五十年四月十一日，湖廣總督特成額等奏摺。

〔註158〕《宮中檔乾隆朝奏摺》第六十輯（民國七十六年四月），頁463，乾隆五十二年二月二十七日，直隸總督劉峨奏摺。

〔註159〕《宮中檔乾隆朝奏摺》第六十輯（民國七十六年四月），頁463，乾隆五十二年二月三十日，山西巡撫勒保奏摺。

〔註160〕中國第一歷史檔案館編《乾隆朝上諭檔》第十四冊，（北京：檔案出版社，1991年），頁722，乾隆五十二年三月二日，和珅等奏稿。

〔註161〕《宮中檔乾隆朝奏摺》第六十四輯（民國七十六年八月），頁662，乾隆五十二年六月十二日，直隸總督劉峨奏摺。

〔註162〕《宮中檔乾隆朝奏摺》第六十四輯（民國七十六年八月），頁723，乾隆五十二年六月二十四日，山西巡撫勒保奏摺。

乾隆 52 年	山西	邪教子孫	今該省舊案俱已辦竣，其匪犯子孫，雖現尚無**持齋念經**等事，但必須嚴加約束，庶免外出滋事。〔註 163〕
乾隆 55 年	江西	大乘教	已故貴溪縣民吳子祥，編造經懺拜誦斂錢，案內從犯吳子祥，先于乾隆四十八年間，編造大乘大戒經本，**喫齋念佛斂錢授徒**。〔註 164〕
乾隆 59 年	安徽	混元教、三陽教	竊臣等先後馳抵太和，遵奉諭旨，督飭查拿劉之協一犯并究餘黨，拿獲傳經授徒之阮儒各犯及**吃齋供像**之任梓等，連日督同司道親加研鞫。〔註 165〕

　　就上表所示，乾隆一朝六十年期間，民間宗教的教派活動頻繁，其中與齋戒信仰有關的記載很多，大致上可以看出，主要是羅教系統的教派及混沌教、長生教、黃天道等。分述如下

1、江南齋教

　　如前第三章所述，羅教在創教祖師過世後，分成幾支流傳，其中由殷繼南（二祖）、姚文字（三祖）向江南傳播的一支，稱為"江南齋教"或稱羅教。〔註 166〕就目前的資料看來，江南齋教首先是在明嘉靖年間，出現於浙江處州一帶由二祖殷繼南所開創，稱為"無極正派"。〔註 167〕殷祖傳教布道的區域，主要在浙江處州、縉雲、台州、松陽、武義、溫州、青田、金華、瑞昌、景寧、宣平諸州縣，分布於浙江中部及沿海地區。在傳教上，殷祖建立了初步的教階制度，封了二十八位"化師"，七十二位的"引進"，二十八位的化師皆以"普"字派命法名。明萬曆十年（1582）殷祖在溫州被官府所捕，同年八月四日被處死。〔註 168〕

　　二祖殷繼南過世後，先是由其女弟子普福化師瓊娘繼承教權，但普福權

〔註 163〕《宮中檔乾隆朝奏摺》第六十五輯（民國七十六年九月），頁 82，乾隆五十二年七月二十一日，護理山西巡撫鄭源壽奏摺。

〔註 164〕《軍機處檔‧月摺包》第 042527 號，（台北：國立故宮博物院），乾隆五十五年四月二十一日，江西巡撫何裕城奏摺。

〔註 165〕中國第一歷史檔案館編《清代檔案史料叢編》第九輯，頁 220，乾隆五十九年十一月十二日，蘇凌阿等奏摺。

〔註 166〕馬西沙、韓秉方，前揭書，第七章〈江南齋教的傳播與演變〉。

〔註 167〕淺井紀，〈羅教の繼承と變容──無極正派〉，《和田博開教授古稀記念明清時代の法と社會》（汲古書屋，1993 年）；武內房司，〈台灣齋教龍華派的源流問題〉，收錄於江燦騰、王見川主編，《臺灣齋教的歷史觀察與展望》（台北：新文豐，民國 83年 9 月），頁 7。

〔註 168〕馬西沙、韓秉方，前揭書，頁 348。

威不足，信徒渙散，改由處州慶元縣人姚文宇繼掌教權。三祖姚文宇生於明萬曆六年（1578），根據《太上祖師三世因由總錄》（以下簡稱《三世因由錄》）的記載，姚祖是「三十一，正遇師，中途引化。三歸依，持淨戒，參悟無身。」〔註169〕姚文宇是在三十一歲時皈依殷祖，到明天啓三年（1623），正式接掌教權。姚祖掌教時期，浙江的教務更爲宏展，齋教的信徒也最多，並向江南各地廣爲傳布。《三世因由錄》詳列了姚祖派下，按中左右「禮、義、廉、恥、孝、忠、和」七代，開展出一百二十枝"化師"，〔註170〕可見其盛況。

姚祖所開創出的一大遍道場，傳布的情況，就目前的研究所見，約當在明清之際，傳布到江西、福建兩省，其後即快速的向江蘇、安徽、湖北、湖南、廣西等省流傳。〔註171〕由姚祖所開創的教團，又稱爲"靈山正派"。〔註172〕清雍正七年（1729）間，清政府在浙江處州府查獲，疑似姚文宇派下教首姚細妹，並經此追查出當時在福建之泉漳兩郡有更多的羅教徒，令清政府大爲驚恐，嚴令按察使必須詳加密查。〔註173〕同年十二月，江西巡撫謝旻奏稱，發現福建汀州府的羅教，也是由姚系所傳。是由已身故的姚煥一傳給兩兒子姚元藻、姚繩武，元藻兩兄弟經往福建汀州府賣布生理時，將羅教傳至汀州府。〔註174〕有清一代，江南齋教是流傳於長江以南各省最大的教派，所引發的教案不斷，也留下了不少的檔案記載。

乾隆十八年（1753）間，清政府在浙江寧波府查獲羅教徒周慶吉，周在當地是羅教的掌教者，法名普棟。根據周慶吉的供詞說：

> （周慶吉）今年七十二歲，係伊妻父李必達傳下，念羅教經吃齋行善。浙江祖師姚文宇法名普善，是羅祖轉世，在處州慶元縣松源東隅地方悟道，又悟坐功，頭一層功夫名小乘，念廿八字偈語；第二層功夫名大乘，一百八字偈語；上乘沒偈語。單是坐功學小乘，送香資三分三厘；大乘一錢二分；上乘一兩，以六錢七分供佛，三錢三分送老祖堂。〔註175〕

〔註169〕《太上祖師三世因由總錄》，收入《明清民間宗教經卷文獻》第六冊，頁297。
〔註170〕《太上祖師三世因由總錄》，頁287～290。
〔註171〕馬西沙、韓秉方，前揭書，頁340。
〔註172〕武內房司，前引文，頁7。
〔註173〕《史料旬刊》第二期，〈羅教案史貽直摺〉。
〔註174〕《史料旬刊》第二期，〈羅教案謝旻摺〉。
〔註175〕《史料旬刊》第廿四期，〈羅教案〉，乾隆十八年七月十九日，雅爾哈善摺。

周慶吉是當地羅教的掌教者，有權傳授坐功，分小乘、大乘、上乘三層功夫，
依不同的學習位階，受學者要送香資錢，分成三分三厘、一錢二分、一兩三
等。平時跟著周慶吉吃齋作會的弟子主要有十九人，他們沒有另立教堂，就
以周慶吉的齋堂爲聚會的集中點。周慶吉傳坐功的收入，有一部份需上繳在
溫州的老祖堂，此老祖堂是由姚文宇所留傳。

2、老官齋教

　　就目前學界的研究，一般都認爲齋教是源於明代後期，由羅夢鴻（亦稱羅
因）所創的羅教。〔註176〕羅教在創教祖師過世後，分成幾支留傳，其中由殷繼
南（二祖）、姚文宇（三祖）向江南傳播的一支，稱爲江南齋教或稱羅教。福建
的齋教，即是源於江南齋教這一支派而來。這方面可以載玄之先生〈老官齋教〉
一文爲代表，〔註177〕文中對此次老官齋教舉事的經過，有較深入的探討。

　　浙江處州一帶，是個窮鄉山僻的地方，卻是羅教向江南傳播的蘊育處。
由此處向江南一帶流傳的羅教，在官方檔案中就稱爲"老官齋教"。據福州
將軍新柱摺奏稱：

> 老官齋教係羅教改名，即大乘教，傳自浙江處州府慶元縣姚姓，遠
> 祖普善遺有三世因由一書，托言初世姓羅，二世姓殷，三世姓姚。
> 見爲天上彌勒，號「無極聖祖」，無論男婦，皆許入會吃齋。入其教
> 者，概以普字爲法派命名，其會眾俱稱老官。閩省建、甌二縣從其
> 教吃齋者甚多。〔註178〕

姚祖齋教"靈山正派"，自清初傳入福建省以來，建、甌二縣即是主要的傳
教領地，這裡的齋教徒被稱爲"老官"，官方的檔案中就稱爲"老官齋教"。
福建的齋教，即是由這個系統傳承下來。乾隆年間，建、甌二縣西北的交界
處有五座齋堂，分別是：〔註179〕

> 「齋明堂」：設於止移立，會首陳光耀即普照。
>
> 「千興堂」：位於後周地村，會首江華章即普才。
>
> 「得遇堂」：位於芝田村，會首魏華勝即普騰。
>
> 「興發堂」：位於七道橋，會首黃朝尊即黃朝莊。

〔註176〕詳見馬西沙、韓秉方，前引書，第七章〈江南齋教的傳播與演變〉。
〔註177〕載玄之，《中國秘密宗教與密秘社會》（台北：臺灣商務印書館，民國 79 年
　　　　12 月），頁 840～852。
〔註178〕《史料旬刊》第二十七期，〈老官齋案新柱摺〉。
〔註179〕《史料旬刊》第二十七期，〈老官齋案新柱摺〉。

「純仁堂」：位於埂尾村，會首王大倫。

這些齋堂是福建齋教的傳教核心，直接由姚祖的派下所領導。「各堂入會男婦，每逢塑望，各持香燭赴堂念經聚會，每次人數多寡不等，慶元縣姚姓後裔姚普益、姚正益每年來閩一次，各堂入會吃齋之人，欲其命名者，每名給銀三錢三分，以供普善香火。」〔註180〕姚祖的後裔姚普益、姚正益兩人，即是福建齋教的領導，負責人事的提拔及命名。所謂命名，必須是參加過"圓關"法會後的信徒，才由化師以"普"字來命名。每命名一人次收費三錢三分，與入教時的種根銀相當。

聚眾念經點蠟引發暴動

福建省建、甌兩縣的老官齋教徒，在乾隆十三年（1748）發生一次暴動，震驚了清政府，也才在官方檔案中留下記錄。根據乾隆十三年（1748）正月二十六日福州將軍新柱奏摺：事發的經過是在乾隆十二年（1747）十一月間，齋明堂的堂主陳光耀，在鎮子街上搭了一個篷場，公然"聚集多人，念經點蠟"，鄉長陳瑞章稟報了甌寧縣丞程述祖，當局拿獲陳光耀等五人，監禁在縣。此事引發當地各齋堂的驚恐，眾人商議的結果，是讓法名"普少"的老官娘，捏稱坐功上天，得師父"囑咐今應彌勒下降治世"為藉口，聚集眾齋徒，準備入城劫獄，救出陳光耀等人。

乾隆十三年（1748）正月十二日，普少開始坐功上天，假托神讖語，宣稱彌勒佛要入府城捉拿妖魔，誘哄群眾一齊入城。於是魏現、黃朝尊等分路糾集人馬，十五日各持兵器，招迎菩薩進城。這個消息傳出，四鄉民心為之搖動，各家扶老攜幼，紛紛入山藏匿。起事的齋教徒，舉著各類的旗幟，分別寫著："無極聖祖，代天行事"、"無為大道"、"代天行事"、"勸富濟貧"、"招軍"等等。整個起事過程，在十六、十七日官府派兵三百名鎮壓後，很快就落幕，數天內參加起事者被搜捕殆盡。此次起事戰死和事後捕殺者，共計一百三十多人。〔註181〕

這次福建老官齋教的起事，引起當局高度的重視，於是展開福建全境的調查，發現有很多的齋堂及秘密教門，幾乎遍布福建全省。是年六月福建巡撫喀爾吉善在一份奏摺中，描述了閩省部份地區民間教派活動的情形，整理

〔註180〕同上註。
〔註181〕《硃批奏摺》乾隆十三年正月二十六日福州將軍新柱奏摺；《史料旬刊》第二十七期新柱奏摺。

如下表4-3：〔註182〕

表4-3　乾隆十三年（1748）福建省民間教派活動的分布情形

地區（府、縣）	教派名稱	活動情形	備　註
興化府：莆田縣 　　　　仙游縣	金童教	供奉觀音大士，男婦聚會吃齋	金童教即金幢教，屬羅教的分支
邵武府：邵武縣	天主教 大乘教	在家內吃齋崇奉，並無經堂	
建寧縣	羅教	齋堂二處	
汀州府：長汀縣	羅教 大乘門、一字門	齋堂十四處	
寧化縣	羅教	供奉觀音齋堂十三處	
清流縣		齋堂十三處	
歸化縣	大乘門	齋堂十三處	
連城縣	觀音大乘門	齋堂二處	
武平縣	觀音大乘門	齋堂六處	
建寧府：建安縣	羅教	齋堂四處	
松溪縣	羅教	齋堂一處	
崇安縣	觀音大乘門	齋堂一處	
延平府：南平縣	羅教	齋堂一處	
福寧府：霞浦縣	羅教	齋堂一處	
臺灣府：諸羅縣	羅教	齋堂二處	
每處在堂吃齋者，自二三十人至十餘人不等。平日所為不過誦經禮懺，更有廢疾衰老，無所依倚之人，藉以存活者。			

資料來源：《史料旬刊》第二十九期喀爾吉善等摺。

　　表4-3所示，調查的七府十六縣，除一座天主教堂外，幾乎全是齋教的齋堂。這樣的情況一直延續到清末，福建天主教會編印《閩省會報》說：江西、福建交界的幾個府縣，約有齋教徒一百多萬人。〔註183〕可見清代自乾隆以來，福建的齋教一直都很盛行。

　　"念經點臘"即是齋教的齋供作會，除了念經祈福之外，還要擺上很多

〔註182〕《史料旬刊》第二十九期喀爾吉善等摺
〔註183〕福森科，《瓜分中國的鬥爭和美國的門戶開放政策》，頁91～92。引自連立昌，前揭書，頁99。

的素齋敬神禮拜，凡所有參加者，皆須繳交一定的上供錢，法會結束時大家一起吃頓齋飯而散。此種法會在齋堂的經營上，是很重要的一項財源，參加的人愈多，收入也愈多。

3、浙江的"長生教"

差不多與此同時，跨連江蘇與浙江的太湖一帶，也查獲有喫齋誦經的長生教齋堂多處。根據江蘇巡撫彰寶的奏摺稱：

> 吳江縣盛澤鎮地方有長生邪教，已獲金文龍一名。……供有朱華章等住居長生庵，倡立長生教，誘人喫齋誦經，並以果品供佛，分送燒香之人。妄稱可以延年，又名果子教等語。當即將在庵之朱華章、金文龍、萬永法等拿獲，搜出刊抄經卷一百九本，又究出被誘男婦共二十餘人。立即委員分往嚴拿，按名就獲，臣隨將各犯押帶回省，督同臬司等嚴加細究，據供其教係已故之姚廷章、倪天祥所傳。倪天祥得於浙江衢州府之汪普善，其汪普善受教於汪長生，現有汪長生墳墓在衢州府。西安縣汪堡墩墩旁有長生庵，亦名齋堂，有陸姓齋公接待往來之人，陳姓齋公供奉汪長生畫像。又浙江嘉興縣南門外何庵，有陸天宜，及嘉興縣城內府學前彌勒庵，有濮子惠，俱是長生教齋公等語。〔註184〕

關於長生教的淵源，有幾種說法。一是長生教教主汪普善係姚文宇的大弟子，根據《三祖行腳因由寶卷》所載，姚文宇是羅教的第三祖，姚祖繼承二祖殷繼南，統一浙江的各派羅教組織。大弟子汪長生（普善），由於眾廣心高，乃脫離羅教，另立科規，建立了長生教，〔註185〕所以長生教也算是羅教的分支。它的一些基本組織結構，還是依據羅教而來。另外是根據浙江巡撫覺羅永德的說法：長生教是「前明萬曆年間，有已故之汪長生，創造齋堂，念佛吃素，相沿日久，聚集多人。」〔註186〕大陸學濮文起的研究則認為，長生教的創立，是在明天啟七年（1627年），由黃天道第十祖，浙江衢州府西安縣人汪長生所創。〔註187〕馬西沙也認為，長生教主要是受黃天道的影響，就其經典《眾喜

〔註184〕《史料旬刊》第十三輯，〈浙江長生教案〉，乾隆三十三年九月十八日，彰寶摺，頁天449～450。

〔註185〕馬西沙、韓秉方，前揭書，頁349。

〔註186〕《史料旬刊》第十三期，天451，乾隆三十三年十月十三日，浙江巡撫覺羅永德奏摺。

〔註187〕濮文起，《中國民間秘密宗教辭典》，頁28。

粗言寶卷》的內容來看，長生教應是黃天道的支派。〔註188〕濮、馬兩人的說法應較爲可信。

至於長生教的傳教內容，根據江蘇巡撫彰寶的說法：「汪長生之教，或誘人喫齋禮佛，聚會燒香，或藏匿應劫邪經，持誦抄傳，或造賣陰司路引，誆騙財物，皆名爲長生教。」〔註189〕可見長生教同樣是主張信徒必須齋戒素食，也以庵堂與齋堂作爲道務運作的中心。浙江巡撫覺羅永德就長生教的庵堂情形說：

> 吃素飯教，菴內所供係觀音、彌勒、韋馱，所念係心經、金剛等經。
> 來菴拜懺之人係陸添餘、……等。每次各出米一升錢十二文給于文
> 益，買備香燭菜蔬，共食素齋一頓而散。〔註190〕

長生教的庵堂，每年有固定作會拜懺念經的時間，分別是正月初一、三月初三、六月初六、九月初九、十一月十七等五日。回來參加的信徒，每人各出米一升，錢十二文，以備香燭菜蔬之用，法會結束時，共食素齋一頓而散。〔註191〕這是長生教庵堂很主要的經費來源，長生教很重視念經拜懺，聲稱可以卻病延年，獲得長壽，故謂之長生教。所念的經以佛教的《心經》、《金剛經》爲主，同時集合愈多人一起念經拜懺，認爲效果愈好，所以多在莊嚴的庵堂內舉行，念經完後大家一起吃齋飯，謂之「長生齋」。

長生教的庵堂與羅教的齋堂不同，信徒的組成不以漕運水手爲主，而是一般的鄉民大眾，庵堂吸引信徒的方式，就以勸人吃齋念佛，可卻病延年爲由，與鄉民社會的基本需求相結合，扮演起一種特殊的社會功能。除了在庵堂舉行念經法會外，一般的信徒也可在自家中，成立臨時的長生齋念佛會。乾隆年間，浙江嘉興縣的長生教信徒王懷德，因他的哥哥王明懷生病多日，就邀同村人金敘壬、楊敘良一同來王明懷家共起念佛長生齋會。往後這個念佛長生齋會，就固定利用每年的正月初一、三月初三、九月初九三次，在王明懷家念佛作會，一次參加的人員約十位，各出錢米以爲香燭飯食之費，一直到乾隆二十六年（1761）王明懷病故去世爲止。〔註192〕

〔註188〕馬西沙、韓秉方，前揭書，頁475～476。

〔註189〕《宮中檔乾隆朝奏摺》第三十三輯（民國七十四年一月），頁167，乾隆三十四年元月二十二日，江蘇巡撫彰寶奏摺。

〔註190〕《史料旬刊》第十五期，天529，乾隆三十四年三月十九日，浙江巡撫覺羅永德奏摺。

〔註191〕《史料旬刊》第十五輯，〈浙江長生教案〉。

〔註192〕《史料旬刊》第十五輯，〈浙江長生教案〉。

4、混沌教

乾隆十八年（1753），官方在山西長子縣查獲的"混沌教"，又稱"混元教"，也是個吃齋的教團。爲首的馮進京，自稱"未來佛"，清政府在他家中搜出三部經卷，分別是《李都御參岳山救母出苦經》、《立天卷》及《勸人寶卷》等。〔註193〕根據馮的供詞說：

> （馮進京）小的平日剃頭算卦，賣針營生。又會參禪說偈運氣，念無字真經，燒香占病。三十歲上，有本村王奉祿是個教門，勸人吃齋說偈，遂拜他爲師。他傳小的兩道偈語：化言化語化良人，同進天宮證佛身，修行圓滿正果位，勝積寶貝共黃金。〔註194〕

可知混沌教是以勸人吃齋傳偈語的方式，吸收信徒。馮進京又說：

> 小的這教名爲混沌教，混者混然元氣，沌者悟明心。男子學成就是混天佛，女人學成就是沌天母。小的工夫已到，就是混天佛了，這《李都御救母經》、《立天卷》，是祖母傳留下來的，小的祖父幾輩都是齋公。〔註195〕

「齋公」的意思一定是吃長齋的人，這種人常會在地方上被稱爲齋公。馮進京入教吃齋後，遇上同是吃齋的人，就會拉他也入教。馮進京說：

> 乾隆十年三月内，長治縣北關村大會，小的二月半後就前去擺攤賣針。二十五日，遇見賣烏綾王會，是直隸沙河縣人，同在一處擺攤，說起他是吃齋的人，他因有病，小的說會治病，還有老師付傳的妙法。初三日會散了，就一同到小的家，小的領他在神前磕頭，就將運氣念無字真經的法子教他，說做成了有效驗，將來可以成佛作祖。他替小的磕一個頭，小的又教他要三皈五戒才得正果，一皈佛、二皈法、三皈僧，一戒不殺牲、二戒不偷盜、三戒不邪淫、四戒葷酒、五戒不誑語。〔註196〕

這段口供很清楚的說明了，民間宗教吸吸信眾的一種方式。以擺攤賣針爲生的馮進京，遇上同是吃齋的王會，就特別談的來，自然是邀請他加入混沌教。

〔註193〕馬西沙、韓秉方，《中國民間宗教史》，第二十一章〈收元教、混元教的傳承與演變〉，頁1267。
〔註194〕中國人民大學歷史系，中國第一歷史檔案館合編，《清代農民戰爭史資料選編》第三冊，頁270。
〔註195〕《清代農民戰爭史資料選編》第三冊，頁271。
〔註196〕同上註。

入教的方式是要受三皈五戒，其中的戒葷酒就是一項，作爲入教門的主要依
據。馮進京的家人也是同樣入教吃齋的，只是不同於他的教門。馮進京的供
詞說：

> 小的第二兄弟跟著小的父親吃長齋，他每日在佛前供清茶一杯，吃
> 著飲食先要供佛，并不同小的一教。他不收徒弟、不傳經卷，只是
> 自己修齋。小的兒子是個酒肉的人，不能入教的。小的女人并沒在
> 外傳授徒弟。〔註197〕

馮進京的家人可能原本就是吃長齋的，只是父親和二兄信的教門與他不同。
此外，根據馮進京的夫人楊氏的供詞，也可進一步了解馮家吃齋修道的情況：

> 馮進京是小的男人，他平素吃齋念佛，勸人行好是有的，并沒招集
> 多人夜來明去的事。這裡也沒多的徒弟，杜三、司禮、曹茂臣從前
> 拜過男人爲師，近來杜三、曹茂臣久不來了。〔註198〕

可見馮進京平時以吃齋念佛、勸人行善爲修行的功課，雖說沒有招收多的徒
弟，但也常有人來找，拜他爲師。以其中一位叫司禮的供詞來看，他說：

> 小的是長治縣西坡村人，五十六歲了，是氈匠手藝。雍正五年春間
> 有個杜三勸小的吃齋，說修個來生好處，世上騎騾騎馬的人都是前
> 生修來的。〔註199〕

杜三是以吃齋修來世好因果爲由，勸司禮入教吃齋，從雍正五年（1727）到
乾隆十八年（1753），已經吃齋有 26 年了。這些人都拜馮進京爲師，形成以
馮爲核心的吃齋教團。這樣的情形前後延續下來也有二十多年，一直到乾隆
十八年（1753）被官方查獲取締爲止。

二、嘉慶朝吃齋教團的齋戒活動

　　再就嘉慶朝來看，雖只有二十五年，但民間宗教的教派活動頻繁，留下
來的檔案記錄綿綿密密，可以看出其蓬勃發展的情形。爲便於了解，先就嘉
慶年間的教案整理如〈附表一：清代檔案所見民間宗教教派活動統計表〉所
示：在嘉慶朝民間教派的活動相當活躍，總計有五十二種教門。其中屬吃齋

〔註197〕《清代農民戰爭史資料選編》第三冊，頁 273。
〔註198〕《清代農民戰爭史資料選編》第三冊，頁 275。
〔註199〕中國人民大學歷史系，中國第一歷史檔案館合編，《清代農民戰爭史資料選編》
　　　　第三冊，前揭書，頁 274。

教團的有：一炷香紅陽教、三元教、三元會、三益教、三陽教、大乘教、三乘教、五盤教、牛八教、弘陽教（紅陽教）、未來眞教、天門眞教、白陽教、無爲教、白蓮教、收元教、收圓教、西天大乘教、榮華會、悄悄會、清茶門教、清淨門教、清淨無爲教、混元教、陰盤教、陽盤教、滋粑教、圓頓教、聞香教、龍天教、龍華會、羅教等三十二種。這此吃齋教團大多是乾隆朝時期已有，在嘉慶時期依然蓬勃發展。至於嘉慶朝教派活動的主要地區，集中在直隸、山東、山西、河南、湖北、江西、江蘇、安徽、四川、甘肅等省。

再就檔案所見，這些主要的吃齋教團活動的情形，整理成簡表如下表 4-4：

表 4-4　清代嘉慶年間民間吃齋教團宗教活動簡表

年　代	地　點	教派名稱	內　　容
嘉慶 13 年	浙江	誦經惑眾	據仙居縣知縣李炳南稟稱，該縣訪有縣民陳志連等集眾，持齋念經騙錢情事，當即會同營員督率兵役，拿獲首犯陳志連及借屋設堂之潘維貴，給與經本之應中梅，代爲書寫之潘文谷等共十八名。〔註 200〕
嘉慶 18 年		一炷香紅陽教	十一年夏間，我族曾祖杜九，即海康找我到他家，勸我行好喫齋，戒食牛肉，入他的紅陽會，每月初一、十五燒一炷香。我問他有何好處，他說可以增福延壽，我就信了。〔註 201〕
嘉慶 19 年*	山西	清茶門紅陽教	王汝諧之繼父王憲邦系長門，王烈系二門，伊父王栗系三門。世傳吃齋行教，不食蔥蒜。王紹英并無師傅，每日向太陽供水一杯，磕頭三次，名爲清茶門紅陽教。〔註 202〕
嘉慶 19 年*	山西	清茶門紅陽教	嘉慶四年十一月間，王紹英復至陽城縣，勸郭寶妙……等，吃齋入教，收爲徒弟。得過郭奉文等齋供錢，每次一、二千不等。……十年十月間，王紹英復至陽城北音村，在延克伸家居住。惟時鄉間男婦有愿吃齋求福，療病求子，不愿入教者，王紹英只得受齋供錢自三、五十文至三、二百文不等。〔註 203〕

〔註 200〕《宮中檔嘉慶朝奏摺》第二十輯（台北：國立故宮博物院），頁 338，嘉慶十三年七月十八日，浙江巡撫阮元奏摺。

〔註 201〕《軍機處檔·月摺包》第 048482 號，（台北：國立故宮博物院），嘉慶，奏者及年月日期不祥。

〔註 202〕故宮博物院明清檔案部編，《清代檔案史料叢編》第三輯，（北京：中華書局，1979 年 11 月），頁 2。嘉慶十九年閏二月十八日，山西巡撫衡齡奏摺。

〔註 203〕故宮博物院明清檔案部編，《清代檔案史料叢編》第三輯，同上註，頁 2。

嘉慶19年*	山西	清茶門紅陽教	查此案內，僅只聽從**吃齋**，給予**齋供錢文**，并未習教之男婦人等，為數不少。……據鳳台縣民人孟官震等，陽城縣民人常有瑞等僉稱：被愚弄求福，曾經**吃齋**，實未習教，自聞王紹英、孟爾聰等犯案後，均知悔悟，改悔食葷，不敢再蹈前轍，自罹重罪等語。該縣等恐系捏飾，復當面與以葷腥之物，共相取食，目擊情形，實系一律改悔，并飭造改悔男婦冊，取具鄉地甘結，由縣加結，呈送前來。〔註204〕
嘉慶19年		白陽教	曹孫氏供：上年夏天，我聽見男人與小曹二說話，提起白陽會，我問男人什麼叫白陽會，男人說也不要**喫齋**也不要燒香，是行好的事情，就勸我入他們的會。我說，既不**喫齋燒香**，如何算得行好，我不願入會。〔註205〕
嘉慶20年	陝西	圓頓教	據商州知州王恭修稟報，訪知山陽縣地方有王潮陽素習圓頓教，在家**茹素念經**。……王潮陽籍隸安徽遷居陝西山陽縣種地度日。乾隆五十九年拜圓頓教已故蔣三元為師，寫立投詞在佛前焚燒，蔣三元為其取復盛堂名，傳給經卷，各自在家**吃齋念經**。〔註206〕
嘉慶20年	陝西	圓頓教	華尚友等九十餘人，亦因王潮陽等燒香念經可以消災邀福，俱陸續入教，並未取有堂名，均各在家**吃齋念經**，惟每年正、七、十月十五日，王潮陽在家埋懺入教者，各出香錢多寡不等，俱交王潮陽收受。〔註207〕
嘉慶20年		清茶門教	嘉慶八年六月十三日，我在我妻父楊易榮家，會見我妻子的母舅戴添幅與胡丙秀、蔡奉春同到我家，勸我**喫齋**。……叫我於初一十五日，**喫齋**虔誦咒語即可免災，再正月十五日、十二月三十日，俱要出錢一百文，送到他們家去香做會。〔註208〕
嘉慶20年	河南	離卦教	從河南武安縣谷山黃姑庵道士施老頭子為師，入離卦教。施老頭子令跪地發誓，弟子受老爺的戒，

〔註204〕故宮博物院明清檔案部編，《清代檔案史料叢編》第三輯，同上註，5～6。
〔註205〕中國第一歷史檔案館編，《嘉慶道光兩朝上諭檔》第十九輯（廣西師範大學出版，2000年11月），頁869，嘉慶十九年十一月十八日，曹孫氏供詞。
〔註206〕《宮中檔嘉慶朝奏摺》第二十一輯，（台北：國立故宮博物院，民國八十三年）頁637，嘉慶二十年四月二十四日，陝西巡撫朱勳奏摺。
〔註207〕《宮中檔嘉慶朝奏摺》第二十一輯，頁638，同上奏摺。
〔註208〕《宮中檔嘉慶朝奏摺》第二十二輯，（台北：國立故宮博物院，民國八十三年）頁637，嘉慶二十年六月十三日，陝西巡撫朱勳奏摺。

			如**開齋破戒**，身化膿血，教念遵信佛法，真空家鄉無生父母，現在如來語。〔註209〕
嘉慶20年	福建	陰盤教、陽盤教	杜世明起意騙造邪言，糾夥傳播，說起舊有陰盤陽盤二教名目，暗存天地二字，有願入陰盤教者，抄傳經本，**吃齋念經**；有願入陽盤教者，傳授開口不離本，出手不離三手訣口號，各犯充從。〔註210〕
嘉慶20年	江西	大乘教、三乘教、羅祖教	江西向有大乘教即三乘教又名羅祖教，始則**喫齋祈福**，繼則藉此傳徒斂錢，其中半係手藝營生之人，向皆稱為齋匪，其教以普字取名，有五戒及一步至十步名目，并經卷等項。〔註211〕
嘉慶20年	安徽	白蓮教	阜陽河逕山地方有名李珠之人，素日喫齋形跡可疑，該府等即會同穎州營遊擊王慶元，選帶兵役星馳前往查拏。〔註212〕
嘉慶20年	湖北	大乘教	訪得該縣等所屬地方，有民人**持齋念經**傳徒習教情事，隨會同將習教之桂自榜……等八名口，先後拘獲。桂自榜供稱：我十四年十一月間，兄弟桂自有同杜大有，都到儀徵貿易，我勸他們喫齋，將傳的教轉傳了他們。〔註213〕
嘉慶20年	江西	大乘教	據署鄱陽縣知縣王泉之具稟，奉飭查拏齋匪，訪得東門外有**喫齋念經**之人，會營拏獲虞彩、鍾秀行等二起，起獲經本等項，訊係普字派名傳習步數，并追獲虞彩供出傳徒之鄒漢興一併解省審辦等情。〔註214〕
嘉慶20年	江蘇	圓明教	常自稱為彌勒佛下世，前願未了，是以又借體重生了完前願。又稱現在世界係五濁惡世，彌勒佛治世，天下皆**喫素**，即換為香騰世界。〔註215〕

〔註209〕《宮中檔嘉慶朝奏摺》第二十二輯，（台北：國立故宮博物院，民國八十三年）頁576，嘉慶二十年六月十五日，兩江總督百齡奏摺。

〔註210〕《宮中檔嘉慶朝奏摺》第二十二輯，（台北：國立故宮博物院，民國八十三年）頁823，嘉慶二十年六月二十九日，閩浙總督汪志伊等奏摺。

〔註211〕《宮中檔嘉慶朝奏摺》第二十三輯，（台北：國立故宮博物院，民國八十三年）頁35，嘉慶二十年七月五日，兩江總督百齡奏摺。

〔註212〕《宮中檔嘉慶朝奏摺》第二十三輯，（台北：國立故宮博物院，民國八十三年）頁38，嘉慶二十年七月五日，兩江總督百齡等奏摺。

〔註213〕《宮中檔嘉慶朝奏摺》第二十三輯，（台北：國立故宮博物院，民國八十三年）頁331，嘉慶二十年七月二十三日，湖廣總督馬慧裕奏摺。

〔註214〕《宮中檔嘉慶朝奏摺》第二十三輯，（台北：國立故宮博物院，民國八十三年）頁525，嘉慶二十年八月六日，江西巡撫阮元奏摺。

〔註215〕《宮中檔嘉慶朝奏摺》第二十三輯，（台北：國立故宮博物院，民國八十三年）頁762，嘉慶二十年八月二十二日，兩江總督百齡奏摺。

嘉慶 20 年	江蘇	圓明教	該婦於十餘年前，與已故之李繼貞立有圓明教，不忌葷酒，其時習者甚多，後因語無靈驗，聽者少。〔註 216〕
嘉慶 20 年	直隸	清茶門、清淨門教	據馬慧裕等奏拏獲省城喫齋誦經民人樊萬等，供有直隸灤州人王姓，三年來楚一次勸令吃齋，名清淨門。〔註 217〕
嘉慶 20 年	湖北	清茶門教、清淨門教	拿獲省城吃齋誦經民人樊萬興等，供有直隸灤州人王姓，三年來楚一次，勸令吃齋，名清淨門。〔註 218〕
嘉慶 20 年	湖北	清茶門教、清淨門教	拿獲在楚傳教之王秉衡，供系直隸盧龍人，原住灤州石佛口。伊家長齋已七、八代，所傳紅陽教，又名大乘教，無為教，別號清淨門。〔註 219〕
嘉慶 20 年	湖北	清茶門教、清淨門教	至戴佐典、徐定金，再三究詰，堅供或因母病故吃齋三年，或因無子，許愿吃齋，後因服滿生子，久已開齋，并沒拜人為師及傳徒的事。〔註 220〕
嘉慶 20 年	江蘇	清茶門教	教名清茶會，又名清淨門，供奉觀音，吃齋禮拜。王殿魁來時，送給盤費銀錢。吳長庚向開棕屜店，曾令店徒葛有玉吃齋。張國智供詞同吃齋拜佛，并不拜王殿魁為師。其陳李氏，常泳順與葛有玉，均曾經吃齋。查驗佛像經卷，尚無違悖字樣。〔註 221〕
嘉慶 20 年	直隸	清茶門教	據供為清茶門教，世代流傳，相沿已久，教人三皈五戒。三皈系一皈佛，二皈法，三皈師。五戒系一戒不殺生，二戒不偷盜，三戒不邪淫，四戒不暈酒，五戒不誑語。每逢朔望，早晚燒香，供獻兩種茶。〔註 222〕
嘉慶 20 年	直隸	清茶門教	訊據王添弼供稱：本名王長生，伊繼父王維善在日，先因目疾持齋，乾隆五十九年有王姓過客至

〔註 216〕《宮中檔嘉慶朝奏摺》第二十三輯，（台北：國立故宮博物院，民國八十三年）頁 763，嘉慶二十年八月二十二日，兩江總督百齡奏摺。

〔註 217〕中國第一歷史檔案館編，《嘉慶道光兩朝上諭檔》第二十輯（廣西師範大學出版，2000 年 11 月），頁 562，嘉慶二十年十月二十七日，馬慧裕等奏報。

〔註 218〕故宮博物院明清檔案部編，《清代檔案史料叢編》第三輯，前揭書，頁 10，嘉慶二十年十一月二十六日，湖廣總督馬慧裕奏摺。

〔註 219〕故宮博物院明清檔案部編，《清代檔案史料叢編》第三輯，同上奏摺，頁 11。

〔註 220〕故宮博物院明清檔案部編，《清代檔案史料叢編》第三輯，同上奏摺，頁 16。

〔註 221〕故宮博物院明清檔案部編，《清代檔案史料叢編》第三輯，前揭書，頁 23～24，嘉慶二十年十二月初十日，江蘇巡撫張師誠奏摺。

〔註 222〕故宮博物院明清檔案部編，《清代檔案史料叢編》第三輯，頁 27。嘉慶二十年十二月十四日，直隸總督那彥成奏摺。

			伊家借宿，爲伊取號王添弼，王姓與伊繼父吃齋，宿兩夜而去。〔註 223〕
嘉慶 21 年	直隸	三元教	每逢會期均赴裴元通家湊出錢文，交裴云布買備素供。恐被外人看見，俟至夜晚燒香上供，習念咒語，供畢分食，坐功運氣。其餘尋常日期，裴景義等或三五人聚在一處，或各人在家學習運氣，並無一定。〔註 224〕
嘉慶 21 年	湖北	清茶門教	世習白蓮邪教，後改爲清茶教，別號清淨法門。妄稱與圖系燃燈、釋迦、未來諸佛掌教，未來佛即彌勒佛，將來降生于石佛口王姓家內，遂藉此誘人入教吃齋，給伊家線路錢文，以作根基，來世即有好處。凡入其教者，須遵三皈五戒，并稱之爲爺，向其禮拜，端坐不起。傳教者并用竹筷點眼耳口鼻等處，名爲盧木點杖，插在瓶內供奉，以爲故後到陰司吃齋憑據。〔註 225〕
嘉慶 21 年	湖北	清茶門教	凡皈依他吃齋的，可避刀兵水火之劫，免墮輪迴，不入四生六道。每逢初一、十五，令各犯等各自在家敬神，用青錢十文供佛，名爲水錢，收積一處，候各人師父來時收去。每逢起身時，另送盤纏錢，不拘多少，名爲線路錢，說是一線引到他家，爲來世根基。供養了他飯食，轉世歸還，可得富貴。〔註 226〕
嘉慶 21 年	河南	清茶門教	據張爾坦、鄭明新、常進賢、劉端等各供：伊等入教吃齋，原圖自己獲福，不敢傳惑別人圖利，是以本家父兄弟內尚有不入教之人，實無傳徒斂錢情事。〔註 227〕
嘉慶 21 年	湖北	清茶門教	王泳太一犯，向在楚省傳教，……凡皈依吃齋者，可避刀兵水火之劫。各送給水錢、線路錢，爲來世根基，可以富貴。其傳受三皈五戒時，用竹筷點眼，不觀桃紅柳綠；點耳，不聽妄言雜語；點鼻，不聞不外香臭；點口，不談人惡是非。要磕

〔註 223〕故宮博物院明清檔案部編，《清代檔案史料叢編》第三輯，頁 57，嘉慶二十年十二月二十五日，兩江總督百齡等奏摺。

〔註 224〕《軍機處檔・月摺包》第 047948 號，（台北：國立故宮博物院），奏者及日期不詳。

〔註 225〕故宮博物院明清檔案部編，《清代檔案史料叢編》第三輯，頁 63，嘉慶二十一年一月二十八日，湖廣總督馬慧裕等奏摺。

〔註 226〕故宮博物院明清檔案部編，《清代檔案史料叢編》第三輯，同上奏摺，頁 65。

〔註 227〕故宮博物院明清檔案部編，《清代檔案史料叢編》第三輯，頁 73，嘉慶二十一年三月八日，河南巡撫方受疇奏摺。

			七個頭，四個都報天地、日月、水火、父母恩，兩個是拜佛，一個是拜師。并說他祖上現在天掌盤，有聚仙宮在西方，**吃齋**的故後，度往享福等語。〔註228〕
嘉慶21年	直隸	清茶門教	訊據該處保正張德明供稱，從前保內有姓鄒人，年約五十餘歲，系孤身搭住張婆蓬屋，剃頭營生，并不知其何名。聽得張婆曾說，平日**吃齋**，人皆呼爲老齋公，已于嘉慶十七年間病故。〔註229〕
嘉慶21年	直隸	清茶門教	訊據丁志宣供稱：年四十一歲，平日種地，又賣卜度日。嘉慶五年，因母病吃齋。七年內，有江陵縣熊口人張純幗同族孫丁祖銀，勸小的吃清茶門教，小的就拜張純幗爲師，傳三的三皈五戒，小的給過根基錢二百文。〔註230〕
嘉慶21年	直隸	清茶門教	去年夏間，丁祖銀寄信來，叫小的（丁志宣）到他家，又遇見直隸王姓同張純幗都在他家，他留小的吃了飯，就各自回來。次日又遇見丁祖銀，小的向他勸說你們若不**開齋**，我就要具呈首告，將來鬧出事，怕連累我。他們不聽，小的就做了呈稿，想要出首，又恐受累，尚未敢呈遞。現有天門縣官起出呈稿可據。小的實只拜張純幗爲師，習清茶門教，并未拜王姓爲師，後已**開齋改悔**。〔註231〕
嘉慶21年	湖北	大乘教	訪得縣民蔡大信，平日**喫齋**，恐係邪教，隨即委在縣緝匪之白湖鎮巡撿余淮坦將蔡大信拏獲，並起獲大乘苦功悟道等經卷。〔註232〕
嘉慶21年	湖北	大乘教	乾隆五十二年間，有宗三廟居住之齋公楊倫，勸該犯皈依大乘教，**喫齋**消災獲福。該犯隨拜楊倫爲師，僅止喫齋，並未傳給經語，每逢四月初八、七月十五等日，與當時同教之戴注泰……隨同楊倫念經。〔註233〕

〔註228〕故宮博物院明清檔案部編，《清代檔案史料叢編》第三輯，頁 77，嘉慶二十一年三月二十九日，直隸總督那彥成等奏摺。

〔註229〕故宮博物院明清檔案部編，《清代檔案史料叢編》第三輯，頁 89，嘉慶二十一年六月，湖廣總督馬慧裕奏摺。

〔註230〕故宮博物院明清檔案部編，《清代檔案史料叢編》第三輯，同上奏摺，頁 89～90。

〔註231〕故宮博物院明清檔案部編，《清代檔案史料叢編》第三輯，同上奏摺，頁 90。

〔註232〕《軍機處檔·月摺包》第 047553 號，（台北：國立故宮博物院），嘉慶二十一年五月十八日，湖廣總督馬慧裕奏摺。

〔註233〕《軍機處檔·月摺包》第 047553 號，同上奏摺。

嘉慶 21 年	上海	無為教	將徐幗泰並伊弟徐殿華拏獲，查該犯住屋內有佛堂一間，供設佛龕佛像香爐經卷，全行起獲，訊據該犯供認吃素念經聚眾斂錢屬實，查無別項不法情事。〔註 234〕
嘉慶 21 年	上海	無為教	徐幗泰即徐漆，籍隸上海，訓蒙，家內設佛堂，喫素燒香。初未習教，嘉慶元年八月，徐幗泰會遇昔存今故之上海縣人陸雲章，談及曾從已故之崇明縣人陳元伯為師，習無為教吃素念經，可以消災獲福。〔註 235〕
嘉慶 21 年	山西	清茶門紅陽教	陳潮玉之母韓氏娘家，向從已獲發遣之孟爾聰故父孟達孝，習清茶門紅陽教。每日早晚朝天供奉清水一杯，磕頭二次，朔望供齋燒香，口誦一炷真香上金爐，求獲福免災殃。免遇三災共八難，保佑大小多平安。〔註 236〕
嘉慶 21 年	山西	清茶門紅陽教	韓氏自幼跟隨習教，于歸陳建以後，因陳建向其禁阻，不復供茶禮拜，仍行吃齋念佛。陳建屢勸不能，迨嘉慶八年，陳潮玉由豫得病歸里，韓氏見陳潮玉患病，勸陳潮玉吃素習教養病，陳潮玉依允，潮氏口授偈言，並於早晚供茶磕頭，朔望燒香念偈等事。〔註 237〕
嘉慶 22 年	陝西	牛八教	據鳳縣、寶雞縣查獲茹素念經之民人，楊得才、李生花、張強，民婦李趙氏四名。口訊因患病供佛誦經茹素，並無傳教不法情事，均各當堂具結改悔，共計男婦三十六名。〔註 238〕
嘉慶 22 年		紅陽教	嘉慶九年間，（王尚春）我父親也入紅陽教，拜張廷端為師。我十五歲時患心疼病，叫王寡婦醫治，他用茶葉熬水給我飲服，我的病好就拜王寡婦為師。我二十四歲娶了本縣劉家莊任的劉三之女為妻，後我父母叫我女人入教吃齋，燒一炷香坐功，他不肯我打過他幾次，我女人就入教拜我父親為師。〔註 239〕

〔註234〕《軍機處檔‧月摺包》第 048454 號，（台北：國立故宮博物院），嘉慶二十一年六月十六日，兩江總督百齡等奏摺。

〔註235〕《軍機處檔‧月摺包》第 048454 號，同上奏摺。

〔註236〕《軍機處檔‧月摺包》第 048498 號，（台北：國立故宮博物院），嘉慶二十一年七月十三日，山西巡撫衡齡奏摺。

〔註237〕《軍機處檔‧月摺包》第 048498 號，同上奏摺。

〔註238〕《軍機處檔‧月摺包》第 051807 號，（台北：國立故宮博物院），嘉慶二十二年八月十七日，護理陝西巡撫徐炘奏摺。

〔註239〕《軍機處檔‧月摺包》第 052685 號，（台北：國立故宮博物院），嘉慶二十

嘉慶 22 年		紅陽教	（嘉慶）十七年間，張廷端病故，我父親接稱教首，每日晚上燒一炷香，坐功念咒。……我父親共有徒弟五六十人，我記不眞名姓，每月到我家聚會一次，燒香念咒，我同女人因不識字，沒有學咒，每年六月初六日，在本村韓祖廟內，晒經一次，教中人俱來燒香念經，每人出錢一百餘文給我父親**辦齋**。〔註240〕
嘉慶 22 年	直隸	紅陽教	據供伊（王尚春）十五歲時患心痛病症，求教首王寡婦醫治，王寡婦聲稱病好須要**拜師喫齋**，可免發病，若不拜伊爲師，病發難愈。伊病痊後，就拜王寡婦爲師。〔註241〕

由上表所述，可以看出嘉慶朝主要的吃齋教團，要算是"清茶門教"了。有關此一教派的研究，馬西沙在《中國民間宗教史》的第十章〈從聞香教到清茶門教〉，〔註242〕及喻松青的〈清茶門教考析〉〔註243〕一文，已有清楚的探討。以下就檔案所載，有關該教吃齋信仰的情形作探討。

（一）清茶門教

根據馬西沙的研究，清茶門教是源於明末王森所創的聞香教。聞香教在清初又稱爲"東大乘教"。後來由於躲避官方的取締，才又將東大乘教改名爲清茶門教。清茶門教在清代中葉時傳播最盛，遍及直隸、山西、河南、湖北、江西、江蘇等地，其源頭爲灤州石佛口盧龍縣安家樓的王森家族。清代官方對清茶門教的取締，主要是集中在清嘉慶朝，尤其在嘉慶十九（1814）至二十一年（1816）間，嚴厲掃蕩清茶門教，也因此留下不少的檔案記錄。

根據在山西陽城縣查獲教首王紹英的供詞，得知這是一個由來已久，「世傳吃齋行教，不食蔥蒜。」〔註244〕的吃齋教團。山西巡撫衡齡的奏摺說：「王紹英并無師傅，每日向太陽供水一杯，磕頭三次，名爲清茶門紅陽教。」〔註245〕王紹英無師傅，意思說他是當地清茶門教的教首。有關王紹英吃齋傳教的

　　年八月十七日，英和等奏摺。
〔註240〕《軍機處檔・月摺包》第 052685 號，同上奏摺。
〔註241〕《軍機處檔・月摺包》第 053065 號，（台北：國立故宮博物院），嘉慶二十二年九月二十日，曹振鏞奏摺。
〔註242〕馬西沙、韓秉方，前揭書，頁 549～610。
〔註243〕喻松青，〈清茶門教考析〉，收入《明清史國際學術討論會論文集》（天津：天津人民出版社，1982 年）。
〔註244〕《清代檔案史料叢編》第三輯，頁 2。
〔註245〕同上註。

情形，也有清楚的奏報：

> 嘉慶四年十一月間，王紹英復至陽城縣，勸郭寶妙故父郭奉文、王
> 克勤故父王進禮、已故延霍氏、延克伸，并現獲之成萬鈞等，吃齋
> 入教，收爲徒弟。得過郭奉文等齋供錢，每次一、二千不等。……
> 十年十月間，王紹英復至陽城北音村，在延克伸家居住。惟時鄉間
> 男婦有願吃齋求福，療病求子，不願入教者，王紹英只得受齋供錢
> 自三、五十文至三、二百文不等。惟梁襆保、曹達顯、孟松山、王
> 淇、梁志保、郭寶妙均願入教，王紹英即收爲徒。〔註246〕

這是一個以王紹英爲首的吃齋教團，在鄉民社會間，以吃齋入教的方式，勸
人入教，也收了不少的徒眾。另外，王紹英以"辦齋供佛"的方式來吸引信
眾，並收授齋供錢，一次從三十文到二百文不等。王紹英自嘉慶四年（1799）
至十一年（1806）間，在陽城縣傳教，看似有不少的信眾加入。十一年的正
月間，王的妻子病故，於是透過延克伸爲媒，續娶延栓子之女延氏爲繼室。
結果「王延氏因王紹英不食蔥蒜，向其查問，王紹英將伊世代吃齋傳教之言
告述，并勸令入教，王延氏未允，王紹英旋即回籍。」〔註247〕有意思的是王
紹英去到延栓子家，迎娶延氏爲續室，延氏因發現王是吃齋之人，不敢和王
紹英一併回去，大概是因爲害怕入教吃齋所致。二年後的嘉慶十三年（1808），
王紹英再度回來陽城縣，再度的勸令王延氏入教吃齋求福，王延氏才應允。
此後，王紹英在陽城縣的傳教似乎頗爲順利，一直到嘉慶十九年（1814），被
官方查獲時爲止，發現有很多鄉民參與了王紹英的辦齋供佛，連鄰近的鳳台
縣也有不少的信眾。山西巡撫衡齡的奏摺就說：

> 查此案內，僅只聽從吃齋，給予齋供錢文，并未習教之男婦人等，
> 爲數不少。……據鳳台縣民人孟官震等，陽城縣民人常有瑞等僉
> 稱：被愚弄求福，曾經吃齋，實未習教，自聞王紹英、孟爾聰等
> 犯案後，均知悔悟，改悔食葷，不敢再蹈前轍，自罹重罪等語。
> 該縣等恐系捏飾，復當面與以葷腥之物，共相取食，目擊情形，
> 實系一律改悔，并飭造改悔男婦冊，取具鄉地甘結，由縣加結，
> 呈送前來。〔註248〕

〔註246〕故宮博物院明清檔案部編，《清代檔案史料叢編》第三輯，同上註，頁2。
〔註247〕同上註。
〔註248〕故宮博物院明清檔案部編，《清代檔案史料叢編》第三輯，同上註，5～6。

清政府處理的方式很值得玩味，對於吃齋之人，若是知所悔改，會當面取來葷腥之物，令其共相取食，如此開齋之後，並具結保證不再犯，才給予收行。如此山西陽城縣的清茶門教，算是告一段落。

　　隔年（嘉慶二十年），在湖北的省城內，又破獲了以樊萬興為首的清茶門教。湖廣總督馬慧裕奏言：

　　　　拿獲省城吃齋誦經民人樊萬興等，供有直隸灤州人王姓，三年來楚一次，勸令吃齋，名清淨門。查與灤州石佛口習教王姓相類，當令那彥成派員查緝。……灤州石佛口王姓，世傳清茶門邪教，又名清淨門，在江南、山西屢經犯案。〔註249〕

經由樊萬興，清政府追查出此一教門的源頭，來自灤州石佛口的王姓族人，也就是王森所傳的聞香教。清政府就樊萬興的供詞追查出的信眾，共有十七人。這些人常有聚會吃齋誦經的情事，其中的李起貴供詞就說：

　　　　（李起貴）江夏人，年四十六歲，在武勝門即俗名草北門外居住。父親名李良從，原是打鐵生理，母親熊氏，俱久已身故。小的自幼在外跟官，在京娶妻，于七年上才攜眷回家。父母在日，本俱吃齋，聽說是清淨門。〔註250〕

另一位王之玉的供詞也說：「江夏人，年三十三歲，在武勝門外居住，父親王世中，母親李氏，俱已身故。父親在日種菜園營生，父母當年均吃清淨門齋，小的也隨父母吃齋。」〔註251〕另一位同是江夏人，年五十五歲的楊玉麟，也說：「父親在日，俱吃清淨門齋。……十二年，劉光宗（楊玉麟的表兄）回家，在江夏四皇殿住。他說他的師父王大鼻子，即是小的父親的師父，勸小的吃清淨門齋，小的就拜劉光為師。」〔註252〕還有年歲八十的陳堯，他的供詞說：「本名陳大谷因排行第六，人多稱我作老么。先年在漢陽西門外種菜園，平日吃齋念佛。」〔註253〕些供詞中，都會提及吃齋的事，可見官方對吃齋的重視，這是因為吃齋一直是官方用來作為判定的依據。

　　此外在漢口也有一群奉行清茶門教的吃齋教團，官方在查拿時的訊問，很值得注意：「當經飭令漢陽縣裘行恕，按保甲煙戶冊簿，即日拿獲。問其姓

〔註249〕《清代檔案史料叢編》第三輯，頁10。
〔註250〕《清代檔案史料叢編》第三輯，頁12。
〔註251〕《清代檔案史料叢編》第三輯，頁13。
〔註252〕同上註。
〔註253〕《清代檔案史料叢編》第三輯，頁15。

名雖同，而住址與生理均不相符，再三究問，堅供實無吃齋情事。」〔註254〕
訊問的內容主要是有無吃齋，作爲認定是否爲民間宗教信徒的依據。後來清
政府根據王之玉的供詞才得知在漢口的教首方四，一向是吃清淨門齋。方四
的供詞說：

> 該犯本名方忠獻，又名方四海，排行第四，年七十二歲，江西安義
> 縣人，在漢口開香舖生理。因年老無子，許願吃齋，後生一子，名
> 方義隆，現年十三歲。〔註255〕

方四是因無子而許願吃齋，這是民間普遍存在的作法。結果許願眞有靈驗，
方四生了一子，從此方四就吃齋禮佛，非常的發心。同樣的情況也是，戴佐
典與徐定金兩人，他們的供詞也是說：「再三究詰，堅供或因母病故吃齋三年，
或因無子，許願吃齋，後因服滿生子，久已開齋，并沒拜人爲師及傳徒的事。」
〔註256〕這些人的供詞，或許是爲了脫罪，故意將吃齋說成是報恩了願，這應
是一般人所認定的吃齋較好的說法。但也可就此了解，吃齋這件事具有的關
鍵性，不然這些民間宗教的信徒，也不必這樣大費周章的解釋，何以他們會
要吃齋的理由。

同樣的在江蘇省的江寧，也查獲有清茶門教的教首王殿魁。王在江寧一
帶傳教，勸人吃齋入教，也形成了一個吃齋的教團。根據江蘇巡撫張師誠的
奏摺曰：

> 訊據吳長庚供稱：王殿魁先于乾隆五十六年來寧，伊現存祖母吳張
> 氏拜王殿魁爲師。嘉慶三年，王殿魁又來江寧，該犯吳長庚亦拜爲
> 師。教名清茶會，又名清淨門，供奉觀音，吃齋禮拜。王殿魁來時，
> 送給盤費銀錢。吳長庚向開棕屜店，曾令店徒葛有玉吃齋。張國智
> 供詞同吃齋拜佛，不拜王殿魁爲師。其陳李氏，常泳順與葛有玉，
> 均認曾經吃齋，查驗佛像經卷，尚無違悖字樣。〔註257〕

可知王殿魁幾次來江寧傳教，於是有吳長庚等人，拜王殿魁爲師，吃齋習教。
以上這些檔案的記載，皆是源於灤州石佛口所傳衍下來的清茶門教，其傳教
的情況大都是以勸人吃齋入教爲主，所以清政府在察查清茶門教時，也是依

〔註254〕《清代檔案史料叢編》第三輯，頁 16。
〔註255〕同上註。
〔註256〕同上註。
〔註257〕《清代檔案史料叢編》第三輯，頁 24。

據這個原則來處理，就是看有無吃齋，如果曾經吃齋或是吃長齋者，通常都
會是官方所查緝的對象。再就另一方面來看，由於吃齋的關係，人際關係會
跟著產生改變，生活圈子會變成以教首爲核心，所形成的一個吃齋教團。這
方面將於第六章再詳述。

第三節　後期的吃齋教團

　　清代後期的道光、咸豐、同治、光緒、宣統等朝代，共計有九十年。其
間凡嘉慶朝盛行的教派，到了道光年間依然活躍，尤其是八卦教及其支派最
盛。另外，道光一朝最大的教派之一，是青蓮教，發展之迅速、傳佈之廣大，
可謂前所未見。而光緒一朝最引人注目的莫過於十七、十八年間，熱河的金
丹教大起義，還有青、紅幫及哥老會等幫會勢力，在清末也在此時期大爲盛
行，這些都是值得關注的。根據〈附表一：清代檔案所見民間宗教教派活動
統計表〉所示：就道光年間的教派活動來看，共有五十種不同名目的教門，
其中屬吃齋教團的計有：三乘教、三陽教、大乘教、五盤教、天竹教、弘陽
教、未來教、白陽教、白蓮教、圓頓教、收元教、金丹教、青蓮教、長生教、
燈花教、收源會、混元門、敬空會、清淨無爲大乘教、混元教、棒棒會、青
紅教、黃天道、聞香教、清茶門教、潘安教、老安教、龍華會、江南齋教、
羅教等三十種教門。再就教派活動分部的地點來看，主要是集中在直隸、山
東、四川、江西、山西、河南、浙江、湖北、湖南、雲南、廣西等省份。

　　另再就咸豐、同治、光緒、宣統等幾朝的民間宗教活動情形來看，根據
〈附表一：清代檔案所見民間宗教教派活動統計表〉所示：若扣除秘密會黨
之外的教門共計有四十七個，其中屬吃齋教團者有：一字教、一貫道、三華
堂、三乘教、三華堂、末後一著教、先天道、有恒堂、西華堂、金丹教、青
蓮教、紅陽教、紅燈教、混元門、普渡道、無生門教、黃天道、萬全堂、瑤
池道、燈花教、龍華會、彌陀教、彌勒佛教、齋教、歸根道等共二十五個教
門。若就教派活動的地點來看，主要分佈在：山東、四川、江西、河南、直
隸、湖北、湖南、貴州、熱河等地。

　　再就檔案所見，這些主要的吃齋教團活動的情形，整理成簡表如下表 4-5：

表 4-5　清代道光至宣統年間民間吃齋教團宗教活動簡表

年　代	地點	教派名稱	內　　容
道光 7 年		紅陽教	道光元年六月，張甫明病故。二年間，因與民婦趙普氏，並民人陳印等十八人治病罔效，隨傳授趙普氏等供奉菩薩牌位，**吃准提齋**。伊等久後病漸就痊。四年十月，該犯復將辛存仁所授經卷焚香誦讀。〔註258〕
道光 8 年	四川	青蓮教	現有楊守一勸人修道，傳習經卷，**吃齋念誦**，可以消災獲福，到處傳播。〔註259〕
道光 8 年	四川	青蓮教	訪獲新都縣民人楊守一等，**茹素念經**，坐功運氣，立會傳徒。並陳育盛等十四名，同拏投首等情。〔註260〕
道光 8 年	四川	青蓮教	楊守一籍隸新都縣，平日算命營生，買有道教性命圭旨及唱道眞言各一本，茹素念誦，並習坐功運氣。……五月初間，有貴州龍里縣人袁無欺來川，售賣土紬。……得知楊守一**喫齋念經**，即言伊有一種開示眞經，須供奉飄高老祖，並無生老母牌位，每日燒香念誦，可以消災獲福。〔註261〕
道光 12 年		紅陽教	紅陽會谷老家供有飄高老祖圖像，每年五月十七日、九月十七日，孟六等各出京錢一百餘文，送交谷老燒香上供吃齋，念誦源流經、明心懺各散。孟六、彭會、康四即在外爲人治病念誦，求佛祖看病下藥等語。〔註262〕
道光 12 年		紅陽教、敬空會	每年正月十五、二月十九、四月初八、十月十五等日，在該村龍王廟內，望空向故尼敬空禮拜，念誦經卷，爲村人祈福。李自榮向村人零星湊錢**辦供喫齋**，其出錢人均未入會。……人皆稱李自榮等爲紅陽道人。〔註263〕

〔註258〕《軍機處檔・月摺包》第 055254 號，（台北：國立故宮博物院），道光七年三月二十五日，富俊奏摺。

〔註259〕《軍機處檔・月摺包》第 060196 號，（台北：國立故宮博物院），道光八年五月二十七日，四川總督戴三錫奏摺。

〔註260〕《軍機處檔・月摺包》第 060885 號，（台北：國立故宮博物院），道光八年六月十六日，四川總督戴三錫奏摺。

〔註261〕《軍機處檔・月摺包》第 060885 號，同上奏摺。

〔註262〕《上諭檔》（方本），（台北：國立故宮博物院），道光十二年元月二十九日，曹振鏞奏稿。

〔註263〕《上諭檔》（方本），（台北：國立故宮博物院），道光十二年二月二十八日，曹振鏞奏稿。

道光 12 年	直隸	紅陽教、收源會	訊據李二供稱，伊因病吃齋，並未習教。吳三亦非伊徒，宋萬恆供稱，伊教讀度日，賈青雲曾隨伊讀書，實非紅陽教會。〔註264〕
道光 12 年		混元教	（張景山）據供稱，伊早年拜劉仲玉爲師，入混元教喫齋念經，並代人治病。嘉慶十七年六月間，劉仲玉囑伊接管教務，伊應允將混元老祖神像及經卷等物領回供奉。彼時同教有孫文士失領眾人行禮，名爲領眾；孫文志經理上供香燭，名爲壇主；楊俊陳設經卷，名爲經主；段明楊約束眾人，名爲管眾；尹廷樞管教眾人喫齋，名爲調眾；陳顯旺買辦祭品，名爲供主；段龐舜催人辦供，名爲催眾。〔註265〕
道光 13 年	浙江	羅教	姚文蔚自前明曾習羅孟浩所傳羅教，收有傳燈蠟敕單，勸人入教持齋，騙取錢文。傳徒均以普字取名，經非一卷，教不一名，如大乘教即與羅教異派同源。〔註266〕
道光 13 年		天竹教	王同林供……我見王元亨住屋內點著香燭，擺設素供，有素識的戴義、劉榮、徐興芳、劉運新四人在屋內。我妻父王元亨同使妾，並妻弟王泳清等男婦，約有八九人，給戴義等四人磕頭。……說是習行天竹教，行好不患災病說。〔註267〕
道光 14 年	直隸	清淨無爲大乘教	王進與其子王黑，供佛諷經傳習清淨無爲大乘教，勸令周承宗入教行好，可以消災獲福。周承宗即拜王進爲師，隨同茹素誦經，並未予有誓戒。……周榮貴即授以戒語，口稱一不殺生爲仁，二不偷盜爲義，三不邪淫爲禮，四不葷酒爲智，五不誑語爲信。〔註268〕
道光 14 年	直隸	紅陽教	王進和供稱，伊係直隸民人，自幼因多病喫齋，先未學習邪教，道光四年出關探親，來至開原地方傭工，七年回到原籍，始聽從同屯民人王平諾學習紅陽教。〔註269〕

〔註264〕《上諭檔》（方本），（台北：國立故宮博物院），道光十二年二月三十日，曹振鏞奏稿。

〔註265〕《上諭檔》（方本），（台北：國立故宮博物院），道光十二年六月六日，曹振鏞奏稿。

〔註266〕《軍機處檔·月摺包》第 065516 號，（台北：國立故宮博物院），道光十三年九月三十日，閩浙總督程祖洛等奏摺。

〔註267〕《軍機處檔·月摺包》第 066092 號，（台北：國立故宮博物院），道光十三年十二月十二日，耆英等奏摺。

〔註268〕《軍機處檔·月摺包》第 067073 號，（台北：國立故宮博物院），道光十四年二月十七日，直隸總督琦善奏摺。

〔註269〕《軍機處檔·月摺包》第 067173 號，（台北：國立故宮博物院），道光十四年二月十八日，寶興奏摺。

道光 14 年	直隸	紅陽教	董文魁等素係紅陽教，**茹素誦經**，妄稱可以消災邀福，與亦已身故之崔顯庭、丁良弼互相傳習，均以授茶看香占病爲由，引誘愚民，因歷時已久，未知此教興自何人。〔註270〕
道光 25 年	陝西	青蓮教	道光二十四年四月間，曾在本省南部縣拜李一原爲師，學習龍華會，又名青蓮教，**持齋念經**。十一月間，李一原付給符籙，令伊至陝傳徒。〔註271〕
道光 25 年	湖南	青蓮教	據供稱：伊兄安養吾又名安昇浩，曾在湖北扶乩入教，派名安依成。伊隨伊兄吃齋誦經，行好求福，並未習教，後因染患疾病，開齋改悔，亦未傳徒。〔註272〕
道光 25 年	湖北	青蓮教	張善成在家設立佛堂，同徐元中朔望拜佛禮懺，坐功運氣。張善成曾給過安依成銀五十兩。藍寬恕先在張善成炊飯後，亦聽從入教喫齋，打坐運氣。〔註273〕
道光 25 年	江西	青蓮教	拏獲張尙延一名，並在其家搜出經卷等件。提訊張尙延供認吃素誦經，事神習教不諱。〔註274〕
道光 25 年	江蘇	青蓮教	劉瑛即回家，阮元明拜伊爲師，取名性初。又爲阮吉祥取名克悟，阮陳氏亦即隨同**茹素誦懺**。劉瑛又到湖北壇內見該處過於招搖，心恐事洩，即託故回來改悔開齋。……阮元明歸勸其父母，開齋出教，阮元明歸勸父母未允，伊即自行改悔開齋。〔註275〕
道光 25 年	湖北	青蓮教	據江陵縣知縣昇太稟，會同委員訪獲傅安桂……等八名。並起出經卷書本信件，訊據傅安桂、王大桂、王士興供，俱聽從葛依元勸令喫齋，拜四川人張玉堂爲師，給與經本念誦，學習三皈五戒。〔註276〕

〔註270〕《軍機處檔·月摺包》第 068482 號，（台北：國立故宮博物院），道光十四年七月六日，直隸總督琦善奏摺。

〔註271〕《軍機處檔·月摺包》第 073319 號，（台北：國立故宮博物院），道光二十五年三月十九日，調補江蘇巡撫李星沅奏摺。

〔註272〕《軍機處檔·月摺包》第 073615 號，（台北：國立故宮博物院），道光二十五年三月二十七日，湖南巡撫陸費瑔奏摺。

〔註273〕《軍機處檔·月摺包》第 073555 號，（台北：國立故宮博物院），道光二十五年四月九日，湖廣總督裕泰奏摺。

〔註274〕《軍機處檔·月摺包》第 073719 號，（台北：國立故宮博物院），道光二十五年四月十日，兩江總督壁昌奏摺。

〔註275〕《軍機處檔·月摺包》第 073719 號，同上奏摺。

〔註276〕《宮中檔道光朝奏摺》第十四輯，頁 158，道光二十五年四月十五日，湖廣總督裕泰等奏摺。

道光 25 年	湖南	青蓮教	道光二十三年二月內，安依成說有四川人謝致良之師，湖北沔陽州人彭超凡，即彭依法來省。**素吃長齋**，坐功運氣，邀伊一同往見，彭依法勸令**茹素坐功**，可以病延年，伊就與安依成同拜彭依法為師。〔註277〕
道光 25 年	雲南	青蓮教	據供各因許願**喫齋念佛**，街鄰婦女漸相聯結，因名為清淨道，每逢會期，俱來禮拜，各出錢數十文不等。並無不法等事，查該犯婦等，如果僅止念經喫素，何必定期會聚，且容男女往來，當即按起各犯婦等。〔註278〕
道光 25 年	廣西	青蓮教	據鄧依眞即鄧良玉供稱，四川南部縣人。道光十七年在本縣拜已故謝永光為師，供奉無生老母，**吃齋念經**。二十四年二月二十九日，伊在順慶府會遇素識習教之范瑑，即范依果，告知李一元及陳依精等，派人分赴各省傳教，定有五十字派。十以元秘精微道法專眞果成為名號，五以溫良恭儉讓為名號。〔註279〕
道光 25 年	湖南	青蓮教	據張致讓即張俊，又名克廣供稱，湖南善化縣人。……二十四年二月間，安依成邀伊至湖北壇上與陳依精、林依秘、彭依法相見，勸依吃齋，並教伊咒語，令其坐功運氣，默叩無生老母，依即拜彭依法為師。……伊旋于十月間來省租賃白鶴廟房屋，作寓行醫，還便傳徒。隨有善化人范貽福來寓求醫，伊勸允**吃齋**拜伊為師，因咒語記憶不全，並未轉傳。〔註280〕
道光 25 年	湖南	青蓮教	據張亮供張致讓是伊堂兄，二十三年三月，伊在鄉遇見彭依法，勸伊**吃齋敬神**，可以卻病延年，伊就拜彭依法為師。……文先瓊、文先祿、郭春秀、楊作錦堅供，平日曾**吃散齋**，並未拜師入教。〔註281〕
道光 25 年	山西	龍華會、青蓮教	該犯蘇丹桂曾在湖北入龍華會，**茹素念經**。七月間來至山西鳳臺縣松林寺居住，後被寺僧攆逐，旋至趙隆廣、趙沅良、時永慶及其在逃之趙隆富為徒等情。〔註282〕

〔註277〕《宮中檔道光朝奏摺》第十四輯，頁176～177，道光二十五年四月十八日，湖南巡撫陸費瑔奏摺。

〔註278〕《宮中檔道光朝奏摺》第十四輯，頁 180，道光二十五年四月十九日，兼護雲貴總督雲南巡撫吳其濬奏摺。

〔註279〕《宮中檔道光朝奏摺》第十四輯，頁281～282，道光二十五年四月二十八日，廣西巡撫周之琦奏摺。

〔註280〕《軍機處檔・月摺包》第 074433 號，（台北：國立故宮博物院），道光二十五年五月二十九日，湖南巡撫陸費瑔奏摺。

〔註281〕《軍機處檔・月摺包》第 074433 號，（台北：國立故宮博物院），同上奏摺。

〔註282〕《宮中檔道光朝奏摺》第十五輯，頁 119，道光二十五年七月二十三日，山西巡撫梁萼涵奏摺。

道光 25 年	山西	龍華會、青蓮教	據供稱：伊實即蘇克武，係陝西府谷縣人，年三十四歲，行醫度日。道光十二年間，伊在廣東軍營防堵猺匪出力，得有六品軍功頂戴。二十四年三月，伊到湖北武昌府，遇見彭依法，說起吃齋念經。彭依法說他們是龍華會，曾在漢陽府設有無生老母乩壇，入教之人可免災難，伊希圖免災，就拜彭依法為師。〔註283〕
道光 25 年	湖南	金丹大道（青蓮教）	訪獲習教匪犯楊林，據供湖南衡州府常寧縣人，從師同縣人廖德，**吃齋誦經**，供奉無生老母，學習坐功煉氣，名金丹道。……楊林供稱：年四十四歲，湖南常寧縣人。道光二十三年三月內，伊至本縣楊柳沖人廖德家內，廖德勸伊**吃長齋**，默叩無生老母，並教伊坐功運氣，可以卻病延年，名為金丹大道。伊聽信即拜廖德為師，傳習十報懺語。〔註284〕
道光 25 年	湖南	金丹大道（青蓮教）	廖德即廖舉鰲，據供於道光十三年捐納，從九品職銜。二十三年與周燦即周健會遇，談及金丹道教，須鍊氣歸神，可以卻病延年，勸伊**喫齋入教**，聽信即拜周燦為師，傳授十報十懺語句，練習坐功運氣，禮拜無生老母。〔註285〕
道光 25 年	雲南	金丹大道（青蓮教）	查周位倫已經陝西拏獲，臣前在陝省訊據該犯自稱摘光祖師，傳習金丹大道。另為一教坐功運氣，核與滇省訪譚致富等供相符。查各該犯分教由教依精等設立雲城乩壇，彼此互相爭利，而滇南向多瘴疫療疾，民間**茹素**較多。該犯等藉消災延壽為詞，分教爭來煽惑鄉愚，實屬目無法紀。〔註286〕
道光 25 年	雲南	金丹大道（青蓮教）	孫可功與夏致溫各送香資銀五兩，拜林依秘為師，林依秘教令供奉無生老母，**茹素念經**，並抄給三皈五戒，十恩十懺等經卷習誦。〔註287〕
道光 25 年	廣西	青蓮教	陳汶海又假託聖賢仙佛轉世，捏造**喫齋行善**，可以獲福延年，不遭水火劫難。陳汶海復同彭超凡、郭建汶等，在湖北漢陽地方與李一沅設立乩壇，捏稱無生老母，係瑤池金母，畫像懸供，名為雲城。〔註288〕

〔註283〕《宮中檔道光朝奏摺》第十五輯，頁120，同上奏摺。

〔註284〕《宮中檔道光朝奏摺》第十五輯，頁246，道光二十五年八月四日，湖南巡撫陸費瑔奏摺。

〔註285〕《宮中檔道光朝奏摺》第十五輯，頁251，同上奏摺。

〔註286〕《宮中檔道光朝奏摺》第十五輯，頁268，道光二十五年八月八日，雲南巡撫鄭祖琛奏摺。

〔註287〕《宮中檔道光朝奏摺》第十五輯，頁787，道光二十五年十月二十一日，雲南巡撫調任福建巡撫鄭祖琛奏摺。

〔註288〕《宮中檔道光朝奏摺》第十五輯，頁845，道光二十五年十月二十五日，廣

道光 25 年	廣西	青蓮教	徐萬昌鄧依眞既年老多病，又不善語言，難以傳教。伊即承認因省中無人敬信，即於十一月內自赴陽朔縣上步崴地方，寄居觀音廟，會遇廟祝李芝進，並村民賓科甲，談及均喫花齋敬神求福。徐萬倡乘機告知前來傳教，並將無生老母降乩等詞向告，李芝進、賓科甲聽信，即拜徐萬倡爲師。〔註 289〕
道光 27 年	廣西	棒棒會、青紅教	據供稱：雷再浩勾結李世得，在新寧之黃陂崗，聚眾拜會，分立青紅兩教。青係茹齋，紅係吃葷食，均屬湖南粵西交界山內，匪徒名分青紅兩教，實係一教，統名棒棒會。〔註 290〕
咸豐 1 年	湖南	金丹教	道光二十九年五月間，清泉縣人陽方銀，於三十年三月間，先後聽從昔存今故之吳克修，勸吃長齋習金丹教。各出錢六、七百文，均拜吳克修爲師，吳克修傳以坐功運氣，默叩無生老母，並鈔給三皈五戒等經，攜回諷誦。〔註 291〕
咸豐 1 年	湖南	結會習教	湖南與兩粵毘連鄉曲小民，耳目之染濡已久，心思之陷溺尤深，凡拜會結盟及習教喫齋，幾於滔滔皆是。〔註 292〕
咸豐 2 年	四川	青蓮教	楊癸甲令尹唱園將經文讀熟，各自傳徒騙錢使用。商同將青蓮教名目改爲龍華會，無生老母改爲瑤池金母，分處傳誘。嗣楊癸甲因念經茹素係屬常談，人不輕信，復編造不久魔王下界，彼時有水火刀兵瘟疫大劫，男婦如肯出給錢文，拜伊爲師，念經茹素，即可免災獲福。儻奉行不力，死後必墮地獄之言，到處傳布。〔註 293〕
光緒 10 年	江蘇	末後一著教	王繼太在逃之父王覺一，即王希孟，又名王養浩。在家賣卜持齋有年，四十歲後因見左手掌紋形似古字，即自稱係古佛降生，並言夢見菩薩令其傳道，當即設立教名，始稱先天無生教，後改爲末後一著教，勸人入教持齋。〔註 294〕

西巡撫周之琦奏摺。

〔註 289〕《宮中檔道光朝奏摺》第十五輯，頁 845，同上奏摺。

〔註 290〕《軍機處檔·月摺包》第 079893 號，（台北：國立故宮博物院），道光二十七年十月二十六日，廣西巡撫鄭祖琛等奏摺。

〔註 291〕《咸豐朝宮中檔》第二輯，頁 670，（台北：國立故宮博物院），咸豐元年十一月九日，湖廣總督程矞采奏摺。

〔註 292〕《咸豐朝宮中檔》第二輯，頁 867，（台北：國立故宮博物院），咸豐元年十一月二十七日，湖廣總督程矞采奏摺。

〔註 293〕《咸豐朝宮中檔》第四輯，頁 678，（台北：國立故宮博物院），咸豐二年九月一日，四川總督徐澤醇奏摺。

〔註 294〕《軍機處檔·月摺包》第 126978 號，（台北：國立故宮博物院），光緒十年五

光緒 10 年	河南	彌勒佛教	據詹沅洮供稱，伊父詹明德在日，**喫齋念經**，拜劉萬金爲師。劉萬金自稱彌勒佛轉世，傳係彌勒佛教，勸伊父傳徒斂錢。伊父病故，劉萬金不復再至伊家。〔註 295〕

就上表所示，道光一朝最主要吃齋教團莫過於青蓮教，其齋戒信仰的活動分析如下。

（二）青蓮教

有關青蓮教的探討，莊吉發的〈清代青蓮教的發展〉，〔註 296〕馬西沙的〈一貫道的源流與變遷〉〔註 297〕及淺井紀的〈道光青蓮教案についこ〉〔註 298〕是代表作，已就青蓮教的淵源及發展經過，有清楚的論述。淺井紀的研究認爲，青蓮教又叫「齋匪」，是清代白蓮教的一派。〔註 299〕莊吉發則是根據故宮軍機處檔指出，青蓮教的由來，似與龍華會有關。〔註 300〕以下專就青蓮教的齋戒信仰活動，分析探討。

青蓮教眞正引起清政府注目，是在道光八年（1828）的楊守一、徐繼蘭教案。四川總督戴錫三的日：「現有楊守一勸人修道，傳習經卷，吃齋念誦，可以消災獲福，到處傳播。」〔註 301〕清政府在四川查獲以楊守一爲首的吃齋教團，楊以吃齋誦經，可以消災獲福爲由，吸收一批信眾，名爲"青蓮教"。勸人吃齋念經是楊守一主要的傳教方式，戴錫三說他是「捏稱刀兵災難，勸人吃素念經。」〔註 302〕又說：「新都縣民人楊守一等，茹素念經，坐功運氣，立會傳徒。並陳育盛等十四名，同拏投首等情。」〔註 303〕這次查獲以楊守一及陳育盛爲首的吃齋教團，共有十四名。引起清政府的高度重視，於是循線

月二日，兩江總督曾國荃等奏摺。

〔註 295〕《軍機處檔‧月摺包》第 128833 號，（台北：國立故宮博物院），光緒十年七月八日，河南巡撫鹿傳霖奏摺。

〔註 296〕莊吉發，〈清代青蓮教的發展〉，《大陸雜誌》卷 71 期 5，民國 74 年。

〔註 297〕馬西沙、韓秉方，《中國民間宗教史》，〈第十八章　一貫道的源流與變遷〉。

〔註 298〕淺井紀，〈道光青蓮教案についこ〉，《東洋史學》11 期，1976 年。

〔註 299〕淺井紀，〈道光青蓮教案についこ〉，《東洋史學》11 期，1976 年。

〔註 300〕莊吉發，〈清代青蓮教的發展〉，《大陸雜誌》卷 71 期 5，民國 74 年。

〔註 301〕《軍機處檔‧月摺包》第 060196 號，（台北：國立故宮博物院），道光八年五月二十七日，四川總督戴三錫奏摺。

〔註 302〕同上註。

〔註 303〕《軍機處檔‧月摺包》第 060885 號，（台北：國立故宮博物院），道光八年六月十六日，四川總督戴三錫奏摺。

追查，查出楊守一的青蓮教是來自貴州龍里縣的袁無欺。戴錫三的奏摺說：

（道光七年）五月初間，有貴州龍里縣人袁無欺，來川售賣土紬，亦
至楊守一舖內算命。因楊守一所言多中，袁無欺常往坐談，遂稱相好。
袁無欺得知楊守一吃齋唸經，即言伊有一種《開示眞經》，須供飄高
祖並無生老母牌位，每日燒香唸誦，可以消災獲福，如能學習，伊肯
相傳。楊守一欣然願學，即拜袁無欺爲師，隨給抄寫《開示眞經》一
本，袁無欺旋即回籍。是月二十三日，徐繼蘭、蔣玉章、余青芳又至
楊守一處所聞談。楊守一即起意傳徒作會斂錢使用。先以念經求福之
言問探，徐繼蘭等皆以爲然。楊守一即將袁無欺傳授經卷，令其供牌
念誦，可以消災獲福並盛稱其經精妙。誘令徐繼蘭等從伊學習，徐繼
蘭等允從。楊守一因寓所窄狹，約定二十五日在徐繼蘭家拜師作會念
經。至期楊守一前往相會，徐繼蘭、蔣玉章、余青芳各送一千文當拜
楊守一爲師。楊守一將《開示眞經》及《唱道眞言》給予閱看。曾聞
供奉飄高老祖係屬犯禁，遂以《唱道眞言》爲青華道祖講道之書，用
黃紙書寫青華老祖並無生老母兩位供奉，即取名爲「報恩會」。並將
《開示經》改稱《恩書》，掩人耳目且引人入會，眾皆依從，供設牌
位燒香念經。……旋於閏五月初十日，經該地方文武員弁訪同帶領兵
役前往查拿。徐繼蘭等當時就獲，楊守一先因出外，聞風逃逸，即經
派援兵役分投追捕。一面在楊守一家所搜獲《性命圭旨》一本，《唱
道眞言》一本，《開示經》一本。又在徐繼蘭家起出《開示經》一，
黃紙寫青華老祖並無生老母牌各一個。〔註304〕

這是在道光八年（1828）六月間查獲的案件，其實早在嘉慶年間，華北直隸
地區已出現青蓮教的記載。所以馬西沙認爲青蓮教並非袁無欺（即袁志謙）
所創立，只是由他帶到四川傳播。〔註305〕如上述檔案的記載，可以很楚的看
出，當時袁志謙到四川傳道的情形。

　　楊守一本人平時就是一位吃齋之人，戴三錫的了解說他是：「楊守一籍隸
新都縣，平日算命營生，買有道教性命圭旨及唱道眞言各一本，茹素念誦，
並習坐功運氣。」〔註306〕楊守一在得授袁無欺傳授的青蓮教後不久，即爲清

〔註304〕《軍機處檔·月摺包》第 060885 號，同上奏摺。
〔註305〕馬西沙、韓秉方，前揭書，頁 1122～1124。
〔註306〕《軍機處檔·月摺包》第 060885 號，同上奏摺。

政府所查獲，楊守一被正法。但在前一年（道光七年），同是新都縣人的陳汶海（或稱陳依精）及南部縣人李一元（或稱李一原、李一沅、李依微），皆拜楊爲師，「傳習青蓮教，供奉無生老母，持齋戒殺，念誦〈三皈五戒〉、〈十報十懺〉、〈開示眞經〉等寶卷，學習坐功運氣。」〔註307〕陳、李兩人，是楊守一死後，四川青蓮教的重要首領，並經由兩人將青蓮教向外傳播，成爲一個擴及全省的大教派。道光二十五年（1845），四川總督寶興就所查獲的青蓮教徒奏稱：「教犯李一沅輾轉傳徒，遺令分赴湖北、陝西、甘肅各省傳教等情。」〔註308〕道光二十五年（1845）另的一份奏摺也說：

> 道光二十四年四月間，曾在本省（四川）南部縣拜李一原爲師，學習龍華會，又名青蓮教，持齋念經。十一月間，李一原付給符籙，令伊至陝傳徒。〔註309〕

可見李一元至少從道光七年（1827）至二十五年（1845）的十八年間，在四川及陝、甘一帶傳教。至於陳汶海也是很重要的青蓮教教首，他是後來一貫道道統傳承中的先天五老之一：

> 道光二十四年（1844）正月間，李一元至漢陽與陳汶海等晤談，商約傳教。租住劉王氏空屋，設立乩壇，將無生老母捏稱瑤池金母，請人畫出神像二幅，懸掛供奉，稱爲雲城，又名紫微堂。陳汶海復起意假託聖賢仙佛轉世，捏造喫齋行善可以獲福延年，不遭水火劫難等語作爲乩筆判出，以達摩爲初祖，從前川省已正法的楊守一、徐建牧爲十三祖。〔註310〕

陳汶海意圖復興青蓮教，相約李一元等人至湖北漢陽，設立乩壇建立雲城，並以喫齋行善可獲福延年，不遭災劫爲由，吸收信眾。當道光二十五年（1845）四月間，清政府查獲陳依精（即陳汶海），順勢追查後才嚇然發現，青蓮教已建構成一個龐大的組織，分別由十位主要的教首所領導，稱爲先天五行及後天五行，根據馬西沙的研究整理，名單有：〔註311〕

〔註307〕莊吉發，〈清代青蓮教的發展〉，頁26。

〔註308〕《軍機處檔・月摺包》第073345號，（台北：國立故宮博物院），道光二十五年二月二十八日，四川總督寶興奏摺。

〔註309〕《軍機處檔・月摺包》第073319號，（台北：國立故宮博物院），道光二十五年三月十九日，調補江蘇巡撫李星沅奏摺。

〔註310〕莊吉發，〈清代青蓮教的發展〉，頁28。

〔註311〕馬西沙、韓秉方，《中國民間宗教史》，頁1131。

先大五行：

法：彭依法，即依法子，原名彭超凡。

精：陳依精，即依精子，原右陳汶海。

成：安依成，即依成子，原名安添爵。

秘：林依秘，即依秘子，原名林周官。

道：劉依道，即依道子，原名劉瑛。

後天五行：

元：鄧依元，即依元子，原名鄧依沅。

微：李依微，即依微子，原名李一沅。

專：朱依專，即依專子，原名柳清泉。

果：范依果，即依果子，原名范臻。

眞：鄧依眞，即依眞子，原名鄧良玉。

再就其傳教的活動來看，有不少的檔案記載了青蓮教齋戒信仰的情形。湖南巡撫陸費瑔的奏摺說：

> 據供稱：伊兄安養吾又名安昇浩，曾在湖北扶乩入教，派名安依成。伊隨伊兄吃齋誦經，行好求福，並未習教，後因染患疾病，開齋改悔，亦未傳徒。〔註312〕

再經過一個多月的追查，陸費瑔對安依成的來龍去脈又有更清楚的了解，陸費瑔奏曰：

> 道光二十三年二月內，安依成說有四川人謝致良之師，湖北沔陽州人彭超凡，即彭依法來省。素吃長齋，坐功運氣，邀伊一同往見，彭依法勸令茹素坐功，可以病延年，伊就與安依成同拜彭依法爲師。
> 〔註313〕

另外，湖廣總督裕泰的奏摺也說：

> 張善成在家設立佛堂，同徐元中朔望拜佛禮懺，坐功運氣。張善成曾給過安依成銀五十兩。藍寬恕先在張善成炊飯後，亦聽從入教喫齋，打坐運氣。〔註314〕

〔註312〕《軍機處檔‧月摺包》第073615號，（台北：國立故宮博物院），道光二十五年三月二十七日，湖南巡撫陸費瑔奏摺。

〔註313〕《宮中檔道光朝奏摺》第十四輯，頁176～177，道光二十五年四月十八日，湖南巡撫陸費瑔奏摺。

〔註314〕《軍機處檔‧月摺包》第073555號，（台北：國立故宮博物院），道光二十五

而雲南巡撫吳其濬對雲南境內青蓮教的查訪，其奏摺中說到：

> 據供各因許愿喫齋念佛，街鄰婦女漸相聯結，因名爲清淨道，每逢
> 會期，俱來禮拜，各出錢數十文不等。並無不法等事，查該犯婦等，
> 如果僅止念經喫素，何必定期會聚，且容男女往來，當即按起各犯
> 婦等。〔註315〕

廣西巡撫周之琦查獲境內的青蓮教首鄧依眞，其奏摺也說：

> 據鄧依眞即鄧良玉供稱，四川南部縣人。道光十七年在本縣拜已故
> 謝永光爲師，供奉無生老母，吃齋念經。二十四年二月二十九日，
> 伊在順慶府會遇素識習教之范臻，即范依果，告知李一元及陳依精
> 等，派人分赴各省傳教，定有五十字派。十以元秘精微道法專眞果
> 成爲名號，五以溫良恭儉讓爲名號。〔註316〕

道光二十五年（1845）的五月間，陸費瑔再就其查獲的青蓮教奏曰：

> 據張致讓即張俊，又名克廣供稱，湖南善化縣人。……二十四年二
> 月間，安依成邀伊至湖北壇上與陳依精、林依秘、彭依法相見，勸
> 依吃齋，並教伊咒語，令其坐功運氣，默叩無生老母，依即拜彭依
> 法爲師。……伊旋于十月間來省租賃白鶴廟房屋，作寓行醫，還便
> 傳徒。隨有善化人范貽福來寓求醫，伊勸允吃齋拜伊爲師，因咒語
> 記憶不全，並未轉傳。〔註317〕

同年的十月間，廣當巡撫周之琦，再就另一位青蓮教教首鄧依眞傳道的情形
奏曰：

> 徐萬昌鄧依眞既年老多病，又不善語言，難以傳教。伊即承認因省
> 中無人敬信，即於十一月內自赴陽朔縣上步歲地方，寄居觀音廟，
> 會遇廟祝李芝進，並村民賓科甲，談及均喫花齋敬神求福。徐萬倡
> 乘機告知前來傳教，並將無生老母降乩等詞向告，李芝進、賓科甲
> 聽信，即拜徐萬倡爲師。〔註318〕

年四月九日，湖廣總督裕泰奏摺。
〔註315〕《宮中檔道光朝奏摺》第十四輯，頁 180，道光二十五年四月十九日，兼護
雲貴總督雲南巡撫吳其濬奏摺。
〔註316〕《宮中檔道光朝奏摺》第十四輯，頁281～282，道光二十五年四月二十八日，
廣西巡撫周之琦奏摺。
〔註317〕《軍機處檔·月摺包》第 074433 號，（台北：國立故宮博物院），道光二十五
年五月二十九日，湖南巡撫陸費瑔奏摺。
〔註318〕《宮中檔道光朝奏摺》第十五輯，頁 845，廣西巡撫周之琦奏摺。

這次在道光二十五年（1845）查獲的青蓮教案，令清政府大為震驚，並予以
強力的掃蕩，除將主要的十位教首正法外，也大致將青蓮教的發展情形弄清
楚。但似乎未將青蓮教整個除盡，咸豐二年（1852），四川在次發現了青蓮教
的餘黨，四川總督徐澤醇奏曰：

> 楊癸甲令尹唱圍將經文讀熟，各自傳徒騙錢使用。商同將青蓮教名
> 目改為龍華會，無生老母改為瑤池金母，分處傳誘。嗣楊癸甲因念
> 經茹素係屬常談，人不輕信，復編造不久魔王下界，彼時有水火刀
> 兵瘟疫大劫，男婦如肯出給錢文，拜伊為師，念經茹素，即可免災
> 獲福。儻奉行不力，死後必墮地獄之言，到處傳布。〔註319〕

就上述的檔案記載來看，青蓮教一開始就是強調吃齋念經修行的法門，並以
念經茹素，即可免災獲福為由，吸引信眾加入。而且傳播的很迅速，很快的
由四川向其他地區流傳，最後竟成為清道光年間最主要的民間宗教。

第四節　清代民間吃齋教團的活動特徵

　　本節將針對上述的分析，就檔案所見各吃齋教團齋戒活動的特徵，作個
統合性的分析。

一、入教（會）吃齋

　　清代的民間宗教普遍會要求信徒吃齋，通常的目的是作為入教之依據。
換言之，要判定一個人是否真的信從此教門，就看他是否開始吃齋而定。所
以有許多民間宗教的教首在各地傳教，就直接以勸令“入教吃齋”或以作會
為由勸令“入會吃齋”作為主要的訴求。例如：大乘教徒曾鳳科，於乾隆三
年（1738）初，在四川遇見了唐登芳，就勸令入教吃齋。唐登芳入教後，在
同年三月間，即開始在四川招收信眾，同樣的也是要求入教吃齋及拜他為師。
〔註320〕另外，乾隆十三年（1748），令清政府震驚的福建老官齋教起義事件，
即是因老官齋教經常以作會為名，吸引鄉民“入會吃齋”所致。根據福州將
軍新柱對老官齋教作會的記載說：「無論男婦皆許入會吃齋，入其教者概以普

〔註319〕《宮中檔咸豐朝奏摺》第四輯，頁 678，（台北：國立故宮博物院），咸豐二
　　　　年九月一日，四川總督徐澤醇奏摺。

〔註320〕《軍機處檔‧月摺包》第 002377 號，（台北：國立故宮博物院），乾隆十三年
　　　　五月二十日，江西巡撫開泰奏摺。

字爲法派命名，其會眾俱稱爲老官。閩省建甌二縣男婦從教吃齋者甚多。」〔註321〕有關此次老官齋教起義事件，將在本文第六章中詳細探討。

乾隆十八年（1753），在山西境內流傳的混沌教，也是個勸人入教吃齋的秘密教門。根據馮進京的供詞曰：

> 小的平日剃頭算卦，賣針營生。又會參禪說偈運氣，念無字眞經，燒香占病。三十歲上，有本村王奉祿是個教門，勸人吃齋說偈，遂拜他爲師。〔註322〕

混沌教入教時，除了吃齋之外，還有傳偈語，以此作爲入教的憑借。乾隆三十六年（1771）底，官方查獲的白陽教首王忠順，也有如下的記載：

> 乾隆二十二年十一月十一日，有直隸昌黎縣人王忠順，路過利山店法會，自稱彌勒佛轉世，係白陽教首，勸令入教吃齋，并引人入教可以超渡父母，自免災難，來世還有好處。〔註323〕

可知白陽教首王忠順到處傳教的過程中，就是在勸人入教吃齋，還說了一些吃齋入教可以超渡父母，躲災避難的好處來引誘人入教。同樣的乾隆四十六年（1781）間，湖廣總督舒常奏報，查獲羅教徒陳其才也是以入教吃齋爲由，招收徒眾：

> 據應城縣知縣王嵩高宣稱，訪有縣民陳其才等，吃齋招徒。……已故周圓如以大乘教有五報，是報覆載照臨水土養育引進恩；又有五戒，是戒殺生偷盜淫邪誑語酒肉等。入教吃齋遵奉五報、五戒，可以邀福消災。〔註324〕

羅教的五戒中，就包括了不飲酒吃肉的持齋戒律，以此作爲入教的依據。

嘉慶年二十一年（1816）間的清茶門教也有類似的情形。根據湖廣總督馬慧裕的奏報說：

> （王秉衡）世習白蓮邪教，後改爲清茶教，別號清淨法門。妄稱與圖系燃燈、釋迦、未來諸佛掌教，未來佛即彌勒佛，將來降生于石

〔註321〕《史料旬刊》第二十七期，天 966，乾隆十三年三月十四日，福州將軍新柱奏摺。

〔註322〕中國人民大學歷史系,中國第一歷史檔案館合編,《清代農民戰爭史資料選編》第三冊，前揭書，頁 270。

〔註323〕《軍機處檔·月摺包》第 015603 號,（台北：國立故宮博物院），乾隆三十六年十二月十六日，富明安等奏摺。

〔註324〕《軍機處檔·月摺包》第 031258 號,（台北：國立故宮博物院），乾隆四十六年七月三日，湖廣總督舒常奏摺。

> 佛口王姓家内，遂藉此誘人入教吃齋，給伊家線路錢文，以作根基，
> 來世即有好處。凡入其教者，須遵三皈五戒，并稱之為爺，向其禮
> 拜，端坐不起。傳教者并用竹筷點眼耳口鼻等處，名為盧木點杖，
> 插在瓶内供奉，以為故後到陰司吃齋憑據。〔註325〕

清茶門教是嘉慶朝主要的民間宗教，入教必須遵從三皈五戒，其中就有不葷
酒的戒律。而且在盧木點杖的入教儀式中，還留有竹筷作為將來到陰司吃齋
的憑據，可見其對吃齋的重視。再就嘉慶二十二年（1817）間，一位紅陽教
徒王尚春的供詞來看：

> 嘉慶九年間，（王尚春）我父親也入紅陽教，拜張廷端為師。我十五
> 歲時患心疼病，叫王寡婦醫治，他用茶葉熬水給我飲服，我的病好
> 就拜王寡婦為師。我二十四歲娶了本縣劉家莊任的劉三之女為妻，
> 後我父母叫我女人入教吃齋，燒一炷香坐功，他不肯我打過他幾次，
> 我女人就入教拜我父親為師。〔註326〕

王尚春因心疼病被紅陽教首王寡婦治癒，而入教吃齋。但王妻的入教吃齋則
是被強迫的，不從還要被打。這可能與紅陽教徒一但正式入教，就必須守吃
齋戒律有關。類似入教吃齋的記載，一直到清末的"末後一著教"，教首王
覺一傳教的情況也是：

> 王繼太在逃之父王覺一，即王希孟，又名王養浩。在家賣卜持齋有
> 年，四十歲後因見左手掌紋形似古字，即自稱係古佛降生，並言夢
> 見菩薩令其傳道，當即設立教名，始稱先天無生教，後改為末後一
> 著教，勸人入教持齋。〔註327〕

可以了解清代的民間宗教，傳教的過程中，勸人入教吃齋是許多吃齋教團的共
同特徵。若非此種作法有其吸引力，當不致於被這些教團當作主要的傳教方式。

二、齋供錢的收受

　　民間宗教教首吸引徒眾入教吃齋，借此得收受"齋供錢文"或"香資

〔註325〕故宮博物院明清檔案部編，《清代檔案史料叢編》第三輯，頁 63，嘉慶二十
　　　　一年一月二十八日，湖廣總督馬慧裕等奏摺。
〔註326〕《軍機處檔·月摺包》第 052685 號，（台北：國立故宮博物院），嘉慶二十二
　　　　年八月十七日，英和等奏摺。
〔註327〕《軍機處檔·月摺包》第 126978 號，（台北：國立故宮博物院），光緒十年五
　　　　月二日，兩江總督曾國荃等奏摺。

錢"，也是齋戒主張的一項很重要因素。在入教吃齋者的宗教活動中，獻供、燒香、禮佛等聚會活動是常有的事，目的在借此凝聚原有的信眾，及吸收新加入的信眾。這類的宗教活動通常由教首主持，參加者或多或少會繳交齋供錢或是香錢，以作為供佛之用，其實大都是交給了教首。例如：雍正二年（1724）在直隸查獲的順天教徒劉言基，他的兒子劉延祚說自己並不持齋，而他的父親持齋信教，他「深知其父非屢勸不從其志，蓋在圖取香錢以為利藪。」〔註328〕由於有利可圖，所以劉延祚屢勸其父開齋散教，皆難聽從。乾隆十三年（1748），清政府在查禁羅教的支派老官齋教時，才發現羅教從明代以來一直在民間流傳：

> 其邪說始於羅教，自明代以來流傳已久，曾經雍正年間查禁，而迄今不改。其姚氏子孫仍往各處代取法名，總以普字為行，每一名送香資三錢三分，愚民奉若神佛，姚氏視若世業。因其僅只吃齋，勸人行善，地方官亦不加查禁。〔註329〕

表面上看來是勸人吃齋，入教行善，也沒什麼不法的行為，官方也就不太在意，所以長久以來一直在民間流傳。且每次入教吃齋或是請個法名，都要送些香資錢給教首，大概收入不錯，於是姚氏家族就以此為世業，靠此即足以致富。另一個羅教所衍生的教派"龍華會"也是如此，在乾隆十八年（1753）間，教首曹進侯在浙江一帶以「茹素納錢，哄誘民人。」〔註330〕為官方所查獲。

也有經常借辦"齋供"的名目，集合信眾作會的方式。乾隆三十三年（1768），江蘇巡撫彰寶就奏稱：查獲的大乘教及無為教是「每歲冬至，在教之人齊集堂內，將傳下經卷誦念禮拜。各出銀一錢及七、八分以為齋供，平時喫素修行，並無別項邪術。」〔註331〕"齋供"即是辦理素齋的祭品，作為在佛堂上獻供之用，這是由信徒自己分擔出錢的。乾隆三十四年間（1769），清政府查獲的長生教及天圓教，則是利用初一、十五時，讓信徒回來吃素念經，每次參加者各送教首銀三錢六分。〔註332〕

〔註328〕《宮中檔雍正朝奏摺》第二輯（台北：國立故宮博物院，民國66年12月），頁740。雍正二年六月十二日，直隸巡撫李維鈞奏摺。

〔註329〕《史料旬刊》第二十八期，地31，乾隆十三年三月二十七日，大學士納親奏摺。

〔註330〕《史料旬刊》第二十四期，天861，乾隆十八年七月十九日，浙江巡撫雅爾哈善奏摺。

〔註331〕《史料旬刊》第十五期，天526，乾隆三十三年十月一日，江蘇巡撫彰寶奏摺。

〔註332〕《軍機處檔‧月摺包》第011144號，（台北：國立故宮博物院），乾隆三十四

有的教首甚至將入教與吃齋分開處理，若只願吃齋而不願入教者，也可接受，爲的只是能得到"齋供錢"。嘉慶十九年（1814），山西巡撫衡齡查獲"清茶門紅陽教"的奏報中說到：

> 嘉慶四年十一月間，王紹英復至陽城縣，勸郭寶妙……等，吃齋入
> 教，收爲徒弟。得過郭奉文等齋供錢，每次一、二千不等。……十
> 年十月間，王紹英復至陽城北音村，在延克伸家居住。惟時鄉間男
> 婦有願吃齋求福，療病求子，不願入教者，王紹英只得受齋供錢自
> 三、五十文至三、二百文不等。〔註333〕

原本加入清茶門紅陽教的齋供錢，每次一、二千文不等。但如果不願入教，只願參加齋供，吃齋祈福，這樣教首也可得到齋供錢自三、五十文至三、二百文不等。

對於這些只吃齋而未入教的鄉民，爲數一定不少，以致清政府不得不分開處理，衡齡的奏摺中就說：

> 查此案內，僅只聽從吃齋，給予齋供錢文，并未習教之男婦人等，
> 爲數不少。……據鳳台縣民人孟官震等，陽城縣民人常有瑞等僉稱：
> 被愚弄求福，曾經吃齋，實未習教，自聞王紹英、孟爾聰等犯案後，
> 均知悔悟，改悔食葷，不敢再蹈前轍，自罹重罪等語。該縣等恐系
> 捏飾，復當面與以葷腥之物，共相取食，目擊情形，實系一律改悔，
> 并飭造改悔男婦冊，取具鄉地甘結，由縣加結，呈送前來。〔註334〕

由於僅吃齋而未入教者爲數不少，清政府予以從輕處理，要求開齋及具結後了事。但值得注意的是，吃齋者雖未信教，也是要給教首齋供錢。這也可能成爲當時推廣吃齋風尚的主因之一。

另外，嘉慶二十年（1815）在陝西查獲的圓頓教也有類似的作法，根據陝西巡撫朱勳的奏摺說：

> 華尚友等九十餘人，亦因王潮陽等燒香念經可以消災邀福，俱陸續
> 入教，並未取有堂名，均各在家吃齋念經，惟每年正、七、十月十
> 五日，王潮陽在家埋懺入教者，各出香錢多寡不等，俱交王潮陽收

　　年十二月一日，浙江巡撫永德奏摺。
〔註333〕故宮博物院明清檔案部編，《清代檔案史料叢編》第三輯，（北京：中華書局，
　　　　1979 年 11 月），頁 2。嘉慶十九年閏二月十八日，山西巡撫衡齡奏摺。
〔註334〕故宮博物院明清檔案部編，《清代檔案史料叢編》第三輯，頁 5～6。

受。〔註335〕

同年在江西查獲的大乘教、三乘教及羅祖教，也都有類似的情形：

> 江西向有大乘教即三乘教又名羅祖教，始則喫齋祈福，繼則藉此傳
> 徒斂錢，其中半係手藝營生之人，向皆稱爲齋匪，其教以普字取名，
> 有五戒及一步至十步名目，并經卷等項。〔註336〕

其後，在道光十二年（1832），查獲的紅陽教、敬空會，則是與前述清茶門紅陽教的作法相似：

> 每年正月十五、二月十九、四月初八、十月十五等日，在該村龍王
> 廟內，望空向故尼敬空禮拜，念誦經卷，爲村人祈福。李自榮向村
> 人零星湊錢辦供喫齋，其出錢人均未入會。……人皆稱李自榮等爲
> 紅陽道人。〔註337〕

另一個道光年間主要教派青蓮教的支派"金丹大道"，在雲南地區傳教的情形也是：

> 孫可功與夏致溫各送香資銀五兩，拜林依秘爲師，林依秘教令供奉無
> 生老母，茹素念經，並抄給三皈五戒，十恩十懺等經卷習誦。〔註338〕

類似以上的案例實不勝枚舉，大致上不外乎借吃齋入教，謀取信眾的齋供錢或是香資錢，或多或少不等。顯然這會是民間宗教的教首，極力勸人入教吃齋的有利因素之一。

三、吃齋祈福消災

爲吸引信眾入教吃齋，民間宗教教首在傳教的過程中，多會使用一些簡單易懂的道理來強調吃齋的重要性，最常用的莫過於吃齋可以得福報，免受各種的災難等的說詞。例如乾隆三十四年（1769），湖廣總督奏稱，有未來教三元會的信徒：

〔註335〕《宮中檔嘉慶朝奏摺》第二十一輯，（台北：國立故宮博物院，民國八十三年）頁638，嘉慶二十年四月二十四日，陝西巡撫朱勳奏摺。

〔註336〕《宮中檔嘉慶朝奏摺》第二十三輯，（台北：國立故宮博物院，民國八十三年）頁35，嘉慶二十年七月五日，兩江總督百齡奏摺。

〔註337〕《上諭檔》（方本），（台北：國立故宮博物院），道光十二年二月二十八日，曹振鏞奏稿。

〔註338〕《道光朝宮中檔》第十五輯，頁787，道光二十五年十月二十一日，雲南巡撫調任福建巡撫鄭祖琛奏摺。

有已故江陵縣民賀坤，平日吃齋，家藏三官、觀音、雷祖、玉皇、金
剛、還鄉、末劫、定劫等經八部。勸人茹素念經祈福免災，并于每年
三月初三、五月十三、九月初九等日做會一次，未來會名。〔註339〕

三年後的乾隆三十七年間（1772），河南巡撫何煟奏報所查獲的白陽教活動說：

乾隆二十四年，王源九因無子嗣，同妻汪氏復行吃齋，當未歸教。
及至二十九年九月間，直隸人王忠順來至王源九家，自稱彌勒佛轉
世，係白陽教主。誘令王源九拜伊為師，並令勸人入教，可以消災
獲福。〔註340〕

王忠順勸令王源九入教吃齋的說詞，就是可以消災獲福。另外在乾隆四十五
年（1780），查獲湖北的黃三光信奉不知名邪教，湖廣總督富勒渾奏稱：

據黃三光供稱，伊故父黃如進在日，常誦兩咒，一係真空家鄉，無
生父母，現在如來，彌勒我主。一係秉聖如來，三元奉聖，五氣歸
宗，佛命當知救苦救難觀世音菩薩。每日三次向日光拜念，逢九喫
齋，說可消災求福，伊亦隨同念拜，還有一抄本達摩傳。〔註341〕

該教每月逢九日就是吃齋日，說是可以消災求福。

根據羅教的說法，吃齋祈福消災，是必須入教守五報、五戒的關係。湖
廣總督舒常對查獲的羅教有如下的奏報：

據應城縣知縣王嵩高宣稱，訪有縣民陳其才等，吃齋招徒。……已
故周圓如以大乘教有五報，是報覆載照臨水土養育引進恩；又有五
戒，是戒殺生偷盜淫邪誑語酒肉等。入教吃齋遵奉五報、五戒，可
以邀福消災。〔註342〕

五報恩和五戒，是民間宗教普遍奉行的戒律。只是原本佛教的五戒是不殺生、
不偷盜、不邪淫、不妄語、不食酒。但民間宗教所遵守的五戒，通常是比佛
教的五戒多增加了戒肉食，也就是包括吃齋戒殺在內，變成了最主要的戒律。
乾隆年間山西的混沌教，入教要守三皈五戒，其五戒的內容中也有戒葷酒：

〔註339〕《軍機處檔・月摺包》第010731號，（台北：國立故宮博物院），乾隆三十四
年十月四日，湖廣總督吳達善奏摺。
〔註340〕《軍機處檔・月摺包》第016433號，（台北：國立故宮博物院），乾隆三十七
年三月二十六日，河南巡撫何煟奏摺。
〔註341〕《軍機處檔・月摺包》第028108號，（台北：國立故宮博物院），乾隆四十五
年九月二日，湖廣總督富勒渾奏摺。
〔註342〕《軍機處檔・月摺包》第031258號，（台北：國立故宮博物院），乾隆四十六
年七月三日，湖廣總督舒常奏摺。

乾隆十年三月內，長治縣北關村大會，小的二月半就前去擺攤賣針。
二十五日，遇見賣烏綾王會，是直隸沙河縣人，同在一處擺攤，說
起他是吃齋的人，他因有病，小的說會治病，還有老師付傳的妙法。
初三日會散了，就一同到小的家，小的領他在神前磕頭，就將運氣
念無字真經的法子教他。……小的又教他要三皈五戒才得成正果，
一皈佛、二皈法、三皈僧，一戒不殺牲、二戒不偷盜、三戒不邪淫、
四戒葷酒、五戒不誑語。〔註343〕

另外，乾隆五十年（1785）間，在湖北查獲的收元教，也是強調吃齋念
經可消災免禍。湖廣總督特成額奏曰：

孫貴遠于乾隆三十三年八月初二日，在李從呼家鑽磨，李從呼言及
伊奉收元教，吃齋念經，可以消災免禍，孫貴遠即給錢百文，拜師
入教。李從呼口傳「南無天元太保阿彌陀佛」十字，又「十門有道
一口傳，十人共士一子丹，十口合同西江月，開弓射箭到長安」咒
語，令其念誦。〔註344〕

民間宗教以吃齋念經，傳授口訣的方式傳教，實不在少數。其後，在嘉慶年
間的清茶門教，強調吃齋可避刀兵水火之劫，更甚於其他各教派的說法。直
隸總督那彥成的奏摺曰：

王泳太一犯，向在楚省傳教，……凡皈依吃齋者，可避刀兵水火之
劫。各送給水錢、線路錢，為來世根基，可以富貴。其傳受三皈五
戒時，用竹筷點眼，不觀桃紅柳綠；點耳，不聽妄言雜語；點鼻，
不聞不外香臭；點口，不談人惡是非。要磕七個頭，四個都報天地、
日月、水火、父母恩，兩個是拜佛，一個是拜師。并說他祖上現在
天掌盤，有聚仙宮在西方。吃齋的故後，度往享福等語。〔註345〕

根據清茶門教的說法，吃齋者生前可躲災避難，死後也可享福，這樣的說法
應該是很被一般民眾所接受的。像是同一時期在湖北傳播的大乘教，也是以
吃齋可消災獲福為由，向一般的鄉民傳教，吸引信徒入教。即是提到早在乾

〔註343〕中國人民大學歷史系，中國第一歷史檔案館合編，《清代農民戰爭史資料選編》
第三冊（北京：中國人民大學出版社，1983年），頁271。
〔註344〕中國第一歷史檔案館編《清代檔案史料叢編》第九輯（北京：中華書局，1983
年），頁173，乾隆五十年四月十一日，湖廣總督特成額等奏摺。
〔註345〕故宮博物院明清檔案部編，《清代檔案史料叢編》第三輯，頁 77。嘉慶二十
一年三月二十九日，直隸總督那彥成等奏摺。

隆五十二年間（1787），「有宗三廟居住之齋公楊倫，勸該犯皈依大乘教，喫齋消災獲福。該犯隨拜楊倫為師，僅止喫齋，並未傳給經語，每逢四月初八，七月十五等日，與當時同教之戴注泰……隨同楊倫念經。」〔註346〕像這樣有特定的吃齋日期者，通常都是配合齋供作會來吸引更多的信眾參加。另有在道光年間的紅陽教也是，根據直隸總督琦善的奏摺說：

> 董文魁等素係紅陽教，茹素誦經，妄稱可以消災邀福，與亦已身故之崔顯庭、丁良弼互相傳習，均以授茶看香占病為由，引誘愚民，因歷時已久，未知此教興自何人。〔註347〕

吃齋誦經的目的，同樣為的也是消災邀福，這樣的信仰在民間宗教的吃齋觀來看，可說是很普遍的現象。一直道光年間的青蓮教，這樣的吃齋觀點依然是主要的訴求。四川總督徐澤淳奏曰：

> 楊癸甲令尹唱圍將經文讀熟，各自傳徒騙錢使用。商同將青蓮教名目改為龍華會，無生老母改為瑤池金母，分處傳誘。嗣楊癸甲因念經茹素係屬常談，人不輕信，復編造不久魔王下界，彼時有水火刀兵瘟疫大劫，男婦如肯出給錢文，拜伊為師，念經茹素，即可免災獲福。儻奉行不力，死後必墮地獄之言，到處傳布。〔註348〕

青蓮教是清道光年間最主要的民間宗教，顯然以念經吃齋，可以躲災獲福的說法，一定是得到普遍的認同，到處傳佈，信教者頗多。

四、吃本命齋

　　吃齋為了報恩是普遍的說法，比較特殊的是"吃本命齋"。雍正六年（1728）在山東查獲的三元會空字教，教義上吃的齋就叫"本命齋"。〔註349〕三元會空字教，是清初流行於山東的民間秘密教門，教首牛三花子（又稱牛三花拉）。〔註350〕牛三化拉被捕後，根據河東總督田文鏡的奏摺說：「據供牛

〔註346〕《軍機處檔・月摺包》第047553號，（台北：國立故宮博物院），嘉慶二十一年五月十八日，湖廣總督馬慧裕奏摺。
〔註347〕《軍機處檔・月摺包》第068482號，（台北：國立故宮博物院），道光十四年七月六日，直隸總督琦善奏摺。
〔註348〕《咸豐朝宮中檔》第四輯，頁678，（台北：國立故宮博物院），咸豐二年九月一日，四川總督徐澤醇奏摺。
〔註349〕《宮中檔雍正朝奏摺》第十一輯（台北：國立故宮博物院，民國67年9月），頁101。雍正六年八月十四日，巡察山東等處湖廣道監察御使蔣洽季奏摺。
〔註350〕濮文起，《中國民間秘密宗教辭典》，〈空子教條〉，頁133。

三花拉以喫齋念佛、修善祈福，并超渡人祖宗，醫治人疾病爲由，哄誘鄉愚騙取香錢。」〔註351〕可見牛三花拉以吃齋念佛引人入教，"吃本命齋"可能是該教特別的一種說法。

五、聚衆吃齋念經

民間宗教經常借著舉辦法會的方式來凝聚信眾，法會的內容不外乎念經、齋供、講經說法等。乾隆十三年（1748）間，福建的老官齋教，每月就有一、二次，每次數十人至近百人不等的聚會。大學士納親王奏稱：

> 據稱建安、甌寧地方，有老官齋一教。平素誘人喫齋從教，詭言可以成佛。其喫齋之時，每月一、二次或數十人或近百人，至期聚集率以爲常。……在建安縣離城五六十里之北坪地方，聚集多人念經喫齋，因將伊法師拘拿三人監禁，奸民等于正月初四等日起意劫獄。〔註352〕

同一時期，浙工巡撫顧琮對境內的老官齋、子孫教、長生道的活動情形也有以下的奏報：

> 邪教惑民最爲人心風俗之害，其理竊取佛教之說，別立名號，或幻稱因果，或假託修持，勸人食素誦經，燒香結會。〔註353〕

食素誦經，燒香結會，正是一般民間宗教活動的特徵。乾隆十三年（1748）間，閩浙總督喀爾吉善奏報，福建的羅教及老官齋教的齋堂，是「每月朔望，聚會念經吃齋。」〔註354〕乾隆十四年（1749），貴州巡撫愛必達奏報境內的羅教，每年三月初一至初十日，「什百成群，全集寺觀，先期宿壇齋戒。」〔註355〕這種的齋戒作法，與當時乾隆皇帝祭天時，先宿齋宮的方式很相像，可能多少也是受到當政者重視齋戒以祀天的影響。另外，乾隆二十八年（1763），在直隸查獲的黃天道信徒王進賢，從他的供詞中可以了解：

〔註351〕《宮中檔雍正朝奏摺》第十三輯（台北：國立故宮博物院，民國67年11月），頁663。雍正七年七月二十一日，河東總督田文鏡奏摺。
〔註352〕《史料旬刊》第二十七期，天964，乾隆十三年三月三日，大學士納親奏摺。
〔註353〕《軍機處檔・月摺包》第002069號，（台北：國立故宮博物院），乾隆十三年三月二十五日，浙江巡撫顧琮奏摺。
〔註354〕《軍機處檔・月摺包》第003826號，（台北：國立故宮博物院），乾隆十三年十二月二十五日，閩浙總督喀爾吉善奏摺。
〔註355〕《軍機處檔・月摺包》第003870號，（台北：國立故宮博物院），乾隆十四年一月十一日，貴州巡撫愛必達奏摺。

> 王進賢供出伊在昌平，有常時來往，喫齋念經善友馬文朝、杜顯、
> 施一貴、朱榮全……據各犯所供，雖俱不知有鉤鑄等詞，然其中有
> 家藏經卷數部者，亦有雖不念經素日喫齋者。〔註356〕

平時和王進賢吃齋念經的是一群善友，但其中也有只吃齋而不念經的。此外，比較有組織，採集體作會吃齋念經的，要屬糧船水手所信奉的羅教了。乾隆三十三年（1768），清政府在浙江發現許多羅教的齋堂，這些齋堂都是供糧船水手回空落腳之處，也是集體作會吃齋念經的地方。根據巡永德的奏摺曰：

> 每年糧船回空，各水手來菴居住者，每日給飯食銀四分。平日僅止
> 一、二人管菴，並無輾轉煽惑，教誘聚眾之事，皈教之人有喫素念
> 經者，亦有不喫素不念經者。經名苦工、破邪、金剛、正信等項名
> 目，並無不法邪語。〔註357〕

羅教是清代糧船水手的主要信仰，所建立的齋堂，對水手們而言也很重要，這部份將於討論羅教的齋戒信仰時，再詳述。另外，在江蘇的無為教及大乘教也是如此，根據江蘇巡撫彰寶的奏摺說：

> 每歲冬至，在教之人齊集堂內，將傳下經卷誦念禮拜。各出銀一錢
> 及七、八分以為齋供，平時喫素修行，並無別項邪術。〔註358〕

至於清政府對於民間吃齋念經的處理態度，基本上只要無斂錢傳教之事，即可從輕發落。乾隆二十八年（1763），在浙江查獲的天圓教，浙江巡撫熊學鵬的處理是：「如訊明止係喫齋誦經，並無斂錢傳播等事，即分別予以懲創，照例完結，不必輾轉株連。」〔註359〕吃齋誦經和一般佛教的修持方式，並沒有多大的差別，只要不傳教斂錢，至多只是懲罰性的處治，沒有牽連他人。

六、吃齋修來生好處、延年益壽

也有以吃齋修來生好處的因果觀，勸令信眾吃齋的。乾隆十八年（1753）

〔註356〕《宮中檔乾隆朝奏摺》第十八輯（民國七十二年十月），頁455，乾隆二十八年四月十四日，兆惠等奏摺。

〔註357〕《史料旬刊》第十五期，天525，乾隆三十三年十月一日，江蘇巡撫彰寶奏摺。

〔註358〕《史料旬刊》第十五期，天526，乾隆三十三年十月一日，江蘇巡撫彰寶奏摺。

〔註359〕《宮中檔乾隆朝奏摺》第十八輯（民國七十二年十月），頁544，乾隆二十八年七月二十二日，浙江巡撫熊學鵬奏摺。

山西查獲的混沌教就是：「司禮供：小的是長治縣西坡村人，五十六歲了，是氈匠手藝。雍正五年春間有個杜三勸小的吃齋，說修個來生好處，世上騎騾騎馬的人都是前生修來的。」〔註360〕這種因果觀顯然是受到佛教的影響。同樣信奉混沌教的曹茂臣，他的情況較爲特殊，其吃齋的原因是由於出生後就吃不得葷，謂之「天戒」。曹茂臣的供詞說：「小的今年七十四歲了，是長治縣北和村人，做氈帽營生。從小天戒不吃葷。」〔註361〕

此外，浙江的長生教，也是極力主張吃長齋，認爲吃齋可以卻除病痛，延年益壽。浙江巡撫永德的奏摺說：

> 汪長生即汪普善，在西安縣地方。於前明萬曆年間創建齋堂，勸人吃齋念佛，謂可卻病延年。伊表姐姜徐氏即姜媽媽，亦用此說勸導婦女，名爲長生教。汪長生死後，即葬於齋堂左邊之無影山。〔註362〕

民間宗教的齋戒主張，大都由宗教信仰的觀點出發，像長生教這樣，以卻延年作訴求的，還有福建羅祖大乘教的教首沈本源。湖廣總督富勒渾說他是「誑言崇奉羅祖大乘教，可以獲福消災，延年增壽，遂拜沈本源爲師，吃齋修善。」。〔註363〕

還有一種方式，是借醫治身體的病痛，以達到吸收入教的目的。乾隆三十七年（1772）間，直隸總督周元理查報白陽教時，就提到：

> 乾隆三十四年正月內，在青雲店集上，與同縣人趙美公會遇，趙美公亦言及不時患病，未得良醫調治。屈得興即以有彌勒佛白陽教所傳八字傳誦，可以卻病，必須喫齋燒香方可傳授。趙美公信以爲實，即於是日往邀屈得興到家，屈得興令其焚香喫齋，趙美公隨向屈得興叩頭受教。〔註364〕

民間宗教的教首，假借治病來傳教的方式，是很普遍的現象。道光年間的青

〔註360〕中國人民大學歷史系，中國第一歷史檔案館合編，《清代農民戰爭史資料選編》第三冊，頁274。

〔註361〕中國人民大學歷史系，中國第一歷史檔案館合編，《清代農民戰爭史資料選編》第三冊，頁275。

〔註362〕《史料旬刊》第十五期，天528，乾隆三十四年三月十九日，浙江巡撫覺羅永德奏摺。

〔註363〕《軍機處檔·月摺包》第029249號，（台北：國立故宮博物院），乾隆四十五年十二月十六日，湖廣總督富勒渾奏摺。

〔註364〕《軍機處檔·月摺包》第016388號，（台北：國立故宮博物院），乾隆三十七年三月二十日，直隸總督周元理奏摺。

蓮教也是，湖南巡撫陸費瑔的奏摺曰：

> 據張亮供張致讓是伊堂兄，二十三年三月，伊在鄉遇見彭依法，勸
> 伊吃齋敬神，可以卻病延年，伊就拜彭依法爲師。……文先瓊、文
> 先祿、郭春秀、楊作錦堅供，平日曾吃散齋，並未拜師入教。〔註365〕

有的教派不只是吃齋治病，甚至是設有專門約束信眾吃齋的"調眾師"。道
光年間的混元教即是一個代表：

> （張景山）據供稱，伊早年拜劉仲玉爲師，入混元教喫齋念經，並
> 代人治病。嘉慶十七年六月間，劉仲玉囑伊接管教務，伊應允將混
> 元老祖神像及經卷等物領回供奉。彼時同教有孫文士失領眾人行
> 禮，名爲領眾；孫文志經理上供香燭，名爲壇主；楊俊陳設經卷，
> 名爲經主；段明楊約束眾人，名爲管眾；尹廷樞管教眾人喫齋，名
> 爲調眾；陳顯旺買辦祭品，名爲供主；段龐舜催人辦供，名爲催眾。
> 〔註366〕

入教吃齋可以卻病延年，這樣的觀念似乎頗爲一般人所接受，有的人甚至是
因病而吃齋，並未入教。根據曹振鏞的奏摺曰：

> 訊據李二供稱，伊因病吃齋，並未習教。吳三亦非伊徒，宋萬恒供
> 稱，伊教讀度日，賈青雲曾隨伊讀書，實非紅陽教會。〔註367〕

比較特殊的是紅陽教，治病的方式是要吃"准提齋"。道光七年（1827）富
俊的奏摺說：

> 道光元年六月，張甫明病故。二年間，因與民婦趙普氏，並民人陳
> 印等十八人治病周效，隨傳授趙普氏等供奉菩薩牌位，吃准提齋。
> 伊等久後病漸就痊。四年十月，該犯復將辛存仁所授經卷焚香誦讀。
> 〔註368〕

所謂的"准提齋"，應該也只是戒葷酒的吃齋，吃齋能治病的觀念，需從醫
學及健康的觀點來立論，這方面在民間宗教的吃齋觀中，很少有清楚的論點，

〔註365〕《軍機處檔・月摺包》第 074433 號，（台北：國立故宮博物院），道光二十五
　　　　年五月二十九日，湖南巡撫陸費瑔奏摺。
〔註366〕《上諭檔》（方本），（台北：國立故宮博物院），道光十二年六月六日，曹振
　　　　鏞奏稿。
〔註367〕《上諭檔》（方本），（台北：國立故宮博物院），道光十二年二月三十日，曹
　　　　振鏞奏稿。
〔註368〕《軍機處檔・月摺包》第 055254 號，（台北：國立故宮博物院），道光七年三
　　　　月二十五日，富俊奏摺。

應該只是停留在單純的說法，而缺少完整的立論。

綜合本章的論述，所根據的主要是清代官方的檔案記載。在清代眾多的民間宗教教派中，有爲數不少的教門是以吃齋作爲共同的特徵。就檔案的記載來看，清代中期以前的吃齋教團，是以羅教及其相關的衍生系統爲主。後期的吃齋教團，則以青蓮教及金丹道爲多。這些吃齋教團的信仰活動，也有其共通的特徵，大致上不外乎以吃齋作爲入教的依據，如老官齋教、混沌教、清茶門教、末後一著教等。而大部份的吃齋教團，也都有收受齋供錢的情形，不論是入教時的儀式，或是平時的辦齋供會，信徒都或多或少要拿出齋供錢給教主。另外是絕大多數的吃齋教團，都會將吃齋和祈福消災相結合，並以此來勸令信眾入教吃齋，如羅教、未來教三元會、白陽教、混沌教、收元教、清茶門教等，都有這樣的說法。再不然就是將吃齋與修來世好處劃上等號，並說可卻病延年。這方面主要是長生教，也許是教名的關係，特別強調吃齋可得長壽的觀點。但長生教的吃齋長壽說，與現代從醫學觀點強調吃素可健康長壽的說法不同，長生教是單純就吃齋可少生病，得長壽的一種說法。其實，若要全然了解清代吃齋教團的齋戒觀，檔案的記載是非常簡略的，一定必須配合民間宗教平時所用的寶卷經籍，作深入的探討才比較容易了解，這方面將在本文的下一章來論述。

第五章　民間宗教齋戒教義之探討

　　有關民間宗教裡齋戒信仰的研究，目前幾乎是沒有任何二手的研究成果可供參考。所幸在原始的檔案材料上，不乏有這方面的記載。尤其近來得力於《寶卷》的整理公布，在研究上已較為容易。大陸山西人民出版社所編《寶卷初集》四十冊共一百八十六部，〔註1〕及臺灣王見川、林萬傳所編《明清民間宗教經卷文獻》十二冊一七○部經卷，〔註2〕共計三五六部民間宗教經卷，即是很好的研究材料。由於《寶卷》及《經卷》是研究民間宗教教義的主要依據，平時各教派的信眾，莫不以此作為誦讀的經典，所以寶卷經卷對信眾的影響不言可諭。但這些《寶卷》及《經卷》中有關齋戒的教義，有很多重複之處，甚至相互抄襲，所以本文在分析上，主要是以《明清民間宗教經卷文獻》所收錄的寶卷為主。

第一節　民間宗教的齋戒教義

一、檔案所見民間宗教的經卷書目

　　民間宗教所用的《寶卷》與《經籍》，目前雖已整理編印出版的有三百五十六部，但就整個明、清民間宗教所使用的經卷來看，佔所知的量不到四分之一。先就清政府查辦「邪教」檔案載的民間宗教經卷書目，整理如下表 5-1：

―――――――――

〔註 1〕　張希舜等主編，《寶卷初集》，40 冊（太原：山西人民出版社，1994 年）。

〔註 2〕　王見川、林萬傳主編，《明清民間宗教經卷文獻》（以下簡稱《經卷文獻》）第六卷（台北：新文豐出版，1999 年 3 月）。

表 5-1 　檔案所見清代民間宗教各教派引用寶卷書籍名稱簡表

教派名稱	寶　卷　書　籍　名　稱	備註
一炷香教	《排頭記》	1 部
八卦教	《八卦教首譜系圖》、《八卦教理》、《八卦圖》、《五女傳道書》、《六甲天元》、《太皇寶卷》、《孔明問子其》、《正丁二坤歌》、《性理大全》、《苦功悟道經》、《專治十八翻秘訣書》、《槃聖如來》、《儒流正宗》、《錦囊神仙論》、《邇言翼》	15 部
三元教	《推背圖》、《萬法歸宗》	2 部
三乘教	《心經》、《本名經》、《金剛經》	3 部
三乘會（茲粑教）	《霧靈山碑文》	1 部
三寶大教	《無為經》	1 部
大成教	《九蓮經》、《定劫經》、《黃石公御覽集》、《老九蓮》、《續九蓮》	5 部
大乘教	《十二步經咒》、《十王經》、《十報經》、《三世因由》、《三官經》、《三教尊經》、《三教課誦》、《大乘十報經》、《大乘大戒經》、《大乘真經》、《大乘提綱》、《大乘經》、《小乘大乘經咒》、《五公經》、《天緣經》、《去邪歸正經》、《血湖經》、《孝義經》、《快樂隨佛經》、《明宗孝義經》、《明宗經》、《松源錄》、《法華咒》、《皇極金丹九蓮正信歸真還鄉寶卷》、《苦功悟道經》、《恩本經》、《破邪顯證鑰匙寶卷》、《意旨了然》、《酬恩孝義無為寶卷》、《嘆世無為卷》、《蜡救引單》、《龍牌寶卷》、《醮科儀範》、《巍巍不動泰山深根寶卷》、《護道榜文》、《觀音懺》	36 部
五郎會	《皇極卷》	1 部
五盤教	《恩本經》	1 部
天竹教	《五女傳道書》、《錦囊寶卷》	2 部
天圓教	《延齡拔黃離塵寶懺》、《金天科儀》、《臨凡機語》	3 部
弘陽教	《九天應元雷聲普化天尊玉樞寶經》、《九科受戒書》、《九蓮經》、《十字經》、《三藏經》、《小字弘陽經》、《元始天尊北方真武妙經》、《元始天尊說濟渡血湖真經》、《太上三元賜福赦罪解厄消災延生保命妙經》、《太上玄靈北斗本命延生真經》、《太上全真清靜禮斗科儀》、《太上說消禳火災經》、《太陽真經報太看照之恩》、《太陽經》、《四京科應》、《弘陽玉華真經》、《弘陽妙道玉華真經隨堂寶卷》、《弘陽結果二品上經》、《弘	69 部參見《清代弘陽教研究》〔註 3〕

	陽經懺》、《伏魔經》、《佛說土地正神寶卷》、《佛說白衣菩薩送子寶卷》、《明心經》、《明宗經》、《治病符書》、《苦功悟道經》、《泰山東岳十王寶卷》、《祖明經》、《起香贊》、《高上玉皇經本行集經》、《掃心經》、《救苦懺文》、《清微江范功課經》、《混元弘陽大法祖明經》、《混元弘陽中華寶懺》、《混元弘陽血湖寶懺》、《混元弘陽明心寶懺》、《混元弘陽苦功悟道經》、《混元弘陽悟道明心經》、《混元弘陽經》、《混元弘陽嘆世眞經》、《混元弘陽請祖母報恩覺願全部》、《混元弘陽飄高祖臨凡經》、《混元弘陽顯性結果經》、《報恩經》、《普門經》、《普賢普薩度華亭寶卷》、《菩薩送嬰兒經》、《陽宅起首》、《道岸前字》、《道場總抄》、《達本還元經》、《嘆世經》、《銷釋收圓行覺寶卷》、《銷釋混元大法祖明經》、《銷釋混元拔罪地獄寶懺》、《銷釋混元救苦升天寶懺》、《銷釋混元無上大道玄妙眞經》、《銷釋混元無上拔罪救苦眞經》、《銷釋混元無上普化慈悲眞經》、《銷釋歸依弘陽覺願眞經》、《銷釋歸依覺願妙道眞經》、《積善求兒紅羅寶卷》、《隨堂經》、《臨凡經》、《關聖帝君濟世忠義經》、《飄高老祖經》、《護道榜文》、《顯性經》、《觀世音菩薩普門品經》	
弘陽會	《了言經》	1 部
白陽會	《九蓮經》、《收元經》、《收圓經》	3 部
先天教	《九蓮經》、《葯王經》、《龍華經》	3 部
收元教	《九蓮救度經》、《九蓮經》、《八卦圖》、《八卦說》、《小兒喃孔子》、《五女傳道書》、《六甲天元》、《去疑經》、《收元經》、《收圓經》、《金丹還元寶卷》、《苦工經》、《泰山經》、《破邪經》、《祝由科》、《訓蒙說》、《掃心集》、《淨心經》、《萬法歸宗》、《稟聖如來》、《蒙訓四書》、《錦囊神仙論》、《雜鈔》	23 部
收圓教	《收圓教執儀單》、《巡茶儀注單》、《定劫寶卷》、《皇極總圖》、《破邪顯正明心錄》、《普天門慶》、《結果寶卷》、《萬全天書》、《萬年時憲》、《群星冊》、《龍華定果冊》、《應劫寶卷》、《鑰匙寶卷》	13 部
收源教	《金剛經》、《華嚴懺》、《萬言詩注》、《彌勒出細》	4 部
西大乘教	《泰山東岳十王寶卷》、《清源妙道顯聖眞君二郎寶卷》、《普度新聲救苦寶卷》、《銷釋大乘寶卷》、《銷釋收圓行覺寶卷》、《銷釋圓通寶卷》、《銷釋圓覺寶卷》、《銷釋顯性寶卷》	8 部
明宗教	《明宗牟尼注解祖經》	1 部
東大乘教	《銷釋接續蓮宗寶卷》	1 部
金丹門圓敦教	《金丹九蓮經》	1 部

金丹道	《九蓮寶贊》、《十報十懺》、《三皈五戒》、《東明律》、《風輪經》、《託天神圖》、《推背圖》、《願懺》	8部
長生教	《十報經》、《下生寶經》、《四恩經》、《妙法蓮華經》、《金剛經》、《眾喜寶卷》、《普靜如來檢教寶經》、《圓明寶卷》、《彌勒佛地藏十王寶卷》	9部
青陽教	《青陽經》	1部
青蓮教	《九蓮寶贊》、《十二圓覺》、《十恩十懺》、《十參四報經》、《十報十懺》、《三皈五戒》、《三教經》、《斗牛宮普度規條》、《玉皇心印》、《乩詩寶光實錄》、《託天神圖》、《性命圭旨》、《東明律》、《注解心經》、《金丹口訣》、《威德咒》、《風輪經》、《修真寶傳》、《恩書》、《悟性儀節》、《悟性窮源》、《唱道真言》、《推背圖》、《梵王經》、《喻迷喚醒》、《無上妙品》、《無生老母圓懺》、《無生老母經》、《無生妙品》、《開示真經》、《慈航性理》、《劉香寶卷》、《龍華經》、《願懺經》、《懺悔經》、《靈犀玉璣璇經》	36部
悄悄會（圓頓教）	《數珠經》、《龍華經》、《傳法經》、《萬聖朝元》、《歸一經》、《靈感出細寶卷》	6部
糍粑教	《太山經》、《正心經》、《正宗科儀》、《苦功經》、《破邪經》、《嘆世經》	6部
清茶門教	《一心頂叩經》、《九蓮如意皇極寶卷真經》、《三官經》、《三皈五戒》、《三教經》、《三教應劫總觀通書》、《元亨利貞鑰匙經》、《孔子度元關》、《伏魔寶卷》、《老子度夫子》、《金科玉律戒文》、《金剛經》、《皇極金丹九蓮正信歸真還鄉寶卷》、《皇極寶卷真經》、《真武經》、《論百中經》、《銷釋木人開山寶卷》、《銷釋收圓行覺寶卷》、《銷釋圓覺寶卷》、《銷釋顯性寶卷》、《觀世音菩薩普度授記皈家寶卷》	21部
清淨無為教	《破邪顯證經》、《嘆世無為經》	2部
混元門教	《混元飄高祖臨凡經》	1部
混元教	《上大人歌訣》、《大道問經》、《小道問經》、《立天卷》、《伏魔經》、《李都御參藥山救母出苦經》、《灶王經》、《洪陽經》、《娘娘經》、《泰山經》、《掃心寶卷》、《混元點化書》、《源流經》、《請神疏頭》、《諸葛子奇論》、《歷天卷》、《勸人寶鑒》	17部
陰盤陽盤教	《恩本經》	1部
無為教	《大乘真經》、《天緣經》、《太山寶卷》、《太初詩》、《出殯亡靈科儀》、《正信寶卷》、《吉經》、《佛在靈山》、《佛說圓覺寶卷》、《直指見性語錄》、《皇極還鄉寶卷》、《苦功寶卷》、《苦行語錄寶卷》、《破邪寶卷》、《通明寶卷》、《傳燈心印寶卷》、《稟科文卷》、《嘆世寶卷》、《徹底窮源大學》、《應祖行腳寶卷》	20部

黃天道	《八般大利寶》、《佛說扣天眞寶》、《佛說轄天寶訣文法》、《利生經》、《皇極寶卷》、《清淨經》、《普明古佛以留末後一著文華手卷》、《普明古佛遺留歸家寶偈》、《普明如來鑰匙寶卷》、《普明寶卷》、《朝陽三佛腳冊通誥唱經》、《朝陽天盤贊》、《朝陽遺留排天論寶卷》、《太陽開天立極億他諸佛歸一寶卷》、《虎眼禪師遺留唱經卷》、《冠天寶書》、《普明如來無爲了義寶卷》、《普靜如來鑰匙寶卷》	18 部
圓明會	《延齡寶懺》、《金天寶藏經》	2 部
圓頓教	《木人開山顯教明宗寶卷》、《古佛天眞考証龍華寶經》、《金丹九蓮經》、《皇極經》、《銷釋三教收圓寶卷》、《銷釋接續蓮宗寶卷》、《銷釋淨土涅盤還鄉寶卷》、《銷釋萬法皈一寶卷》、《護道榜文》	9 部
榮華會	《十佛了道》、《十佛臨回》、《三陽應劫》、《皇極寶卷》、《劉伯溫書》、《靈機顯露》	6 部
聞香教	《三皈五戒》、《三教經》、《三教應劫總觀通書》、《皇極經》	4 部
震卦教	《告灶經》、《科範》	2 部
靜空教	《天仙聖母源流寶卷》、《靜空開心寶卷》	2 部
龍天教	《九品收元卷》、《法華經》、《法華懺》、《花山卷》	4 部
龍華會（老官齋教）	《立天後會經》、《三世因由》、《大小乘法引》、《護道榜文》	4 部
鴻鈞教	《北斗經》	1 部
離卦教	《掃心經》	1 部
羅祖大乘教	《五公經》、《西來法寶經》、《明宗教經》、《紅爐接續》、《羅祖記》、《羅祖護道眞經》	6 部
羅祖教	《人天眼目經》、《正心除疑經》、《西來法寶經》、《明宗孝義經》、《金剛經》、《苦工經》、《苦功悟道卷》、《破邪顯證鑰匙經》、《嘆世無爲經》、《撫教明宗》、《霧靈山人天眼目經》、《護道眞言》、《大乘眞經》、《正信除疑自在卷》、《巍巍不動泰山深根結果寶卷》	15 部

資料來源：根據莊吉發著《眞空家鄉：清代民間秘密宗教史研究》〈第七章：民間秘密宗教的寶卷及其教義〉〔註4〕暨車錫倫編著《中國寶卷總目》〈附錄一：清政府查辦邪教檔案載民間宗教經卷目〉〔註5〕整理而成。

〔註4〕莊吉發，《眞空家鄉：清代民間秘密宗教史研究》，頁381～448。
〔註5〕車錫倫編著，《中國寶卷總目》，〈附錄一：清政府查辦邪教檔案載民間宗教經卷目〉（台北：中央研究院中國文哲研究所圖書文獻專刊5，民國87年），頁276～286。

　　上述表 5-1 所示，是從清代官方取締民間宗教的檔案記錄中，有記載到的寶卷書目，按教派的不同作整理而成，總計約有四○○部經卷。其中有一部份已散佚，如果依照車錫倫《中國寶卷總目》的統計，目前海內外各家所收藏的《寶卷》，有 1579 種之多〔註6〕。由此可見，見之於檔案記載的還不及所有的四分之一。雖說如此，但這其中也有些是主要的經卷，被多種教門所共同引用的，例如羅祖所著的《五部六冊》（即：《苦功悟道卷》、《歎世無爲寶卷》、《破邪顯證鑰匙寶卷》上下冊、《正信除疑無修證自在寶卷》、《巍巍不動泰山深根結果寶卷》），就表 5-1 所示，有引用這些經卷的教派就有：大乘教、滋粑教、清淨無爲教、無爲教、羅教、八卦教、弘陽教、收元教等八種教派。另外就是《皇極金丹九蓮正信還鄉寶卷》（俗稱的《九蓮經》）所引用的教派更是不少，計有：大成教、收元教、白蓮會、弘陽教、先天教、清茶門教、大乘教、無爲教、榮華會、黃天教等十種教門。由此可以了解，民間宗教的經卷有相互影響，相互應用的現象。甚至有內容相抄襲，只是經卷的書名不同；或是「同卷異名」的現象在寶卷文獻中也相當普遍。〔註7〕

　　因此，爲便於了解民間宗教齋戒信仰的內涵，將就現有所見的《寶卷》內容，其中有關齋戒信仰的主張，逐一列舉出來，並註明主要所屬教派，如〈附表三〉所示。

二、齋戒教義的主要內涵

（一）羅祖教的“吃齋修行”觀

　　梁武帝的斷酒肉令，成功的透過政治力量，爲中國佛教的持戒吃齋立下的基礎。使得吃齋修行，漸成爲佛教戒律中的教餐，其齋戒的修行內涵，也基本上是依循著梁武帝〈斷酒肉文〉中的闡述，而成爲佛教不可動搖的觀念，影響所及，不只是出家人要齋戒素食，民間非佛教信仰者，也將齋戒素食視爲是件很崇高的事。明清以來，流行於民間下階層，擁有廣大信仰群眾的秘密宗教，絕大多數也都主張齋戒素食的修行觀，奉行齋戒的嚴謹度，甚至不亞於正統的佛教。以產生於明代後期的羅祖教爲例，它是後來明清眾多民間教派發展的重要源頭，羅祖教在一開始創教就主張絕對的素食修行觀，這方面也是深受佛教齋戒信仰的影響。

〔註6〕車錫倫，《中國寶卷總目》，頁 ix。
〔註7〕詳見車錫倫，《中國寶卷總目》。

　　從小就吃齋的羅祖，在羅教經典《五部六冊》中，特別調了"吃齋修行"
的觀念。羅祖認為，"吃齋"是能否了脫生死出離苦海的關鍵，他說：「食長
齋，引領人齊出苦海，食酒肉，引領人永墮沉淪。」〔註8〕"食長齋"是指發
願每天三餐都食素，且不沾葷酒者，羅祖認為這種修行者，才能成為眾生出
離生死苦海的引領人。如果一位持長齋者，中途背願破了戒（開齋），羅祖認
為這是很嚴重的事，他說：

　　　可憐你，爺和娘，生死受苦。你破齋，爺和娘，永不翻身。

　　　有父母，地獄裡，身受重苦。你開齋，把父母，送在無間。

　　　你祖宗，地獄裡，身受重苦。你開齋，把父母，又送無間。

　　　指望兒，食長齋，超度父母。你破齋，把父母，又送沉淪。〔註9〕

羅祖認為吃齋修行不只關係到自己能否了脫生死，也關係到自己的父母能否
超生了死。羅祖提出"食長齋"能超拔地獄裡受苦的父母親，是與孝道的道
德思想相結合，讓吃齋更具有其正當性。

　　至於那些人應該吃齋，羅祖認為所有的人，不分貴賤善惡，都應吃齋。
他說：

　　　官人食齋千佛喜，引的眾官出苦輪。

　　　惡人食齋千佛喜，引的惡人出苦輪。

　　　善人食齋千佛喜，引的善人出苦輪。

　　　你要開齋千佛惱，惱殺陰司十閻君。

　　　有朝一日勾著你，永下地獄不翻身。

　　　你開齋戒不打緊，引的眾人入苦輪。〔註10〕

任何人，只要吃齋就能得到千佛的喜愛，反之，如果吃齋又開了齋，就會得
到千佛的惱怒。皈依齋教後，有立願吃素的儀式，如果中途破戒吃葷，就謂
之"開齋"。開齋的情況是很嚴重的，按羅祖的說法，會將眾人引入痛苦的
輪迴中。

　　對於修行人，卻不斷酒肉者，羅祖斥之為愚痴迷種，是無法返回淨土家
鄉的，羅祖說：

　　　有一等愚痴迷種，說迷人飲酒食肉，不參道，也得歸家。迷人終日

〔註8〕　《嘆世無為卷》，前揭書，頁128。

〔註9〕　《嘆世無為卷》，頁129。

〔註10〕　《嘆世無為卷》，頁130。

走著生死之路，又不知安身立命，又不知淨土家鄉，他怎麼便得歸家？〔註11〕

因此，對於吃齋修行者，羅祖認爲是有真智慧的人。他說：

有智之人得了道，怎麼說？無智之人得了道，怎麼說？上等有智之人，想無量劫，生死受苦無盡，又怕死後不得翻身，永不開葷酒。下等無智之人，得了道，不想無量劫生死受苦無盡，又不怕死後，永不得翻身。開了葷酒，叫做下等之人，你不怕生死，開了葷酒。
〔註12〕

羅祖提倡的齋戒，是要奉行素食及禁酒，即不吃葷酒。對於已立願入齋者，羅祖則要特別告誡不可「開齋破戒」，否則一但開齋者，將墮入地獄餓鬼道。他說：

良緣普勸眾人聽，莫作開齋破戒人；死墮陰司爲餓鬼，那時受苦自甘心。頭似太山十分重，腹如響海喉似針；永劫不能聞漿水，舉步當作破車聲。與人開齋爲餓鬼，自家開齋重十分；擋住人天都受苦，你下地獄不翻身。〔註13〕

以上有關羅祖對吃齋的重視與教義中，可以看出吃齋是修行者最重要的一項戒律，它是能否了脫生死，培養真智慧，成爲千佛所喜的一項關鍵。

齋戒報恩、禁斷酒肉

後來的江南齋教，就是源於羅祖教，所以在齋教的教義中，也就特別重視吃齋的戒律。這一點可由其後齋教主要的戒經《大乘正教科儀寶卷》中，特別重視持齋受戒的規定看出來。《大乘正教科儀寶卷》是每位齋教徒日常誦唸的經卷，遇有重要的法會齋期，更是反復誦唸。其中有一段提到，信眾要吃齋受戒以報恩的觀念：

一報天地蓋載恩　天覆地載豈是輕
天降甘露普潤地　地發萌芽養眾生
吃齋受戒明禮義　報答天地蓋載恩
二報日月照臨恩　日月普照大乾坤
東出西沒無停息　週而復始放光明

〔註11〕《正信除疑無修證自在寶卷》，前揭書，下卷，頁17。
〔註12〕《正信除疑無修證自在寶卷》，下卷，頁39。
〔註13〕《正信除疑無修證自在寶卷》，下卷，頁41。

> 　吃齋受戒明心性　　報答日月照臨恩
> 　三報皇天水土恩　　皇天水土養黎民
> 　君王有道民安樂　　八方能寧靜好修行
> 　吃齋受戒行大道　　報答皇王水土恩
> 　四報爹娘養育恩　　爹娘恩如大海深
> 　十月懷胎娘受苦　　三年乳哺母辛勤
> 　父是天來母是地　　不敬父母敬何人
> 　上代古人行大孝　　宣揚四海盡留名
> 　若要兒孫孝順我　　我今先孝二雙親
> 　吃齋受戒行孝道　　報答爹娘養育恩
> 　五報祖師傳法意　　普傳妙法度眾生
> 　傳法之恩難酬報　　時時恭敬報深恩〔註14〕

對於天地君親師的五恩，都是要以吃齋受戒來報答，可知齋教對吃齋受戒的
重視。而整個齋戒的內容，最重要的就是"禁斷酒肉"，《科儀寶卷》中有如
下的規定：

> 你今跪在我聖祖蓮花臺前，所求何事？答：求了生脫死。到好，我看
> 世人只曉得貪名圖利，飲酒吃肉，那曉得生死二字，皆因心地不明，
> 故此未能醒悟。我今持醒說破你聽，用心聽著。酒是穿腸毒藥，飲能
> 亂性迷心，君子醉也亂胡行，敗國亡家傷性命。五百大戒酒為尊，酒
> 字說明，肉字再講。肉字裡兩個人，裡頭不見外頭人，吃他半觔還八
> 兩，打轉輪迴人食人。酒肉兩字聽說分明，我說者膽戰，你聽者心可
> 以驚，所以立心勸化善男信女，不可貪圖口腹，迷失當人。〔註15〕

齋教對禁斷酒肉的主張，是「說者膽戰，聽者心驚」，是非常嚴格的。由於如
此的重視與反復的強調，江南齋教雖是流傳日廣，分支派別日多，但在這項
持齋受戒的基本教義上，不會有絲毫的改變。

（二）儒童老人齋戒述原

　　整個民間秘密宗教齋戒信仰的發展，雖深受佛教齋戒觀的影響，但由羅
祖教立下吃齋修行的信仰觀後，到儒童素一老人彭依法（又稱彭超凡）著《齋
戒述原》一書出現，算是民間宗教齋戒信仰內涵之完成。彭依法是盛行於清

〔註14〕《大乘正教科儀寶卷》，收入《明清民間宗教經卷文獻》第六冊，頁377～378。
〔註15〕《大乘正教科儀寶卷》，頁379。

道光年間的青蓮教祖之一。根據官方檔案的記載：

> 道光二十三年二月內，安依成說有四川人謝致良之師，湖北沔陽州
> 人彭超凡即彭依法來省，素吃長齋，坐功運氣，邀伊一同往見。彭
> 依法勸令茹素坐功，可以卻病延年，伊就與安依成同拜彭依法爲師。
> 〔註16〕

可知彭依法是湖北沔陽州人，"素吃長齋，坐功運氣"，常勸人茹素坐功，說可以卻病延年。彭依法也是後來一貫道中所說的先天五老之一，一貫道是今天流行於臺灣及東南亞一帶，最大的一支民間宗教，一貫道信徒普遍奉行吃齋修行的觀念，即是來自此一傳統，而《齋戒述原》一書的內容，正是這一民間宗教齋戒信仰觀的主要依據。

（三）持齋爲學道第一要務

儒童老人在序言中，首先說明了"持齋戒殺"的重要性，他說：

> 夫人要做天地間第一美事，莫如讀書，讀書中第一高人，莫如學道，
> 學道要存惻隱之仁，存仁則戒殺爲先。學道須離冤債之孽，離孽則
> 持齋爲務。〔註17〕

民間宗教的持齋信仰，包括戒殺放生吃素戒酒及戒五葷菜（蔥、蒜、韭、薤、興渠等五種菜）等。儒童老人對齋戒的信仰觀念，應是沿襲羅祖教以來的信仰觀，只是更加強調其重要性，並列爲學道修行的第一要務。他說：「余也幸遇奇緣，得一至人傳授孔門心法，命吾此時要持齋，要戒殺，余亦遵命。」〔註18〕可見儒童老人自己是在拜師求道後，就開始奉行持齋戒殺的修持觀。

（四）持齋戒殺原爲儒門所重

彭法祖自稱爲儒童老人，又說是得授孔門心法，可見他所強調的是儒家的義理。至於儒家的理路中，又沒有如佛教的戒律，有明確齋戒喫素的主張，因此他先針對殺物祭神的問題提出解釋，他說：

> 今夫時當末法，我儒門有重持齋戒殺，世人多有不信者，蓋逐末
> 而不務本，知終而不原始耳。大學云：物有本末，事有終始，知
> 所先後，則近道矣。考之殺物，始於伏羲教人餵養六畜，供祭天

〔註16〕《宮中檔道光朝奏摺》第十四輯，道光 25 年 4 月 18 日，陸費琛摺。
〔註17〕儒童老人，《齋戒述原》，頁 671。
〔註18〕同上註。

> 　　地神明，以報其功德。後世天子，因祭天地，以功德大者殺牛；
> 　　大夫因祭山川，以功德次者殺羊；士因祭五祀，以功德小者殺豕；
> 　　至於庶人無功於世，無牲物可殺，祭先則蘋藻可供，養親則菽水
> 　　承歡。〔註19〕

儒童以殺牲祭神，目的在報其功德爲理由，來解釋何以古人會有此項作法。
這可能因爲祭祀拜拜是民間普遍存在的習俗，而祭祀時又少不了要殺牲畜，
如果要持齋戒殺，就得先改變此種觀念。他說：

> 　　蓋六畜前生必有惡孽，應遭今生天子大夫士之殺報，死後冤解，天
> 　　地神明慈悲廣大，即將祭牲孽罪，解釋超生脫苦。一者，正六道輪
> 　　迴應受之罪；二者，使人見殺畜報慘，借以自儆莫壞天良，致變六
> 　　畜；三者，使人欲食其肉，必求有功德於世，非徒教人適口而充腸
> 　　也。〔註20〕

一方面是以因果報應的觀念來解釋，受殺牲畜祭祀可獲超生了苦，另一方面
也提出三項理由來說明，受殺的祭牲，有其應受的作用。目的是要闡述，吾
人不能因古來天子、士大夫等官員，有殺牲祭祀的作法，就認爲聖人沒有主
張吃齋戒殺。

（五）殺生食肉的果報

　　對於爲何要主張齋戒素食，儒童老人是從因果報應的觀點來解釋，他說：

> 　　果有功德超度生靈，亦可受用。如無功德超度，食其肉者，來生還
> 　　報。故肉字裡面兩人，細思以人吃人，今世吃他八兩，轉世還他半
> 　　觔。殺其命者，臨終受苦，故牢字從牛，獄字從犬，牛犬不戒，牢
> 　　獄不免。請看屠夫，死不斷氣，必要刀盆擺列床前，其氣方斷，此
> 　　殺冤最重之報也。〔註21〕

將“肉”字解爲裡面兩人，代表人吃人，吃他八兩還他半斤，這是民間宗教
常見的講法，今日的一貫道講持齋的義意時，也是如此一說。牢字從牛，獄
字從犬，意思是說如果吃了牛肉及狗肉，將來果報會受地獄之苦，就在所難
免。如此一類的通俗說法，是對下層庶民特有的說理方式。

〔註19〕儒童老人，《齋戒述原》，頁672。
〔註20〕儒童老人，《齋戒述原》，頁672。
〔註21〕儒童老人，《齋戒述原》，頁672。

（六）三期末劫年首要持齋

對於歷史上一些忠臣義士，如關羽者，雖殺人無數，但乃能成聖成神，受人民萬代景仰，其中的道理，儒童老人也有一番說法：

> 若忠臣義士雖殺身可以成神，其餘持齋戒殺，修身學道之人，不得錯殺。惟貪葷好殺誹謗正道之輩，每逢大劫，殺冤隨身，救苦神君不護，所以兵劫一臨，殺人千千萬萬也。〔註22〕

至於儒家孔子在世時，並未主張持戒守長齋，儒童則認為是天時未到的關係。他說：

> 老子化項囊，傳道於孔子，而孔子慎齋戒，而不拘長齋戒，何故？因在三元午會之中，而未至於午末大劫時。孔當春秋，孟當戰國，人獸相食，一時難以變化，祗可權通化人，非不言齋，而長齋非其時。教以人倫，而命仁亦罕言，若要長齋，必待三期劫至。〔註23〕

所謂「三元午會之中」，指的是民間宗教常用的天時算法，以一元會一萬零八百年，配合十二地支（子、丑、寅、卯、辰、巳、午、未、申、酉、戌、亥）劃分成十二等分的時間，孔子的時代認為是走到午、未會之間，故謂之午會之中。至於午末大劫，指的就是「三期末劫」，天時走到午會的末了，要進入未會時，天地會有大的災劫來臨，故謂之三期末劫。儒童認為這時就應持長齋修行，才能躲劫避難，修成正果。

（七）持齋戒殺在修性復初

同樣的儒童老人也將持齋與修行當合起來，視持齋為修行的第一步，他說：「欲人修性返本，先當持齋齊心；欲人明善復初，首要戒殺存仁。」〔註24〕此外，更從易經的觀點來解釋，持齋修行的重要性，他說：「易云：萬物相見乎離，離者午會也。故云吃齋要吃坎離齋，不吃坎離齋，咬菜根言超凡入聖之道，非天時不洩，非天命不傳也。」〔註25〕至於什麼才算是“吃坎離齋”，儒童並未明講。不過持齋可達到純陽去陰的目的，儒童則有清楚的說明：

> 齋戒一二三月，如初一二三太陰生明之象；齋戒一二三年，如十五六太陰圓滿之象。若人行不息，如群陰撥盡而成純陽之象，質能純

〔註22〕儒童老人，《齋戒述原》，頁673。
〔註23〕儒童老人，《齋戒述原》，頁673。
〔註24〕儒童老人，《齋戒述原》，頁673。
〔註25〕儒童老人，《齋戒述原》，頁673。

陽，可以人道；氣能純陽，可以成道。〔註26〕

一二三應是代表數，不是只齋戒二三年就夠了，而是要力行不怠，直到群陰撥盡，現出純陽爲止。明清以來的民間宗教，常將修行比作是純陽去陰的功夫，陽代表清淨之氣，陰代表混濁之氣，清者爲上，濁者爲下，所以要能去陰存陽，才能向上提升。儒童將持齋戒殺說成可去陰存陽，即是要和修行的功夫相結合。

相較於羅祖在《五部六冊》中所言，顯然儒童老人對持齋戒殺的闡述，在內涵上又更爲完整。

第二節　民間宗教齋戒信仰的特徵

《寶卷》是明清以來民間秘密宗教所用的經典，藉由《寶卷》的記載，可具體的呈現出，民間秘密宗教的教義思想。通常這些經卷是民間宗教的信奉者，經常要誦念的內容，故其中的教義主張，對信奉者產生很大的影響力。就目前所見的寶卷來看，齋戒茹素，幾乎是共同強調的修行要項，舉其主要的齋戒觀，分析如下：

一、凡人吃酒肉造罪業

民間宗教的教義，總是將修道人與一般凡人，作明顯的對比劃分。經常是把不修道吃齋的人，說成是造罪業的人。《普明如來無爲了義寶卷》曰：

法輪轉　無晝夜　普照群生
迷眾生　不認眞　貪塵愛寶
殺生靈　喫酒肉　不肯回心
造罪業　重如山　難離苦海
串四生　六道轉　無盡無窮〔註27〕

「串四生，六道轉」，指的是生死輪迴於四生（卵生、濕生、胎生、化生）、六道（天道、人道、阿修羅道、畜生道、地獄道、餓鬼道）之中，無法脫離苦海。《天緣結經寶卷》對四生之肉莫相吃的道理，有較清楚的闡述：

鱗者濕生的肉也，甲者化生的肉也，羽者卵生的肉也，毛者胎生的

〔註26〕儒童老人，《齋戒述原》，頁674。
〔註27〕《普明如來無爲了義寶卷》，收入《明清民間宗教經卷文獻》第六冊，頁142。

肉也。四生之靈，皆因生前結了萬萬冤孽，生生死死這殼出那殼入，遞轉輪迴不得了手。祖願慈悲遺留千經萬典，苦勸眾生，這般四生之肉，莫相食噉。食噉者，冤冤相報，劫劫填還，再得人身，難上又難。似須彌山滾芥投針，水中撈工，一般今生，若再結冤債，世世難了業障也。〔註28〕

另一部《佛說利生了義寶卷》，則將世間人凡是不吃齋修道者，都說成是迷真逐妄的造罪業者：

說陽世間一切男女，迷真逐妄頓失了西天靈性，不認真空，不依佛道，專以苦造罪業。飲酒不怕迷混，吃肉不怕生死，貪財不顧性命，好色不怕損傷。累作重罪，累墮幽冥，累受苦腦，累串四生，無盡盡窮，無邊無量。〔註29〕

《古佛天真收圓結果龍華寶懺》，進一步將世間的刀兵火劫，說成是世間人不齋戒行善所造成的惡業：

天下眾生男女老少，自從靈山失散原來真寶，迷入貪嗔痴愛不信佛法，不敬天地日月三光，不孝父母六親眷屬，貪戀一切女色財寶，偷盜淫妄，飲酒食肉，昏迷神思，恣縱身心，常行苦海，罪殃深重。因此有刀兵水火疫癘災凶禍患纏繞，痛苦憂煎不能自安，死墮輪迴苦報，歷劫纏綿無有出期。〔註30〕

此外，《龍華寶懺》中也很清楚的說明，為何眾生吃肉害牲，會造下罪業，結下冤債的道理：

佛言大地眾生都有冤債纏繞，如有所繫何由解脫？只因不信佛法，口貪滋味，殺害生靈充亡口腹。不知人人愛命，物物貪生，口不能言，含冤負屈，痛苦莫伸。與你黃金千兩，誰肯將刀自割。積下無量無邊冤債，吃他半斤還八兩，殺他一命還他一命，生生世世無有休息，何得出期。〔註31〕

為了貪圖口慾而殺害牲靈，就會與他結下冤債，吃多少將來就須還多少，這種教義在民間宗教裡是普遍存在的觀念。

〔註28〕《天緣結經註解》，收入《明清民間宗教經卷文獻》第六冊，頁318。
〔註29〕《佛說利生了義寶卷》，收入《明清民間宗教經卷文獻》第五冊，頁422。
〔註30〕《古佛天真收圓結果龍華寶懺》，收入《明清民間宗教經卷文獻》第五冊，頁758。
〔註31〕《古佛天真收圓結果龍華寶懺》，頁762。

二、智者吃齋積功德了生死

既然吃酒肉會造罪業，吃齋者就是可以積功德。《大乘意講還源寶卷》
曰：

先註生　後註死　不分老少
閻羅王　有桿秤　較量人心
稱完了　問罪人　作何功德
把關隘　正五九　年年不停
忙展開　生死簿　從頭觀看
肯喫上　一日齋　也是功行
文簿上　盡都是　十惡不善
那有你　喫齋人　半個時辰〔註32〕

只要吃一日的齋，就有一日的功，雖是很功利的說法，但對民間宗教的信仰
者而言，是很容易被接受的觀念。《佛說利生了義寶卷》中，舉了佛陀的弟子
富樓那爲例說：

富樓那家豪大富，有家財金銀滿庫，他也曾修寺建塔，他也曾修橋
路，他也曾濟貧拔苦，布施齋僧，喫齋把素。有一日，無常到了，
一靈眞性歸雲路，富樓那是他得果位，執掌著無爲庫，至如今齊天
大福，空王殿裡相伴佛祖。〔註33〕

富樓那在世修行的情況，未必眞如所言，但可看出民間宗教的教義裡，吃齋
作善事，具有很大的功德，是一般所共同認定的觀念。

此外，吃齋修行也是了脫輪迴生死的重要條件。《十王寶卷》曰：

大地眾生，若要斷除罪孽，免卻輪迴，總要持齋修道，煆棄昏迷邪
亂，悟通玄機效驗，時時降伏身心，刻刻定住玄門，參寂滅無爲，
覺窈冥有情，三心了卻，四相全無，打轉三關，通開八脈，此乃出
世之道。〔註34〕

這一切了脫生死的出世之道，都是由開頭的持齋修道開始，是爲首要的條件。
所謂的持齋修道，在《十王寶卷》中，是說成佛門與儒家兼修的方式，謂之：
「佛門持齋儒家修，奉勸世上男和女，男女修來有根由；男人修成如來佛，

〔註32〕《大乘意講還源寶卷》，收入《明清民間宗教經卷文獻》第六冊，頁357。
〔註33〕《佛說利生了義寶卷》，頁466。
〔註34〕《十王寶卷》，收入《明清民間宗教經卷文獻》第七冊，頁34。

觀音菩薩女人修；不修鐵床銅柱獄，聲聲哀告苦不休。」〔註35〕

三、吃他半斤還八兩的因果觀

民間秘密宗教最常引用粗俗的因果觀，來強調吃齋修行的重要性。《佛說如如居士度王文生天寶卷》記載：

> 披著毛　帶著角　用命還債
>
> 活活的　刀頭死　以肉供人
>
> 你喫他　肉半斤　還他八兩
>
> 你喫了　十六兩　還他一斤
>
> 陽世間　殺生靈　無人管你
>
> 陰司裡　討命鬼　久等仇人
>
> 鑊湯地獄難忍難禁　滿眼淚紛紛
>
> 鬼使發怒鐵棒臨身　皮開肉綻
>
> 血水淋淋　聲聲叫苦　幾時出幽冥〔註36〕

《佛說如如居士度王文生天寶卷》是描述王文修道得渡的過程，其中特別強調吃齋持戒的重要。認為在陽世間吃殺生靈，將來死後到了地獄，就會受到下油鍋等的果報，而且是在世吃他多少肉，將來在陰間就要還他幾斤肉，這種粗俗的因果觀，在民間宗教的經卷中，處處可見。《十王寶卷》中就提到：「肉字中間兩個人，不識之人買來吞，喫他半斤還八兩，仔細思量人喫人。」〔註37〕《明宗孝義達本寶卷》中也提到：「善惡到頭終有報，殺一牲來還一生；你若害他他害你，喫他八兩還半斤；一還一報何日盡，冤冤相報苦無窮。」〔註38〕《羅祖派下八支因果經》曰：「殺戮牲靈莫歡欣，先到地獄等仇人；你若殺他他殺你，吃他八兩還八觔。」〔註39〕另外，《佛說利生了義寶卷》對吃齋的因果道理，講得也很明白：

> 世間男女不平心，袛吃生靈、袛吃生靈，吃他八兩還半斤，誰肯饒
>
> 人、誰肯饒人。他是前生造惡因，纏變畜生、纏變畜生，你今吃他

〔註35〕《十王寶卷》，頁 37。

〔註36〕《佛說如如居士度王文生天寶卷》，收入《明清民間宗教經卷文獻》第六冊，頁 18。

〔註37〕《十王寶卷》，收入《明清民間宗教經卷文獻》第七冊，頁 36。

〔註38〕《明宗孝義達本寶卷》，收入《明清民間宗教經卷文獻》第六冊，頁 215。

〔註39〕《羅祖派下八支因果經》，收入《明清民間宗教經卷文獻》第六冊，頁 591。

替他生，永墮沉淪、永墮沉淪。〔註40〕

在《歸原寶筏》一書中，將殺害牲靈時的果報，也有一番清楚的描述：

> 請思畜物殺時，斬之叫苦悲聲，亂跳亂舞想逃生，口叫噯喲饒命，
> 畜物體異性同，不過軀體異形，一死靈魂見閻君。他能訴苦冤，稟
> 十王依律判斷，將人陰德超生，不然等人命歸陰，冤冤相報嚴緊。
> 〔註41〕

四、吃肉輪迴畜生難脫苦海

除了說吃齋可得福報，對於吃酒肉者，則會得到大的惡報。《如如老祖化度眾生指往西方寶卷》一書，描述如如老祖如何善說道理，度化一位殺豬屠戶的情形如下：

那如如	上前來	苦勸屠戶	開口說	聽不聽	與我無故
我且把	畜生身	因果說明	那畜生	訴不出	痛苦難忍
今日裡	殺一刀	血水流噴	是今生	現世報	刀山地獄
燒滾湯	刮去毛	剝皮地獄	用尖刀	剖開腹	分身地獄
取心肝	剜五臟	抽腸地獄	束一刀	西一刀	碎剮地獄
燒紅鑊	就下了	油鍋地獄	放在口	碎磨嚼	鋸解地獄
腹州城	轉一轉	深坑地獄	後來時	出螻蟲	阿鼻地獄
他骨頭	狗拖去	惡狗地獄	想迷人	眞不識	冤冤相報〔註42〕

如如老祖將殺生吃肉的過程，和各種地獄的慘狀相比擬，終於感化屠戶向善，放下屠刀，立地向佛吃齋修行，拜如如老祖爲師，法號善悟。至於另外一部《銷釋混元弘陽血湖寶懺》中，則清楚說到：「不念佛號，墮黑暗地獄；飲酒吃肉，墮於糞坑地獄。」〔註43〕清代紅陽教的教義，認爲飲酒吃肉者，死後會墮入糞坑地獄。另一部《古佛天眞收圓結果龍華寶懺》中，則是說吃肉殺牲者，會墮入油鍋地獄。〈懺度油鍋地獄第三十三〉曰：

> 只見許多差叉鬼使，將一油鍋猛火燒煎，無數男女在旁悲號啼哭。
> 牛頭惡鬼將諸罪人，推入油鍋，浪翻滾沸，悲號喊叫無有拯救。世

〔註40〕《佛說利生了義寶卷》，收入《明清民間宗教經卷文獻》第五冊，頁423。
〔註41〕《歸原寶筏》，收入《明清民間宗教經卷文獻》第九冊，頁27。
〔註42〕《如如老祖化度眾生指往西方寶卷》，收入《明清民間宗教經卷文獻》第六冊，頁42～43。
〔註43〕《銷釋混元弘陽血湖寶懺》，收入《明清民間宗教經卷文獻》第六冊，頁862。

> 尊慈愍讚嘆，閻君伏俯啓奏：此等罪人，在世不敬太上好生之德，
> 不念牲靈之苦痛，只圖口腹之肥甘，將諸禽畜魚鱉，種種牲靈入於
> 油鍋煎煮。今日墮此地獄，骨肉焦枯，魂魄歸於冤報，劫內無有出
> 期。〔註44〕

用地獄裡恐佈的果報景象，來強調吃齋修善的重要性，這是民間宗教教義裡很普遍的現象。光緒二十二年（1896）刻印的《消災延壽閻王經》也說：「有一等，好殺生，貪圖滋味。終日裡，害物命，鮮血灘淋。吃了他，肉半斤，定還八兩。到案下，來對審，相報該應。叫夜叉，將罪犯，油鍋叉下。下油鍋，再撈起，另外加刑。勸爲人，切勿要，殺生害命。」〔註45〕將殺牲吃肉者的下場，說成會落入地獄裡的第二殿，遭到下油鍋的報應。

五、持齋念佛人的好處

灶君在民間信仰中，是一位司命人間善惡的神。每年年底的十二月二十四日，灶君會上報玉皇大帝，世人在這一年來所作的善惡功過，所以灶君與每個人的關係至爲密切。於是民間秘密宗教也藉由灶君的信仰，強調齋戒念佛的重要性。《福國鎮宅靈應灶王寶卷》的一開頭就提到：「月月二十四，上方奏善惡，苦怕深獲罪，吃齋早念佛。」〔註46〕強調吃齋念佛的重要。在《灶王寶卷》的下卷，更以問答的方式，說明持齋念佛之人有何好處：

> 試看爲聖作賢者　　都是持齋念佛人
> 聖人一語價千金　　遠超苦趣越紅塵
> 至道誠爲乾坤柄　　化生萬物祖源根
> 迅速光陰似飛梭　　誰肯早早念彌陀〔註47〕

爲了強調持齋戒殺的重要，《灶王寶卷》第十九品〈戒止殺生品〉中，特別講到殺生害命受果報，而後懺悔改過，喫齋念佛的事例：

> 夫昔日萬曆年間，渤海有吳氏兄弟三人，一世打生，在郊外宿歇。
> 忽然天降大霧甚惡，吳二背網遠行，路遇許多獐麂野鹿狐兔之類，
> 及飛禽無數，一齊喊聲圍住，不能得脫，將頭面眼目啄的鮮血淋漓。

〔註44〕《古佛天眞收圓結果龍華寶懺》，頁809。
〔註45〕《消災延壽閻王經》，收入《明清民間宗教經卷文獻》第十冊，頁11。
〔註46〕《福國鎮宅靈應灶王寶卷》，收入《明清民間宗教經卷文獻》第六冊，頁74。
〔註47〕《福國鎮宅靈應灶王寶卷》，頁103。

吳二哀哭無所救免，只聞的說冤仇不報其恨難消。正喊叫中間，有
一人騎駿馬而來，相隨二童喝曰不可，鞭稍搖動，其冤魂自散。吳
二哭曰：公何人救我。答曰：吾東廚司命，因你廣殺生靈，每日烹
煮殃累吾神，不能得脫。吳二哭曰：從此改過，不敢仍犯。神去也，
吳二還家，告兄弟前事，三人改過，焚索網，作道場，一晝夜懺諸
牲命，以解其冤。灶神次日作謝曰：吾今高轉也，兄弟三人盡皆喫
齋念佛，是寶麼。〔註48〕

吳氏兄弟因廣殺生靈，每日在廚房烹煮，使灶君都受到連累。當吳二業力現
前，遭到冤魂索討的惡報時，灶王特來相救，讓吳氏兄弟三人，有懺悔改過
的機會，從此虔誠喫齋念佛。在這部《灶王寶卷》中，灶王被描述成一位，
勸化世人吃齋念佛的神。

　　一般民間宗教信奉者認為，持齋人或許日子過的清苦，但將來必能得到
很好的福報。《普靜如來鑰匙通天寶卷》曰：「持齋人，受貧寒，黃茅淡飯；
苦修行，得好處，還上天宮。」〔註49〕"上天宮"指的是超生了死，靈性得
救回去理天，這是持齋人最大的福報。在《十王寶卷》中，甚至將吃齋人的
功德，說成不只自己可得超生，也可以超昇自己的祖先。曰：「一子喫齋千佛
喜，九玄七祖盡超昇。」〔註50〕

六、戒殺報本恩

　　戒殺報恩的觀念，也是民間宗教所強調的一項重要教義。《明宗孝義達本
寶卷》第八品〈戒殺報本品〉，有一段很具代表性的描述：

佛言：我觀閻浮一切眾生，六道四生蠢動含靈，本是一蠋發生，祗
因當初差一念，至今現出萬般形。若卵生鵝、鴨、飛禽；若胎生豬、
狗、牛、羊；若濕生魚、鱉、蝦、蟹；若化生蚊、蠓、蛆、蟲，各
各皆有父母叔伯弟兄，內外眷屬，物皆有之。假如有人屠宰殺牲，
拿索細縛，大叫悲聲，利刀刺喉，血湧如泉，哀聲未絕，拔毛割肉，
如是之苦，智者何忍殺之。假如有人，架鷹放犬，剛叉藥箭，彈打
鴉鳥，傷其一牲，只見群獸東跑西擅，鴉鳥亂飛叫，切悲聲如怨如

〔註48〕《福國鎮宅靈應灶王寶卷》，頁118。
〔註49〕《普靜如來鑰匙通天寶卷》，收入《明清民間宗教經卷文獻》第四冊，頁800。
〔註50〕《十王寶卷》，頁42。

恨，如是之苦，智者何忍殺之。咦！豈不聞鴉有反哺之恩，鷹有次
序之義，犬有展草之恩，馬有垂韁之義，牛有耕種之恩，羊有跪乳
之義。虎狼有父子，蜂蟻有君臣，烏魚朝北斗，豺獺報本恩，睢鳩
之有別，比物尚知禮義，爲人反不及乎。人是萬物之尊，最靈最貴
是人，因何不覺汝之父母，你之性命，於我性命，本來元是一氣發
生。何故將此類累殺害，割他肉補我身，我貪滋味他受苦疼，謂此
心不明也。因此，世不平也。〔註51〕

強調萬物與我一體，此爲佛教所言的"無緣大慈，同體大悲"的道理。藉由萬
物也懂報恩行義的道理，凸顯出身爲萬物之靈的人，不應作出殺牲害命的不恩
不義之事，更應進一步吃喫念佛以報天地父母之恩。此篇精要的論述，顯然是
取材於佛教戒殺放生的義理。類似喫齋報恩的觀念，在民間宗教的教義裡很常
見。《太上祖師三世因由總錄》曰：「天地包含萬物生，發現萬物養瞻人；蓋載
之恩難酬報，持齋念佛報天恩。」〔註52〕《大乘正教明宗寶卷》曰：「勸君持齋
總報本，隨仙超昇上法船。」〔註53〕《十王寶卷》曰：「世人要報爹娘恩，喫齋
念佛早修行。」〔註54〕另外，獻香禮嚫報重恩，則是反覆唱念吃齋報恩的重要：

一炷信香　報答上蒼　天地蓋載　日月照臨
天降甘露潤乾坤　地發萌芽養眾生
蓋載之恩難酬報　喫齋念佛報重恩
日月兩輪往來旋　週而復始放光明
照臨之恩難酬報　喫齋念佛報重恩
再炷信香　報答皇王　文武護法　鎮國安邦
皇王洪福萬萬春　五穀豐登托仁君
水土之恩難酬報　喫齋念佛報重恩
三炷信香　報答爹娘　懷胎十月　乳哺三年
父母懷娠苦無窮　爲男爲女費辛勤
養育之恩難酬報　喫齋念佛報重恩〔註55〕

〔註51〕《明宗孝義達本寶卷》，〈戒殺報本品第八〉，收入《明清民間宗教經卷文獻》
　　　　第六冊，頁214。
〔註52〕《太上祖師三世因由總錄》，收入《明清民間宗教經卷文獻》第六冊，頁243。
〔註53〕《大乘正教明宗寶卷》，收入《明清民間宗教經卷文獻》第六冊，頁456。
〔註54〕《十王寶卷》，頁52。
〔註55〕《大乘正教明宗寶卷》，頁460～461。

吃齋報恩的教義中，特別是報答親恩的觀念，很容易被一般人所接受，因爲它正好與儒家傳統的孝道觀念相結合。

七、吃齋之人的基本戒律

酒、色、財、氣，是吃齋之人必要守的戒律。《太上祖師三世因由總錄》曰：

> 酒色財氣四堵牆　多少賢愚在內藏
> 有人跳出牆兒外　便是長生不老方
> 酒色財氣是鐵圍　多少迷人暗受虧
> 誰能出得鐵圍去　現作清宵雲外人
> ……
> 吃齋之人不戒酒，後世必遭刑笞杖，家事盡廢，離鄉別井，故戒酒
> 爲先。
> 吃齋之人不戒色，必是輪迴，不免後世容顏醜陋，故以戒爲貳。
> 吃齋之人不戒財，世世妄爲貪濫，禮義不知，故以戒財爲參。
> 吃齋之人不戒氣，後世必成短命身，忘官非口舌不能清吉，故此戒
> 氣爲四。〔註56〕

民間宗教的教義，通常是將持齋列爲最基本的戒律，所謂「及持齋，須遵戒，三皈保守；蕩邪心，掃雜念，性淨神清。」〔註57〕就是這個道理。因此"持齋"不只是修行的必要，也是入聖門的第一步。誠如《羅祖派下八支因果經》所言：「欲得復初者，先須齋戒，從佛修因，如砌牆之基址也。若不齋戒，不稱善人。」〔註58〕這種的信仰觀念下，吃齋者會被定位成一位戒律嚴謹者，酒、色、財、氣只是最基本的戒律。此外，佛門常說的五戒（殺、盜、淫、妄、酒），也有眾多的民間秘密教派，將之奉爲吃齋受戒者的基本戒律。《古佛天眞收圓結果龍華寶懺》曰：「不拘僧尼道俗俱當信心受持，一不殺牲，二不偷盜，三不邪婬，四不誑言，五不飲酒吃肉，若能精嚴謹守，便爲最上上一乘。」〔註59〕直接將第五戒的酒戒，改爲不飲酒吃肉的持齋戒。《普靜如來

〔註56〕《太上祖師三世因由總錄》，頁258～259。
〔註57〕《佛說皇極金丹九蓮證性還鄉寶卷》，收入《明清民間宗教經卷文獻》第五冊，頁187。
〔註58〕《羅祖派下八支因果經》，收入《明清民間宗教經卷文獻》第六冊，頁561。
〔註59〕《古佛天眞收圓結果龍華寶懺》頁768。

鑰匙通天寶卷》亦言：「五戒者，一不殺生，二不偷盜，三不邪淫，四不酒肉，五不妄言，此乃是三皈五戒。」〔註60〕也是將五戒中的酒戒，加了不食肉的吃齋戒。另外，《科儀寶卷》曰：

> 吃齋受戒之人，先學那慈悲爲本，方便爲門，切記不可殺牲害命，
> 此乃一戒明白。二戒不許你偷盜，乃是義也。……
>
> 三戒不許邪淫，乃是禮也。……吃齋受戒之人，要學那前輩古人魯
> 男子，閉戶不納；柳下惠坐懷不亂，才是眞君子，方顯大丈夫。
>
> 四戒不許你誑語，乃是智也。……
>
> 五戒不許你開葷飲酒，乃是信也。〔註61〕

此外，紅陽教也有〈十戒禮懺文〉的規定，亦是作爲初學道者，吃齋修行的依據：

> 一戒不犯殺生命　二戒不舉盜人心
> 三戒不犯邪淫病　四戒眞實不妄行
> 五戒除心不飲酒　六戒清淨不食葷
> 七戒五辛皆掃盡　八戒琴棋歌舞淨
> 九戒香薰衣不掛　十戒忍辱要遵人〔註62〕

八、持齋念佛可超陰靈

持齋念經可超拔地獄裡受苦的親人，這也是寶卷裡經常會被強調的觀念。《天緣結經寶卷》曰：

> 地獄者，地藏慈尊掌握，十殿之閻君所管。陰司之地獄罪者眾生，
> 陽世所作眾罪，直到命終之後，打入地獄之中，受苦無窮。若有孝
> 子賢孫，持齋向善，念佛看經，將九玄七祖，在獄中受苦，是然悉
> 皆解脫，得判人身，出苦轉世，此等乃是子孫之大孝也。〔註63〕

將持齋念經與孝親觀念相結合，認爲孝子賢孫，就該持齋超度地獄裡的受苦祖先，如此更能凸顯持齋的神聖意義。

〔註60〕《普靜如來鑰匙通天寶卷》，收入《明清民間宗教經卷文獻》第四冊，頁754。
〔註61〕《科儀寶卷》，收入《明清民間宗教經卷文獻》第六冊，頁421～422。
〔註62〕《銷釋混元無上拔罪救苦眞經》，收入《明清民間宗教經卷文獻》第六冊，頁830。
〔註63〕《天緣結經註解》，頁322。

九、勸夫持齋論

《羅祖派下八支因果經》一書中，有一篇〈勸夫持齋論〉，講述妻子勸縱慾致病的丈夫持齋。其中以丈夫的立場，道出一般人對持齋茹素的看法：

> 夫曰：你不賢婦狼毒心，勸我戒酒猶可，叫我喫素，死在眼前。凡人受傷則補，不用肥甘補之，反以淡泊菜味削之，須臾命即休矣。今我之病，恨不得肥肉滋味當飯，若再來吃素，管教我萬病未瘥毫髮子，須臾又惹滿心憂。況吃素之人，乃餓鬼投胎，罪業未畢，老天教他受餓，累劫負債，以了終日。〔註64〕

作丈夫的雖然說死也不肯吃素，但經妻子及舅公的反復開導，終於歡喜受，持齋皈依。其中有一段話是這樣說：

> 公曰：子何言其誕也。若殺他命，肥甘我腹，他何罪該殺，你何能該食。獸禽雖賤，性命一般，形軀雖異，生死同之。論語云：鳥之將死，其鳴也哀，人之將死，其言也善。家禽六畜其戀性命，可想而知，故聞主喚，則知來，見主驅，則知去，他的形體若愚人一般，在一日混一日，無良到，甘心死，故縱仁人君子，知他性命，和我性命一般，所謂人物性命同也。〔註65〕

同樣是以物我一體，同體大悲的說法來立論，這是一般民間宗教教義，常引用的論點。

十、齋戒以敬誦聖佛

民間秘密教派，雖禮敬的仙佛彼此不一，但皆強調齋戒以奉佛的重要性，是其共同之處。《羅祖派下八支因果經》曰：

> 齋戒沐浴，則可以祀上帝。故知奉敬聖佛仙神，若無齋戒沐浴，潔誠致敬，則不惟失禮，且有冒瀆之憾，一般信者，豈可不守禮法乎哉！當奉敬祀之期，深願列位齋戒沐浴，潔誠致敬，屆期無遲滯，赴時參恭，則庶幾無簡謾，無褻瀆之虞。〔註66〕

甚至有的經卷在受持誦念前，為了表示對聖佛的崇敬，明白定有持經法要，要求必須是齋戒沐浴者才可受持。《佛說大慈至聖九蓮菩薩化身度世尊經》的

〔註64〕《羅祖派下八支因果經》，頁571。
〔註65〕《羅祖派下八支因果經》，頁572。
〔註66〕《羅祖派下八支因果經》，頁635。

〈持經法要〉曰：

> 若諸受持九蓮經者，先須志心皈命，齋沐焚香，整衣端坐，靜慮澄
> 心，然後持誦淨口業真言：修唎修唎摩訶修唎修修唎薩婆訶。〔註67〕

淨口業真言，是持齋茹素者特有"淨口咒"，如此要求受持九蓮經者，等於
先要立齋戒愿，才能符合持誦經卷的基本條件。

另一部《太上老君說自在天仙九蓮至聖應化度世真經》的〈持經訣要〉
規定的更爲嚴格：

> 凡持誦經者，必先至心誠意，盥漱齋沐，嚴整衣冠，焚香正身端坐，
> 洗心滌慮，絕念忘情，思真如對，然後朗誦。〔註68〕

所朗誦的開經偈是：淨心神咒、淨口神咒、淨身神咒等身、口、心三業的清
淨咒，可見其要求之嚴格。

第三節　其他素食主義的比較

一、佛教的齋戒觀

就傳統的佛教而言，如前所述，在佛陀時代並未主張全面素食的修行戒
律。甚至連提倡素食的弟子提婆達多，也因修行理念的不合而被逐出教團。
因此，當佛教傳來中國，也沒有看到早期的佛教徒，有嚴格的規定必須吃素。
一直到梁武帝發動佛門清規的改革，提出〈斷酒肉文〉，全面推動佛教徒吃齋
的清規，才爲中國的佛教奠定以素食爲教餐的基礎。梁武帝以後，中國佛教
素食齋戒的清規，已然形成。就其內涵而言，素食與修行相結合，大致上不
外以下幾項特色：

（一）食三淨肉的爭議

就佛教的律典來看，並沒有任何一條戒律是禁止食肉的。而且在佛陀面
對提婆達多的質疑時，佛陀還提出「三淨肉」可食的看法。〔註69〕所謂的三
淨肉是指：見殺不食、聞殺不食、爲我殺不食，不在此三種情況下的肉食皆

〔註67〕《佛說大慈至聖九蓮菩薩化身度世尊經》，收入《明清民間宗教經卷文獻》第
　　　　十二冊，頁6。
〔註68〕《太上老君說自在天仙九蓮至聖應化度世真經》，收入《明清民間宗教經卷文
　　　　獻》第十二冊，頁20
〔註69〕康樂，〈潔身、身分與素食〉，《大陸雜誌》第102卷第1期，頁24。

可食用。因此，在佛教的教義裡，長久以來一直存在著三淨肉的爭議，到底佛陀的修行戒律中，允不允許食肉的問題。這對大乘佛教而言，由於律典中缺乏明確禁止食肉的條例，甚至在《四分律》中，還明確的規定「三淨肉」可食的內容：

> 有三種淨肉應食，若不故見不故聞不故疑應食。若不見爲我故殺，不聞爲我故殺，若不見家中有頭腳皮毛血，又彼人非是殺者，乃至持十善，彼終不爲我故斷眾生命。如是三種淨肉應食，若作大祀處肉不應食。何以故，彼作如是意辦具來者當與，是故不應食。若食如法治。〔註70〕

此外在《十誦律》中，對諸比丘三種不淨肉不可食，及三種淨肉可食，也有明確的規定：

> 三種不淨肉不應噉，何等三，若見若聞若疑，云何見。自見是生爲我奪命，如是見，云何聞。可信人邊，聞是生故爲汝殺，如是聞，云何疑有因緣故生疑。是處無屠兒無自死，是主人惡，能故爲我奪命。如是疑，是三種不淨肉不應噉。
>
> 三種淨肉聽噉，何等三，若眼不見耳不聞心不疑。云何不見，自眼不見是生故爲我奪命。如是不見，云何不聞可信優婆塞人邊，不聞是生故爲我奪命。如是不聞，云何不疑。心中無有緣生疑，是中有屠兒家有自死者，是主人善。不故爲我奪命，如是不疑，是三種淨肉聽噉。〔註71〕

既然有如此明確的規定可食的三種淨肉，要如何在義理上爲斷肉食找到合理的依據，就是一項難題。《大般涅槃經》中，首對此提出了階段制，漸進式的作法：

> 善男子，從今日始不聽聲聞弟子食肉。若受檀越信施之時，應觀是食如子肉想。迦葉菩薩復白佛言，世尊，云何如來不聽食肉。善男子，夫食肉者斷大慈種。迦葉又言，如來何故先聽比丘食三種淨肉。迦葉，是三種淨肉隨事漸制。迦葉菩薩復白佛言，世尊，何因緣故

〔註70〕〔姚秦〕佛陀耶舍共竺佛念等譯，《四分律》，收入《大正新脩大藏經》第二十二冊，頁 872b。

〔註71〕〔後秦〕弗若多羅共羅什譯，《十誦律》，收入《大正新脩大藏經》第二十三冊，頁 190b。

十種不淨，乃至九種清淨而復不聽。佛告迦葉，亦是因事漸次而制，當知即是現斷肉義。迦葉菩薩復白佛言，云何如來稱讚魚肉為美食耶。善男子，我亦不說魚肉之屬為美食也。我說甘蔗粳米石蜜一切穀麥及黑石蜜乳酪蘇油以為美食，雖說應畜種種衣服，所應畜者要是壞色，何況貪著是魚肉味。迦葉復言，如來若制不食肉者，彼五種味乳酪酪漿生酥熟酥胡麻油等，及諸衣服憍奢耶衣，珂貝皮革金銀盃器，如是等物亦不應受。善男子，不應同彼尼乾所見。如來所制一切禁戒各有異意，異意故聽食三種淨肉。異想故斷十種肉，異想故一切悉斷及自死者。迦葉，我從今日制諸弟子不得復食一切肉也。迦葉，其食肉者若行若住若坐若臥，一切眾生聞其肉氣悉生恐怖。〔註72〕

從這一段佛陀與迦葉的對話中可以看出，佛陀言一切善男子自今日起不得食肉，但迦葉尊者卻以佛陀曾同意食三淨肉為由，向佛提出置疑。佛因此說明了"隨事漸制"與"漸次而制"的用意，意思是說佛所言的可食三淨肉，是一種循次漸進的作法，在最終要達到不得食肉的目的。故云：食肉者斷大慈種。

此外，在《諸經要籍‧食肉緣第三》中，對於佛說的三淨肉也有如下的論述：

述曰。此之一教。亦有權實。言權教者。據毘尼律中。世尊初成道時。為度麤惡凡夫。未堪說細。且於漸教之中。說三種淨肉。離見聞疑。不為己殺。鳥殘自死者。開聽食之。先麤後細。漸令離過。是別時之意。不了之說。若據實教。始從得道。至涅槃夜。大聖慇懃。始終不開 又涅槃經云。一切眾生聞其肉氣皆悉恐怖生畏死想。水陸空行有命之類。悉捨之走。咸言。此人是我等怨。是故菩薩不習食肉。為度眾生示現食肉。雖現食之其實不食。但諸眾生有執見者。不解如來方便說意。便即偏執毘尼局教。言佛聽食三種淨肉。亦謗我言。如來自食。彼愚癡人成大罪障。長夜墮於無利益處。亦不得見現在未來賢聖弟子。況當得見諸佛如來。大慧。諸聲聞人等常所應食。米麵油蜜等能生淨命。非法貯畜非法受取。我說不淨。尚不聽食。何況聽食肉血不淨耶。非直食肉壞善障道。乃至邪命諂

〔註72〕〔宋〕慧嚴等，《大般涅槃經》卷4，收入於《大正新脩大藏經》第十二冊，頁626a。

曲以求自活。亦是障道。〔註73〕

由這段經文中可以看出，佛說三淨肉是爲度化比較低下的麤惡凡夫，所作的一種粗說，而非眞正細緻的佛理，故將之定位爲一種漸教，最終也在漸次達到不食肉的目的。甚至將菩薩示現食肉，說成是爲度化眾生故。感覺上有爲佛陀所說三淨肉作辯護的味道。爲食三淨肉定調爲漸進式的"漸次而制"，以達到全素爲目的的說法，《龍舒增廣淨土文》一經的說法，算是較有代表性的：

> 眾生肉本非所食之物。以耳聞目見慣熟。不知其非。如能斷肉。固爲
> 上也。如不能斷。且食三淨肉而減省食。若兼味且去其一。如兩餐皆
> 肉。且一餐以素。人生祿料有數。若此自可延壽。如早晨食素。其利
> 甚多。一省業緣。二可清淨。三不妨善業。四至晚食葷時。不至厭此
> 而欲彼。如此自可延壽。若以食素爲難。宜以食葷之費爲素食。則易
> 行而可持久。若縱口腹之欲。亦無了期。語曰。世上欲無刀兵劫。須
> 是眾生不食肉。斯言可不畏哉。不免食三淨肉者。次日可爲所食之肉
> 眾生。念西方四聖號并眞言。以資薦往生。庶幾可釋冤滅罪。據閻羅
> 王告鄭鄰之言。則至誠念四聖號以追薦者。必得往生。〔註74〕

不但說了三淨肉可食，也說一天三餐可一餐吃素，逐漸減省，最後達到全素之目的。所以經文中強調"世上欲無刀兵劫，須是眾生不食肉"。

（二）不應食肉的理由

在《楞伽阿跋羅寶經》中，佛有詳細的述說，不應食肉的十五項原因：

> 佛告大慧。有無量因緣不應食肉。然我今當爲汝略說。
> 謂一切眾生從本已來。展轉因緣常爲六親。以親想故不應食肉。
> 驢騾駱駝狐狗牛馬人獸等肉。屠者雜賣故不應食肉。
> 不淨氣分所生長故不應食肉。
> 眾生聞氣悉生恐怖。如旃陀羅及譚婆等。狗見憎惡驚怖群吠故不應
> 食肉。
> 又令修行者慈心不生故不應食肉。
> 凡愚所嗜臭穢不淨無善名稱故不應食肉。

〔註73〕〔唐〕道世集，《諸經要集》，〈食肉緣第三〉，收入於《大正新脩大藏經》第五十四冊，頁159b。

〔註74〕〔宋〕王日休撰，《龍舒增廣淨土文》，收入於《大正新脩大藏經》第四十七冊，頁279b。

令諸咒術不成就故不應食肉。

以殺生者見形起識深味著故不應食肉。

彼食肉者諸天所棄故不應食肉。

令口氣臭故不應食肉。

多惡夢故不應食肉。

空閑林中虎狼聞香故不應食肉。

令飲食無節量故不應食肉。

令修行者不生厭離故不應食肉。

我常說言。凡所飲食作食子肉想作服藥想故不應食肉。

聽食肉者無有是處。〔註75〕

這些理由中，有就輪迴的觀點來說，也有從食肉會造成身體的不淨氣分，會讓眾生聞氣悉生恐怖。還有是修習咒術者，吃肉會讓咒術練不成。或是吃肉會造成口氣惡臭，甚至是多惡夢，造成飲食無節制等等的說法。另外，在《廣弘明集》中，更列出了食肉會有的三十六種業障：

若食肉者是遠離菩薩道。若食肉者是遠離佛果。若食肉者是遠離大涅槃。若食肉者障生六欲天。何況涅槃果。若食肉者是障四禪法。若食肉者是障（四空法。若食肉者是障戒法。若）食肉者是障定法。若食肉者是障慧法。若食肉者是障信根。若食肉者是障進根。若食肉者是障念根。若食肉者是障定根。若食肉者是障慧根。舉要為言。障三十七道品。若食肉者是障四真諦。若食肉者是障十二因緣。若食肉者是障六波羅蜜。若食肉者是障四弘誓願。若食肉者是（障四攝法。若食肉者是障四無量心）若食肉者是障四無礙智。若食肉者是障三三昧。若食肉者是障八解脫。若食肉者是障九次第定。若食肉者是障六神通。若食肉者是障百八三昧。若食肉者是障一切三昧。若食肉者是障海印三昧。若食肉者是障首楞嚴三昧。若食肉者是障金剛三昧。若食肉者是障五眼。若食肉者是障十力。若食肉者是障四無所畏。若食肉者是障十八不共法。若食肉者是障一切種智。若食肉者是障無上菩提。〔註76〕

〔註75〕〔劉宋〕求那跋陀羅譯，《楞伽阿跋羅寶經》，收入於《大正新脩大藏經》第十六冊，頁513c。

〔註76〕〔唐〕道宣撰，《廣弘明集》，收入於《大正新脩大藏經》第五十二冊，頁296a。

食肉會得三十六種業障，幾乎含一切修行上可能的障礙了。此外，在《諸經要集》中，也列出了十項應明白的不食肉理由：

　　第一明一切眾生無始已來。皆是己親不合食肉。

　　第二明食肉眾生見者皆悉驚怖故不應食。

　　第三明食肉之人壞他信心。是故不應食肉也。

　　第四明慈心少欲行人不應食肉。

　　第五明食肉之人皆是過去曾作惡羅剎。由習氣故今故貪肉。是故不應食肉也。

　　第六明食肉之人。學世咒術尚不得成。況出世法何由可證。是故行者不應食肉。

　　第七明眾生皆愛身命與己無別。是故行者不應食肉。

　　第八明食肉之人諸天賢聖皆悉遠離惡神恐怖。是故行者不應食肉。

　　第九明食肉之人。淨者尚不應貪。況不淨肉。是故行者不應食肉。

　　第十明食肉之人死則還生惡羅剎等中。是故行者不應食肉。〔註77〕

而同樣是人，出家人與非出家的在家人，若同樣都吃肉，則出家人會有九項不及在家人的理由：

　　在家人雖復飲酒噉肉。無犯戒罪。此一不及在家。

　　在家人雖復飲酒噉肉。各有屋宅丘窟。終不以此仰觸尊像。此二不及在家。在家人雖復飲酒噉肉。終不吐洩寺舍。此三不及在家。

　　在家人雖復飲酒噉肉。無有譏嫌。出家人若飲酒噉肉。使人輕賤佛法。此四不及在家。

　　在家人雖復飲酒噉肉。門戶井窖各安其鬼。出家人若飲酒噉肉。臭氣熏蒸一切善神皆悉遠離。一切眾魔皆悉歡喜。此五不及在家人。

　　在家人雖復飲酒噉肉。自破財產不破他財。出家人飲酒噉肉。自破善法破他福田。是六不及在家人。

　　在家人雖復飲酒噉肉。皆是自力所辦。出家人若飲酒噉肉。皆他信施。是七不及在家人。

　　在家人雖復飲酒噉肉。是常罪業更非異事。出家人若飲酒噉肉。眾魔外道各得其便。是八不及在家人。

_____

〔註77〕〔唐〕道世集，《諸經要集》，收入於《大正新脩大藏經》第五十四冊，頁160a～161a。

在家人雖復飲酒噉肉。猶故不失世業。大耽昏者。此即不得。出家
人若飲酒噉肉。若多若少皆斷佛種。是九不及在家人。〔註78〕

以上總計六十一項不食肉的理由，可見佛經對此有多細密的說法。

（三）因果輪迴觀

對佛教齋戒觀的成立，影響較大的應是導入了「因果輪迴」的觀念。原
本在古印度就有輪迴的觀念，佛教會將食肉的果報與輪迴說相結合，也是很
自然的事。換言之，如果因果輪迴說可以成立，那人就有可能吃到自己親人
輪迴成畜牲的肉。如上所述《楞伽阿跋羅寶經》中，十五項不應食肉的理由，
第一項是：「謂一切眾生從本已來。展轉因緣常為六親。以親想故不應食肉。」
即是就因果輪迴的觀念來立論，認為吃肉有可能吃到六親的肉。在《大方廣
華嚴十惡品經》中，更清楚的說：「佛告迦葉。食肉者不覺不知不聞不見當食
肉。或君食臣肉。或臣食君肉。或子食父肉。或父食子肉。或弟食兄肉。或
兄食弟肉。或妹食姐肉。或姐食妹肉。或妻食夫肉。或夫食妻肉。佛告迦葉。
食肉之人即食父母眷屬肉。」〔註79〕《諸經要集》中也說：「我觀眾生輪迴五
道。同在生死共相生育。遞為父母兄弟姊妹。若男若女。中表內外六親眷屬。
或生餘道。善道惡道常為眷屬。以是因緣我觀眾生。更相噉肉無非親者。由
食肉味遞互相噉。常生害心增長苦業。流轉生死不得出離。」〔註80〕這種自
肉他肉皆一肉的觀念，在《央掘魔羅經》中有更清楚的說明：「佛言如是。一
切眾生無始生死生生輪轉。無非父母兄弟姊妹。猶如伎兒變易無常。自肉他
肉則是一肉。是故諸佛悉不食肉。復次文殊師利。一切眾生界我界即是一界。
所宅之肉即是一肉。是故諸佛悉不食肉。」〔註81〕

不只這樣，吃肉者會受更大的地獄果報，《緇門警訓》云：「設復食肉當墮
地獄。吞熱鐵丸經無量劫。願我以此盡未來際。忍事誓願根塵清淨。」〔註82〕
將吃肉的果報說成是墮落地獄，受吞熱鐵丸之苦刑，而且要經過無量劫之久。《一
切智光明仙人慈心因緣不食肉經》亦云：「其食肉者犯於重禁。後身生處常飲熱

〔註78〕　〔唐〕懷信述，《釋門自鏡錄》，收入於《大正新脩大藏經》第五十一冊，頁 817a。
〔註79〕　《大方廣華嚴十惡品經》，收入於《大正新脩大藏經》第八十五冊，頁 1360b。
〔註80〕　〔唐〕道世集，《諸經要集》，頁 160a。
〔註81〕　〔劉宋〕求那跋陀羅譯，《央掘魔羅經》，收入於《大正新脩大藏經》第二冊，
　　　　　頁 540c。
〔註82〕　〔明〕如巹續集，《緇門警訓》，收入於《大正新脩大藏經》第四十八冊，頁
　　　　　1076a。

銅。」〔註83〕飲熱銅和吞鐵丸是同等的地獄刑罰。

　　關於殺生食肉所受的地獄果報，講的較爲詳細的是《大方廣華嚴十惡品經》所云：

> 迦葉菩薩白佛言。世尊煮肉炙肉斬肉殺生之人分別幾處。佛告迦葉。
> 煮肉者墮鑊湯地獄。縱廣五百由旬。其中有水其下有火。持火燒之
> 潰潰乃沸。驅煮肉之人入此地獄受其大苦。炙肉之人墮炙床地獄。
> 縱廣八萬由旬。其上鐵床其下有火。持火燒之。驅炙肉之人臥之在
> 上。肉乾燋爛受其大苦。斬肉之人墮剉碓地獄。其中力士其數五百。
> 斬令萬段吹令微塵還復受其大苦。〔註84〕

將殺生食肉的情況分成煮肉、炙肉、斬肉等幾種，各有不同的地獄果報。又曰：

> 迦葉菩薩白佛言。世尊食肉者墮何處地獄。佛告迦葉。食肉者墮糞
> 穢地獄。縱廣正等八萬由旬。其中有糞乃深萬丈。驅食肉之人入此
> 地獄受其大苦。五百萬世無有出期。善男子。食肉者猶如群狗爭骨
> 各各貪多。食肉之人亦復如是。善男子。斬肉者即斬其父。割肉者
> 即割父肉。割害其母。譬如父死必作牛羊持刀害之。即是其父。一
> 切眾生心則顛倒。食肉者即食父肉。嚙骨者即嚙父骨。若飲肉汁者
> 即飲父血。〔註85〕

如此恐怖的食肉果報，看了不免讓人心生畏懼。

（四）食肉斷慈悲心

　　再就從修行的觀點來論，佛教講求慈悲心，認爲是修行最重要的基礎。若無慈悲種，則修行成佛無望。上述〈不應食肉的十五個理由〉中，有兩項提到，食肉會造成修行者慈心不生，且不生厭離，故不應食肉。《梵網經菩薩戒本疏》也云：「夫食肉者斷大慈大悲之種，此則食肉違害大悲性種失自利也。眾生見捨失利他，又初乖化因後失化果。又云：畜生見食肉人頭上有血光，念云：我身有肉，彼人食肉，彼若得我要當食我，我遂怕怖而走。」〔註86〕《菩薩戒本疏・第三不食肉戒》亦規定：「若佛子故食肉一切肉不得食，夫食

〔註83〕失譯，《一切智光明仙人慈心因緣不食肉經》，收入於《大正新脩大藏經》第
　　　　三冊，頁459a。
〔註84〕《大方廣華嚴十惡品經》，頁1360b。
〔註85〕同上註。
〔註86〕〔唐〕法藏撰，《梵網經菩薩戒本疏》，收入於《大正新脩大藏經》第四十冊，
　　　　頁636c。

肉者斷大慈悲佛性種子，一切眾生見而捨去，是故一切菩薩不得食一切眾生肉。食肉得無量罪若故食者犯輕垢罪，斷大慈種故制。」〔註 87〕食肉斷大慈大悲種，是佛教提倡素食教餐最重要的理論依據。《龍舒增廣淨土文》亦云：「酒肉蔥韭蒜。悉爲聖道障。食肉無慈悲。永背正解脫。」〔註 88〕說到酒肉及五葷菜也都是禁食的。吃齋修行的觀念，在佛典中更是隨處可見，《略諸經論念佛法門往生淨土集卷上》云：

> 故楞伽經第八。遮食肉品云。是故大慧。我見一切諸眾生等。猶如一子。云何而聽以肉爲食。亦不隨喜。何況自食。大慧。如是一切蔥韭蒜薤。臭穢不淨。能障聖道。亦障世間人天淨處。何況諸佛淨土果報。酒亦如是能障聖道能損善業。能生諸過。是故大慧。求聖道者。酒肉蔥韭及蒜薤等。能熏之味。悉不應食。〔註89〕

又曰：

> 一切眾生肉不得食。斷大慈悲。佛性種子。一切眾生。見而捨去。是故一切菩薩。不得食一切眾生肉。食肉得無量罪。若故食肉者。犯輕垢罪。若佛子不得食。五辛大蒜茖蔥慈蔥蘭蔥興渠。是五種一切食中不得食。若故食者。犯輕垢罪。準此經戒。飲酒食肉。及以熏辛。必墜三塗。人身不復。〔註90〕

食肉會得無量罪與食肉斷大悲種的說法，將吃素在修行上的重要性，作了最強而有力的說明，顯然已爲素食的必要性定調。

此外，在《大佛頂如來密因修證了義諸菩薩萬行首楞嚴經》中提到：「汝等當知是食肉人縱得心開似三摩地。皆大羅刹。報終必沈生死苦海非佛弟子。」〔註 91〕將食肉之人說成是大羅刹，不是佛門弟子。至於何以說食肉會斷大慈悲種，《釋門自鏡錄》中也有說明：「何以故。若食肉者障菩提心。無菩薩法。無四無量心。無大慈大悲。以是因緣。佛子不續。所以經言。食肉者斷大慈

〔註87〕 新羅‧義寂述，《菩薩戒本疏》，收入於《大正新脩大藏經》第四十冊，頁 672a。

〔註88〕 〔宋〕王日休撰，《龍舒增廣淨土文》，收入於《大正新脩大藏經》第四十七冊，頁 279b。

〔註89〕 〔唐〕慧日撰，《略諸經論念佛法門往生淨土集卷上》，收入於《大正新脩大藏經》第八十五冊，頁 1242b。

〔註90〕 同上註。

〔註91〕 〔唐〕般剌蜜帝譯，《大佛頂如來密因修證了義諸菩薩萬行首楞嚴經》，收入於《大正新脩大藏經》第十九冊，頁 132a。

種。」〔註92〕主要是因食肉者會障礙菩提心，以致不得菩薩法。

（五）食肉得殺生罪

《梵網經菩薩戒本疏》云：「凡發菩提心行菩薩行。理應捨自身命以救眾生。何有反食眾生之肉。故不應也。」〔註93〕因此言：「食肉得殺生罪。」如果是原本吃齋之人，又吃了肉，謂之破齋，此等之人的罪業又更大一層。佛在《大方廣華嚴十惡品經》中即明白的說到：

> 佛告迦葉。破齋者墮餓鬼地獄。其中餓鬼身長五百由旬。其咽如針。頭如太山。手如龍爪。朝食三千暮食八百。一呼三萬驅。破齋之人入此地獄受其大苦。復離此地獄遠其太山山猶如緋色驅。破齋之人將背倚之。肉乾燋爛受其大苦。復離此苦轉形更受。〔註94〕

開齋破戒之人，死後要墮入地獄餓鬼道，受種種苦刑而不得出期。至於食肉過多，盡皆投生羅剎，或諸禽獸，《入楞伽經》云：「大慧。食肉眾生依於過去食肉薰習。多生羅剎師子虎狼豺豹貓狸鵄梟雕鷲鷹雞等中。有命之類各自護身不令得便。受飢餓苦常生惡心念食他肉。命終復墮惡道。受生人身難得。」〔註95〕

（六）不食肉的功德

既然食肉有大罪業，不食肉自然是有大功德，《大方廣華嚴十惡品經》云：

> 迦葉菩薩白佛言。世尊唯願如來為我解說。不飲酒不食肉者得幾所福。佛告迦葉。假使有人象馬牛羊琉璃珍寶瓔珞國城妻子持用布施。猶亦不如有人能斷酒肉。百千萬分不如其一。復置是事。假使有人百千兩金遍滿三千大千世界持用布施。猶亦不如有人能斷酒肉百千萬分不如其一。復置是事。假使有能鑄金為人數百持用布施。猶亦不如有人能斷酒肉。百千萬分不如其一。復置是事。假使有人造作幡華寶蓋遍滿三千大千世界。猶亦不如有人能斷酒肉。百千萬分不如其一。復置是事。假使有人造大浮圖寶塔簷簷相次如稻麻竹上至梵天。不如有人能斷酒肉。百千萬分不如其一。〔註96〕

〔註92〕《釋門自鏡錄》，頁817a。
〔註93〕《梵網經菩薩戒本疏》，頁636c。
〔註94〕《大方廣華嚴十惡品經》，頁1360c。
〔註95〕元魏・菩提流支譯，《入楞伽經》，收入於《大正新脩大藏經》第十六冊，頁563a。
〔註96〕《大方廣華嚴十惡品經》，頁1360c。

可見吃齋的功德之大，在《華嚴經》中是何等清楚的闡述。此外，不吃肉者也可得到諸天神羅剎的護持，《入楞伽經》中即曰：

> 佛說是時。諸惡羅剎聞佛所說。悉捨惡心止不食肉。迭相勸發慈悲之心。護眾生命過自護身。捨離一切諸肉不食。悲泣流淚而白佛言。世尊。我聞佛說諦觀六道。我所噉肉皆是我親。乃知食肉眾生大怨斷大慈種。長不善業是大苦本。世尊。我從今日斷不食肉。及我眷屬亦不聽食。如來弟子有不食者。我當晝夜親近擁護。若食肉者。我當與作大不饒益。〔註97〕

這是諸天羅剎在聽聞佛說不食肉因緣後，發慈悲心不食眾生肉。並誓言護持一切不食肉的佛弟子，當晝夜得諸天羅剎的護持。

（七）戒殺放生

佛教不食肉的齋戒觀，到了明代蓮池大師雲棲袾宏的"戒殺放生文"，可說發揮的淋漓盡致。要戒吃肉的第一步就在不殺生，只要人人不殺生就不會有吃肉的問題，因為殺生是為了吃牠的肉。所以蓮池大師在戒殺文中說：

> 世人食肉。或謂理所應然。乃恣意殺生。廣積怨業。相習成俗。不自知覺。
>
> 昔人有言。可為痛哭流涕長太息者是也。計其迷執。略有七條。開列如左。餘可例推云。凡有知者必同體。人之食肉。是大怪事。然不以為怪者。良由家世襲而為常。鄰里比而成俗。習行即久。不覺其非。反以為是。又奚怪乎。今有殺人而食者。人必大駭而亟誅之。何也。不習行故也。此舉世習行而不覺其非。可為痛哭流涕長太息者是也。
>
> 一曰生日不宜殺生。哀哀父母。生我劬勞。己身始誕之辰。乃父母垂亡之日也。是日也。正宜戒殺持齋。廣行善事。庶使先亡之考妣。早獲超升。現在之椿萱。增延福壽。可得頓忘母難。殺害生靈。上貽累於親，下不利於己。此舉世習行而不覺其非。可為痛哭流涕長太息者一也。唐太宗萬乘之主。生日尚不為樂。田舍翁多收十斛粟。乃賀客盈門。歡宴累日。不知其可也。今世有生日飯僧誦經。修諸善事者其賢乎哉。
>
> 二曰生子不宜殺生。凡人無子則悲。有子則喜。不思一切禽畜。亦

〔註97〕元魏・菩提流支譯，《入楞伽經》，頁 561b-c。

各愛其子。慶我子生。令他子死。於心安乎。夫嬰孩始生。不爲積福。而反殺生造業。亦太愚矣。此舉世習行而不覺其非。可爲痛哭流涕長太息者二也。

一獵人暮夜大醉。視其幼子爲獐。礪刃將殺之。妻泣諫不聽。竟剖其腹。出其腸。已而安寢。天明呼其子與其入市鬻獐肉。妻哭曰。昨汝所殺者子也。其人舉身自擲。五內崩裂。噫。人畜雖殊愛子之心一也。安可殺乎。

<u>三曰祭先不宜殺生</u>。亡者忌辰。及春秋祭掃。俱當戒殺。以資冥福。殺生以祭。徒增業耳。夫八珍羅於前。安能起九泉之遺骨而使之食乎。無益而有害。智者不爲矣。此舉世習行而不覺其非。可爲痛哭流涕長太息者三也。

或曰。梁武帝以麵爲犧牲。世譏其使祖宗不血食。噫、血食未必珍。蔬食未必惡。爲人子者。貴乎慎修其身。而不覆宗祀。斯善矣。奚取祀之必用血也。禴祭勝於殺牛。易垂明訓。牲養猶爲不孝。聖有嘉謨，奚取於祀之必用血也。

<u>四曰婚禮不宜殺生</u>。世間婚禮。自問名納采以至成婚。殺生不知其幾。夫婚者生人之始也。生之始而行殺。理既逆矣。又婚禮吉禮也。吉日而用兇事。不亦慘乎。此舉世習行而不覺其非。可爲痛哭流涕長太息者四也。

凡人結婚。必祝願夫妻偕老。爾願偕老。禽獸願先亡乎。嫁女之家。三日不息燭。思相離也。爾以相離爲苦。禽獸以相離爲樂乎。信乎婚之不宜殺矣。

<u>五曰宴客不宜殺生</u>。良辰美景。賢主佳賓。蔬食菜羹。不妨清致。何須廣殺生命。窮極肥甘。竹歌鼓飲於杯盤。宰割怨號於砧几。嗟呼。有人心者能不悲乎。此舉世習行而不覺其非。可爲痛哭流涕長太息者五也。

若知盤中之物。從砧几怨號中來。則以彼極苦爲我極歡。雖食亦不下嚥矣。可不悲乎。

<u>六曰祈禳不宜殺生</u>。世人有疾。殺生祀神。以祈福佑。不思已之祀神欲免而求生也。殺他命而延我命。逆天悖理。莫甚於此理。夫正

直者爲神。神其有私乎。命不可延而殺業具在。種種淫祀。亦復類
是。此舉世習行而不覺其非。可爲痛苦流涕長太息者六也。

藥師經云。殺種種眾生。解奏神明。呼諸魍魎。請乞福佑。欲冀延
年。終不可得。所謂命不可延。殺業具在也。種種淫祀。如殺生求
子。殺生求財。殺生求官等。縱得子是財得官。皆本人分定。非鬼
神所爲也。偶爾滿願。遽謂有靈。信之彌堅。行之愈篤。邪見熾然。
莫可救療。悲夫。

<u>七曰營生不宜殺生</u>。世人爲衣食故。或畋獵。或漁捕。或屠宰牛羊
豬犬等。以資生計。而我觀不作此業者亦衣亦食。未必其凍餒而死
也。殺生營生。神明所殛。以殺昌裕。百無一人。種地獄之深因受
來生之惡報。莫斯爲甚。何苦而不別求生計乎。此舉世習行而不覺
其非。可爲痛苦流涕長太息者七也。

親見屠羊者垂死。而口作羊鳴。賣鱔者將亡。而頭如鱔囓。此二事
近在鄰居。即非傳說。我勸世人。若無生計。寧丐食耳。造殺而生。
不如忍饑而死也。吁可不戒哉。〔註98〕

列出七種情況不宜殺生，無論是生日、生子、祭祀、結婚喜宴、祈求神明、
營生等情況，皆不宜殺生。戒殺還只是消極的防患，進一步積極的作爲，是
要放生。因此，蓮池大師另外有一篇"放生文"：

蓋聞世間至重者生命。天下最慘者殺傷。是故逢擒則奔，蟻蝨猶知
避死。將雨而徒螻蟻尚且貪生。何乃網於山。罟於淵、多方掩取、
曲而鈎、直而矢、百計搜羅。使其膽落魂飛，母離子散。或囚籠檻
則如處囹圄。或被刀砧，則同臨剮戮。憐兒之鹿、舐瘡痕而寸斷柔
腸。畏死之猿，望弓影而雙垂悲淚。恃我強而凌彼弱、理恐非宜。
食他肉而補己身，心將安忍。由是昊天垂憫。古聖行仁。解網著於
成湯。畜魚興於子產。聖哉流水、潤枯槁以囊泉。悲矣釋迦、代危
亡而割肉。天台智者，鑿放生之池。大樹仙人、護棲身之鳥。贖鱗
虫而得度，壽禪師之遺愛猶存。救龍子而傳方。孫真人這慈風未泯。
一活蟻也。沙彌易短命爲長年。書生易卑名爲上第。一放龜也、毛
寶以臨危而脫難。孔愉以微職而封侯。屈師縱鯉於元村，壽增一紀。

〔註98〕〔明〕蓮池大師述著，《蓮池大師全集》，〈戒殺放生文〉（台北市：中華佛教
文化館，民國72年）。

隋侯濟蛇於齊野、珠報千金。貿死命於屠家。張提刑魂超天界。易
余餘生於釣艇，李景文毒解丹砂。孫良嗣解曾繳之危，卜葬而羽蟲交
助。潘縣令設江湖之禁，去任而水族悲號。信老免愚民之牲、祥符
廿雨。曹溪守獵人之網、道播神州。崔解銜環報恩。狐能臨井授術。
乃至殘軀得命，垂白璧以聞經。難地求生、現黃衣而入夢。施皆有
報，事匪無徵。載在簡編。昭乎耳目。普願隨所見物。發慈悲心。
捐不堅財。行方便事。或恩周多命，則大積陰功。若惠及一蟲，亦
何非善事。荀日增而月累。自行廣而福崇。慈滿人寰。名通天府，
蕩空怨障、多祉苹於今生。培漬善根，餘慶及於他世。儻更助稱佛
號。加諷經文。爲其回向西方。令彼永離惡道。則存心愈大。植德
彌深。道素資之速成。蓮台生其勝品矣。〔註99〕

可以看出尊重生命的思想貫串全文，螻蟻尚且貪生，何況是禽獸。蓮池大師
強調，放生是有大功德，能讓短命者得長壽，書生易卑名爲上第，培積善根，
廣增福田，慈滿人寰。

二、西方的素食主義

（一）古代的素食主義

1、西方素食主義之父： Pythagoras（畢達格拉斯）（570～490 BC）

　　雖然西方的 Vegetarianism（素食主義）一詞是在十九世紀中才出現，〔註100〕
但早在西元前六世紀，古希臘時代的畢達格拉斯學派，即是一群素食的實踐者。
此一學派的創立者畢達格拉斯（Pythagoras）被稱爲 "素食主義之父"。因此，
當在未使用 Vegetarianism 一詞之前，西方的 "Pythagoreans"（信奉畢氏學說者）
一詞，通常是用來代表信奉素食者的統稱。〔註101〕

　　畢達格拉斯禁食一切肉類的素食主張，主要是源於他對靈魂輪迴生死的
看法。畢氏的教義認爲，靈魂是不朽的，而且是無止息的輪迴生死；靈魂有
可能輪迴爲人及其他的生物，包括鳥類、爬蟲類、魚類等。所以如果吃這些

〔註99〕同上註。
〔註100〕Vegetarianism 一詞出現在 1847 年，詳見 Colin Spencer, *Vegetarianism: A History*
　　　　（New York: Four Walls Eight Windows, 2002）p.238。
〔註101〕Rynn Berry *Famous Vegetarians & Their Favorite Recipes*（New York:
　　　　Pythagorean Publishers, 2003）p.3。

生物的肉，就有可能吃到自己祖先或親人的肉。因此，為了免於罪惡及解脫自在，畢氏主張禁食一切有生命的肉類。〔註 102〕畢達格拉斯創立了一個類似宗教的組織，在這個教團中的每個人，都是奉行齋戒、禁慾、修行的嚴謹生活。因為他們相信因果原則、因緣法則，以為人生有前世、今生、來世。前世的一切是今生的因緣，今生的一切都是結來世的果。所以此派的人深信將來要得幸福，今生就得過嚴謹刻苦的生活，這樣才能讓靈魂得以解脫肉體的束縛，重獲真正的自由。〔註 103〕如此畢氏的整個學說，強調的重點是靈魂如何解脫束縛，其中禁吃一切生物的肉，奉行素食，就成了最主要的生活戒律。

此外，由於對輪迴轉世的信仰，這使得畢達格拉斯學派的教義裡，相信動物曾是（或將變成）人類而善待他們。此一善待動物的觀念，衍生出一種對動物本身的關懷，因為動物在被殺前會感受到痛苦，或者即使是動物不會感受到痛苦，它們的生命被剝奪，也是件殘忍而應被避免的。〔註 104〕比較特別的是，畢達格拉斯可能是受到埃及宗教中某些祭司教規的影響，他不僅戒食肉類，也禁食豆類。由於豆子具有很強的生命力，可以生根發芽成長繁衍，所以在古代的埃及信仰中，有認為人的靈魂可能寄生於豆子中，人吃了這些豆子會增加行為敗壞的因素。根據 Plutarchd 的說法，畢達格拉斯將豆子說成是 "蛋豆" （eggs beans）。〔註 105〕意思是有如會孵化生命的蛋，可見畢氏是將豆子視為有靈魂生命的東西，因此不主張食用它。

2、奧斐斯秘教（Orphic Religion）的素食主張

流行於西元前六世紀的古希臘時期，奧斐斯秘教主要是接受酒神（Dionysus）的崇拜教義，進一步推衍出靈魂的不滅和神性的結論，而以阿波羅所傳的「滌淨」取代原有的狂歡儀式，所形成的一種秘教信仰。〔註 106〕所謂「奧斐斯秘教的生活」指的是一種涉及潔淨禮、苦行及許多特別的規定，教徒既不吃肉也不使用牲祭。這樣的素食教義主要是來自一個 "普羅米修斯

〔註 102〕Colin Spencer, *Vegetarianism: A History*（New York: Four Walls Eight Windows, 2002）p.47。

〔註 103〕鄔昆如，《希臘哲學趣談》（台北：東大圖書，民國 65 年），頁 31～32。

〔註 104〕Kerry S. Walters and Lisa Portmess, *Ethical Vegetarianism: From Pythagoras to Peter Singer*（New York: State University of New York Press, 1999）pp.13～14。

〔註 105〕Colin Spencer, op. cit., pp.48～49。

〔註 106〕廖素霞、陳淑娟譯，Mircea Eliade 著，《世界宗教理念史》卷二（台北：商周出版社，2001 年 12 月），頁 183。

的神話"。相傳因為普羅米修斯把肉留給人吃，卻把骨頭奉獻給諸神，因而觸怒了天神宙斯；於是天神宙斯就終止了人類的「樂園時代」。原本在樂園裡，人類可以直接和神來往，因此，必須回到素食的習俗，以表示補償祖先犯過的決心，如此希望能夠回復到原來的幸福狀態，或至少是部份的回復。〔註107〕奧斐斯的秘教信仰，排斥整個希臘的宗教體系，它的茹素儀式含有更複雜、更深層的宗教義涵，這和畢達格拉斯的素食主張是不盡相同的。

3、古希臘哲學家 Empedocles（恩培多克勒斯）（490～430BC）

西元前五世紀的古希臘哲學家 Empedocles，也是提倡素食的原則。他的學說受到畢達格拉斯及奧斐斯秘教的影響，同樣是信仰靈魂輪迴的學說，他的素食觀也是以此一學說為核心所建構的。Mircea Eliade（默西亞・埃里亞德）對 Empedocles 的評述認為：「Empedocles 過著"奧斐斯秘教生活"，在他所處的時代，靈魂還是肉體的囚犯，穿著『用血肉做成的光鮮外衣』，從天堂放逐到遙遠的地方。但是對他而言，靈魂不滅也意味著生死輪迴；進一步說，這就是他茹素的理由。」〔註108〕也可以說，畢達格拉斯的素食主張，是 Empedocles 首先將其變成一種哲學的道德化生活，並就戒殺物命的教義加以發揮。Empedocles 認為，禁止殺害一切有生命的動物，應被視為是一種普遍與絕對的法律（universal and absolute law）。尤其應禁絕對生物的血腥屠殺，或是以動物作為祭祀品，且絕不食一切生命的肉，及豆類和海中的生物等。〔註109〕

4、希臘古典作家 Plutarch（普盧塔克）（56～120 BC）

Plutarch 出生於羅馬帝國時期的希臘維奧蒂亞，西元前 66～67 年間，曾在雅典從逍遙派哲學家學習數學和哲學。Plutarch 是位多產的作家，據說他一生寫了 227 種著作，比較有名的是他為希臘羅馬軍人、立法者、演說家和政治家所寫的《希臘羅馬名人傳》。〔註110〕

Plutarch 是第一位未將素食主義與靈魂輪迴說相結合的希臘作家，當他兩歲大的女兒過世時，他拒絕接受女兒會在輪迴回來轉世的說法。Plutarch 的素食主義，首先將素食與人體的健康相結合，依此論點發揮，Plutarch 認為肉食容易

〔註107〕廖素霞、陳淑娟譯，Mircea Eliade 著，《世界宗教理念史》，頁 185。
〔註108〕廖素霞、陳淑娟譯，Mircea Eliade 著，《世界宗教理念史》，頁 185。
〔註109〕Colin Spencer, op. cit., p.64。
〔註110〕吳奚真譯，Plutarch 著，《希臘羅馬名人傳》（台北：臺灣中華書局，民國 60 年 3 月）。

造成消化不良，而這也是形成身體疾病的主因。所以，人類應習慣於素食，而避免肉食，素食不只是足供人體營養之所需，也能讓人心地光明和精神愉快。〔註111〕有關 Plutarch 的素食主張，主要是在一篇 *"On the Eating of Animal Flesh"* 的文章中，他否定人類天生就是肉食性動物的主張，人如果縱情於肉食的滿足，會讓心靈墮落、卑劣和下流。而且吃動物的肉，也是造成人的性格變得粗暴的主因，使得人性格與動物愈來愈相似。因此，Plutarch 認為人應對動物以道德的考量，當動物被殺時，和人同樣都有痛苦的感受。〔註112〕文章中有以下的一段很有代表性的話：

> 你真的可以問問畢達哥拉斯，他為什麼要禁吃肉食？就我來說，我會納悶到底是那種情況，以及何種心態，會讓人們想將自己的嘴，去接觸死亡動物的屍體，用死亡、陳腐的肉來設宴，並將那些曾經吼叫、吶喊、移動且生存過的部分，稱為食物與養分。我們確實不是為了自保，才來吃獅子與狼；相反的，我們略過了這些動物，轉而殘殺那些沒有刺或才齒可傷害我們的無害且溫馴的生物。請讓牠們擁有應有的權利，過著自己應有的一生吧！〔註113〕

Plutarch 認為人類對待動物的態度，至少應讓牠們有應有的權利，也就是不應為了吃牠自而任意殘殺牠們。

5、新柏拉圖主義哲學家 Porphyry（波菲利）（約 234～305 AD）

Porphyry 是一位新柏拉圖主義的哲學家，在羅馬時，曾在 Plotinus（普羅提諾斯）的指導下學習哲學。Porphyry 的著作很豐富，涉及哲學、宗教、語言學和科學。其中特別著有畢達格拉斯傳，尤其是在 *"On Abstinence"* （《論節制》）一書中，為素食主義辯護。Porphyry 對 Pythagoras 及 Empedocles 都很崇敬，並服膺他們的素食主張，後來甚至離開了新柏拉圖學派，受洗成為一位基督徒，並宣稱自己是一位素食主義者。〔註114〕

一如他的老師 Plotinus，Porphyry 的素食主義主要是受到 Orphic 及 Pythagorean 傳統的影響。在《論節制》一書的 *"Animal Food"* 一文中，Porphyry 相信在古代存在著一個 "素食者的黃金年代"（A Vegetarian Golden Age），那

〔註111〕 Colin Spencer, op. cit., pp.98～99。

〔註112〕 Kerry S. Walters and Lisa Portmess, op. cit., pp.27～29。

〔註113〕 引自慕容譯，Giorgio Cerquetti 著，《素食革命》（台北：中天出版社，1999年7月），頁36。

〔註114〕 Kerry S. Walters and Lisa Portmess, op. cit., p.35。

是一個人們過著和平、富足和幸福的時期。由於人們不屠殺生靈，而且是吃
大自然的蔬果，所以人們不需要太多的勞動，也沒有什麼疾病。但是，當人
們開始肉食後，黃金年代就此結束，並開啓了戰爭與非正義的暴力。〔註 115〕
整部《節制論》中，主要是有四項論點：1、肉食主義是一種縱慾，所以不適
用於哲學的生活；2、用動物來祭祠，是對神明的不敬；3、動物應該受到正
義的對待；4、過去有名望的聖哲，都譴責肉食。〔註 116〕

　　綜合以上幾位具代表性的古代素食主義者，Daniel A. Dombrowski（董布若
斯基）在 "*The Philosophy of Vegetarianism*"〔註 117〕一書中，認爲這時期的素食
主義有幾項理論基礎來支持他們的立場。一是：一個神話性的對於過去素食黃
金年代的信仰；二是：對於靈魂轉世的信仰，這使他們相信動物曾是人類而善
待他們；三是：一種認爲肉食對於身體或靈魂的健康有害的顧慮；四是：一種
對動物本身的關懷，因爲動物在被殺前受到痛苦，肉食因而是殘忍的而應被避
免。〔註 118〕以上四項論點，正是上述幾位素食主義者論點的綜合。

（二）中世紀：人與動物關係的論辯

　　由 Pythagras 等人所建立起來的古希臘素食主義，後來則是被一些宗教信仰
所承繼奉行。首先是猶太教的 Essenes（艾賽尼派）可作爲代表。在二十世紀四
〇年代末和五〇年代，在 Qumran（庫姆蘭）附近陸續發現了死海書卷（Dead Sea
Scrolls），這些書卷是記載一個曾經嚴格奉行苦行主義的教派，大多數的學者認
爲應是屬艾賽尼派的經卷。由這些書卷中可以看出，他們自西元前 2 世紀至西
元 1 世紀末，流行於巴勒斯坦一帶。〔註 119〕其次是在西元三世紀，產生於波斯
薩珊王朝的摩尼教。有關摩尼教的創立者摩尼及其素食主張的教義，在前面第
三章中已有所探討，在此將不再重述。這二個教派似乎都受到 Pythagorean 素食
主義的影響，奉苦行禁慾的修行，採禁食一切肉類的素食方式。

〔註 115〕Edited by Kerry S. Walters and Lisa Portmess, *Religious Vegetarianism: From Hesiod to the Dalai Lama*,（State University of New York Press, 2001）pp.23～25。

〔註 116〕Kerry S. Walters and Lisa Portmess, *Ethical Vegetarianism: From Pythagoras to Peter Singer* p.35.

〔註 117〕Daniel A. Dombrowski, *The Philosophy of Vegetarianism*,（The University of Massachusetts Press, 1984）。

〔註 118〕張展源譯，Daniel A. Dombrowski 著，〈西方素食主義導論（一）〉，《菩提樹》，第 506 期，1995 年頁 29。

〔註 119〕Colin Spencer, op. cit., pp.107～109。

西元後一世紀，以耶穌基督為信仰核心的 Christianity（基督教）〔註120〕
逐漸形成。保羅是早期基督教的主要傳播者，他致力在近東地區傳播此教，
並否認耶穌之來臨只是為了要拯救猶太人，他主張基督教乃是全人類的宗
教，為基督教傳播到更廣泛的羅馬帝國區域打下基礎。〔註121〕然而，基督教
雖非全面主張吃素修行的宗教，因此，在整個中古世紀以基督教為信仰核心
的時代裡，素食主義是不發達的，甚至可以說是不受重視的。但在基督教義
的發展過程中，卻一直存在著人對動物的態度上之爭議，這對後來十八、九
世紀西方素食主義再度興起後的內涵，產生影響而值得注意。首先是
Saint.Augustine（聖奧古斯丁），由於 Augustine 曾經是位摩尼教徒
（Manichees），奉行過素食主義。在攻擊摩尼教的過程中，Augustine 發展出
關於人類對待動物的一個一般性的態度，也就是認為動物的「受苦」對人類
具有甚少或者毫無意義，那是因為牠們缺乏理性。〔註122〕

西元四世紀中，有名的古代基督教希臘教父 Basil The Great, Saint（大巴
西勒‧聖），為動物寫了一篇祝禱文，內容提及上帝應拯救人及動物二者。全
文如下：

> 噢！主啊！也為這些微小的動物，牠們與我們同樣承受日子的熱氣
> 及負擔，我們祈求您擴充您偉大的慈祥，因為您已曾答應拯救人和
> 動物，而您的愛慈是如此的浩大，噢！主啊！〔註123〕

另一位西元四世紀後期，有名的古代基督教希臘教父 Saint John Chrysostom（聖
約翰‧克里索斯托），也曾提出一位聖者應擴充其溫和仁慈的態度，及於那些
不能思考的生物，〔註124〕但這兩位的呼籲似乎難起什麼影響。

一直到十三世紀，成立於 1209 年的聖方濟會，是較有名的「愛動物者」之
一。此一教會曾基於苦修的理由而實行禁肉食的齋戒，但這也僅是一段特別的
齋戒期有這樣作，平時並未禁止食肉，甚至認為是藉著吃牠們來表達其愛。聖

〔註120〕此處所用的基督教一詞，係泛指以基督為信仰核心的基督教（Christianity），
非指 1517 年宗教改革後所形成的基督新教。

〔註121〕Edward Mcnall Burns、Robert E. Lerner、Standish Meacham, *Western Civilizations*, Tenth Edition（University of Texas at Austin, 1984）p.212。

〔註122〕張展源譯，Daniel A. Dombrowski 著，〈西方素食主義導論（一）〉，頁 30。

〔註123〕引自張展源譯，Daniel A. Dombrowski 著，〈西方素食主義導論（四）〉，《菩提樹》第 509 期，頁 20～21。

〔註124〕張展源譯，Daniel A. Dombrowski 著，〈西方素食主義導論（二）〉，《菩提樹》，第 507 期，頁 30。

方濟有一段教誨門人的話說：「我們可以這麼想：因為我們必須吃才能活命，而且不殺掉某些所愛之物便不能吃到東西，是故我們殺什麼是無關緊要的。」〔註125〕所以聖方濟在訂行為準則時，他並未禁食肉，除了一些特定的節慶日子。另一位具代表性的中世紀神學家 Thomas Aquinas（托馬斯・阿奎那 1225～1274），他試圖為人統治動物的神學信仰，提供一些形上學的支持。其論點是認為：人對自己的行為能夠控制，而動物則不能。所以動物基於不具理性的事實，自然的成為人的奴隸，因此 Thomas Aquinas 的結論是：「全部的他物是為了人而存在。」〔註126〕既然動物是為成為人的奴隸而存在，那人當然也可以食動物的肉，可見他的目的無非是為肉食是必須的找支持的論點。

有關 Thomas Aquinas 對動物態度的論點，似乎從十三世紀中葉到十九世紀中葉，一直是廣泛的流行著。由一件事情可以看出來，當十九世紀中葉，教宗 Pius Ix（皮爾斯九世）拒絕允許一個「防止殘暴動物協會」（SPCA）的成立，其理由就是怕這樣會涵蘊人類對動物是有責任的，〔註127〕這也和 Thomas Aquinas 的觀點是不一致的。

（三）近代西方素食運動的興起

西歐的工業革命，帶來了社會結構與經濟發展的大變革。到了十八世紀，由於經濟、倫理和營養等因素，素食運動開始興起。當時最有名的素食推崇者有 Benjamin Franklin（富蘭克林）和 Voltaire（伏爾泰）兩人，於十九世紀初（1809 年），在英國的曼徹斯特共同發起了一場正式的素食運動。立即獲得聖經基督教會（Bible Chritian Church）的支持，其教友宣誓戒酒忌肉。1847年，這一教派正式由教會分出來，組織了「素食主義者協會」（The Vegetarian Society）。〔註128〕此後，素食運動開始向西方其他國家擴展。1850 年美國成立了素食主義者協會（American Vegetarian Society），1867 年在德國（Vegetarier-Bund Deutschlands），1886 年在澳洲（Australian Vegetarian Society），1888 年在英國（London Vegetarian Society），1890 年在愛爾蘭（Irish Vegetarian Union），1891 年在印度（Indian Vegetarian Societies）等國也都分別

〔註125〕張展源譯，Daniel A. Dombrowski 著，〈西方素食主義導論（二）〉，頁 30～31。
〔註126〕張展源譯，Daniel A. Dombrowski 著，〈西方素食主義導論（二）〉，頁 32。
〔註127〕張展源譯，Daniel A. Dombrowski 著，〈西方素食主義導論（三）〉，《菩提樹》，第 508 期，頁 25。
〔註128〕Grolier Incorporated, *The encyclopedia Americana,* 29V.〈**Vegetrianism**〉（Danbury, Conn.: Grolier, 1991）。

成立的素食主義者協會。到 2003 年為止，全世界各國共有二○三個素食主義者協會，詳如〈附表四〉。可見此一素食運動在西方推行之廣，發展之快，已蔚為一股素食風潮。

這個時期的素食主義思想，開始針對中世紀以來，基督教會認為人是動物的統治者，及動物是沒理性的，所以人可以食肉的觀點，提出強烈的批判。其中最具有影響力及代表性的人物有二，一是英國的 Jeremy Bentham（邊沁 1748～1832），他對動物是否有理性的爭論提出置疑，Bentham 說：「問題不在於『牠們能思考嗎？』，亦非『牠們能說話嗎？』而在於『牠們會受苦嗎？』」。〔註 129〕雖然邊沁的置疑不是為禁食肉類的素食而提，反而是站在功利主義的觀點，希望在吃牠們時，應以急速宰殺的方式，以便能減輕牠們因被殺時的痛苦。然而，邊沁的置疑畢竟點出了一項重點，那就是人類應該承認，動物會有受苦痛的感覺，人類殺牠們來吃時，是一種加在牠們身上的苦痛。另一位將此一論點發揮的是英國博物學家，也是進化論的奠基人 Charless Darwin（達爾文 1809～1882）。他認為依演化論的了解，人們都應主張的是：「人和高等哺乳類之間沒有基本的差異。」〔註 130〕動物有痛、愛的感覺，有被愛的期望，會因無聊而受苦，會做夢，擁有推理及記憶的能力，而且就我們所知，可以自覺以及知覺。誠如 Dombrowski 所言，Darwin 的重要貢獻，是他開啟了一項吾人對動物知覺上的革命：「我們也是動物。」〔註 131〕雖然 Darwin 並不是一位素食主義者，但他的論點為往後的素食主義，提供了很好的論據。

總之，此一時期的素食主義，主要是延續十七、十八世紀以來，興起於歐洲的人道主義，將人道關懷結合道德而及於一切動物，經由 Bentham 及 Darwin 等人的提倡，從而使有感於動物之苦的憐憫之心涌現。一些新教徒群體對《聖經》採至善主義的解讀方式者，開始將這時期對動物的人道關懷與古希臘時代的 Pythagoreans 相結合，而達到摒棄肉食的程度。

（四）現代西方的素食主義

二十世紀的西方素食主義，由於眾多「素食主義者協會」的成立，可說是個逢勃發展的時期。此期不但綜合承繼了以往自古希臘 Pythagoreans 以來的

〔註 129〕引自張展源譯，Daniel A. Dombrowski 著，〈西方素食主義導論（四）〉，頁 19。
〔註 130〕Charless Darwin, *The Descent of Man*，引自張展源譯，Daniel A. Dombrowski 著，〈西方素食主義導論（四）〉，頁 19。
〔註 131〕張展源譯，Daniel A. Dombrowski 著，〈西方素食主義導論（四）〉，頁 19。

一切素食主義，而且有了更多的論點加進來。特別是在素食與生態環保，及素食與身體健康兩方面，有了更多的發揮。其特色在於較少宗教色彩的立論，如輪迴說等的觀點，而是走向道德化、環保化、健康化的理論。分述如下：

1、素食主義的道德化

現代西方的素食主義，有一項主要的重點，是沿續十八、十九世紀以來的人道主義關懷，對人類因肉食而屠殺動物的行為是出批判。其主要的立論點在於，牠們在被殺的當下，有極大恐懼感，和痛苦的感受，因此人類應有慈憫之心來對待動物，而不應為吃牠們而任意宰殺。發明家 Benjamin Franklin（班傑明・富蘭克林）就說：「吃肉正是一種沒有正當理由的謀殺行為。」〔註132〕意思是說：為了吃牠們而殺死牠們，本身就是一種不道德的謀殺行為。俄國的偉大作家托爾斯泰也曾寫下這樣的一段話：

> 在人類的自覺生活之中，所有人已經完全認清吃肉的惡行與不道德。那麼，為什麼人們仍無法承認這個法則呢？答案即是：人類在道德上的進展一向緩慢；不過，真正的進步都具有「不間斷性」以及「持續加速性」這兩種特色。任何人都不容置疑，素食主義已經以此種方式逐漸邁進了。〔註133〕

托爾斯泰還說：「一個人如果嚮往正直的生活，第一步，就是要禁絕傷害動物。」〔註134〕基於道德的考量，有愈來愈多的素食主義者，將吃肉視為一種不道德的惡行。清教徒與人權領袖 Dick Gregory（迪克・葛列格里）就說：「我並不是基於健康的因素才吃素；成為全素者是基於道德的因素。素食主義絕對會變成全人類的運動。」〔註135〕七日耶穌再生教派的創始人之一的 Ellen White（愛倫・懷特）也說：「肉體死亡的道德罪惡，就如同身體疾病那般明顯。肉類食品對身體有害，不論它是影響肉體的那個部份，對心靈與靈魂也會有相對的影響。」〔註136〕這種將肉食，看成是一種道德罪惡，且會對心靈的修持造成影響，這樣的觀念是素食主義道德化的主要論點。

〔註132〕引自慕容譯，Giorgio Cerquetti 著，《素食革命》（台北：中天出版社，1999年7月），頁17。

〔註133〕引自 Giorgio Cerquetti 著，慕容譯，《素食革命》，頁20。

〔註134〕引自宋楚芸譯，Victor Parachin 著，《365個素食的好理由》（台北：遠流出版社，1999年8月），頁18。

〔註135〕慕容譯，《素食革命》，頁24。

〔註136〕同上註，頁27。

2、素食主義的環保化

現代的素食主義者更關注的是，從地球的環境保護及可用糧食的觀點來論述素食的必要性。這方面的代表作是美國的約翰・羅彬斯（John Robbins），在 1987 年所著 Diet for A New America （新美國飲食），中譯本爲《新世紀飲食》〔註 137〕一書。

這本書共分成三部份，第一部份揭露了牲畜飼養場的種種恐怖內幕；第二部份，著重於描述肉食如何致命，以及素食所能帶給人們安全健康的好處；第三部份，則是闡述了畜牧業對整個世界的環境造成的嚴重後果。關於第三部份的論點有幾項重點，John Robbins 在書中寫道：

> 很多人以爲，世界上有饑餓問題是因爲糧食不足的關係，但是正如蘭西斯・莫爾・拉彼（Frances Moore Lappe）和「食物優先」這個反饑餓機構所發表的研究顯示，造成饑餓的真正原因在於公理不張，而非糧食不足，我們每天浪費太多穀類來飼養美國的牲畜，卻不能爲全世界每一個人送上兩條吐司麵包。〔註 138〕

蘭西斯・莫爾・拉彼（Frances Moore Lappe） 可說是美國素食主義的早期宣揚者，1971 年他的暢銷書 Diet for a Small Planet（《一個小星球的飲食》）出版，才改變了多數美國人對素食的看法。拉彼出生於美國德州福特瓦斯市，在柏克萊大學研究院就讀時，爲了專心於對世界饑荒問題的研究，毅然輟學。拉彼很驚訝地發現，人們爲了生產一份肉食，竟然需要花費十四倍的穀糧來餵食動物，這著實是一個巨大的資源浪費。當時年僅二十六歲的拉彼便因此撰寫了 Diet for a Small Planet 一書，藉以鼓勵人們食用非肉類性食品，以避免浪費世界的糧食。〔註 139〕

John Robbins 也是從人類爲飼養肉食性動物，會大量浪費食物的觀點來分析，他說：「美國當前牲畜總數所食用的穀類和黃豆，足以供應全國人口五億之多，這些牲畜吃下我們所種的 80%的玉米和 95%的燕麥。」〔註 140〕 John Robbins 引用「食物和發展政策學會」的報告說：每天，地球上有四萬名兒童餓死。而我們「爲了滿足一位食肉者一年裡的需求，我們得擁有三又四分之

〔註137〕 張國蓉、涂世玲譯，John Robbins 著，《新世紀飲食》（台北：琉璃光出版社，民國八十三年二月）。

〔註138〕 張國蓉、涂世玲譯，John Robbins 著，《新世紀飲食》，頁 365。

〔註139〕 Frances Moore Lappe, *Diet for a Small Planet,*（Ballantine,1992）。

〔註140〕 張國蓉、涂世玲譯，《新世紀飲食》，頁 354。

一英畝的地。……供純素者一年食物的需求，六分之一英畝大的地就夠了。
換句話說，提供標準美國飲食方式的耕地，可以爲純素食者提供廿倍所需的
食物。」〔註141〕肉食除了會造成人類可用糧食短缺的問題外，同樣的也會影
響到生態保護的問題。John Robbins 說：

> 生產肉類和砍伐森林有非常直接的關係，康乃爾大學經濟學家大
> 衛・費爾斯（David Fields），和他的同事羅賓・賀（Robm Hur）估
> 計，只要有人改吃純素，每年可以少砍掉一英畝地的森林；假如你
> 吃素，但是適量食用蛋和乳製品，這樣也有幫助。〔註142〕

所以 John Robbins 就說：當美國自國外進口牛肉後的廿五年，中美洲的熱帶雨
林也由十三萬平方英里，銳減到剩下八萬平方英里。誠如美國人道協會（Humane
Society of the United States）副主席兼華盛頓區尊重生命及環境中心（Center for
Respect of Life and Environment）總監米高・福克斯（Michael W.Fox）所指出：
「佔南美及澳洲出口大宗的肉類，導致森林遭到破壞殆盡，只爲了要多闢出一
些土地來放牧，如此將會加速沙漠擴張及溫室效應。」〔註143〕

　　根據 John Robbins 的解釋，爲了生產肉食，人類會耗損更大的自然資源，
就以水爲例，他說：

> 生產一磅的肉平均得花二千五百加侖的水，等於一個普通家庭一個
> 月的用水量。供應食肉者一天的食物得花四千多加侖的水，吃素但
> 是吃蛋及乳製品的人，得花一千二百加侖的水，純吃素的人三百加
> 侖就夠了，爲純吃素的人一年裡生產食物所用的水，比爲吃肉的人
> 生產一個月的食物所用的水還要少。〔註144〕

除了浪費大量的水，飼養牲畜的排泄物也污染了剩下來的水，以美國爲例，John
Robbins 進一步指出：美國牲畜所生產的排泄物是全國人民排泄物總和的廿
倍，這些排泄物大多到了我們的水裡去了。再者，農藥及殺蟲劑對自然生態
的破壞，及飼養牲畜造成表土的大量流失等問題也日益嚴重。〔註145〕

　　儘管 John Robbins 在書中提出的論證數據，似乎缺少嚴僅的科學論證，
但當 1987 年《新世紀的飲食》一書出版後，立即在美國掀起了一股純素食運

〔註141〕張國蓉、涂世玲譯，《新世紀飲食》，頁 355。
〔註142〕張國蓉、涂世玲譯，《新世紀飲食》，頁 367。
〔註143〕引自宋楚芸譯，《365 個素食的好理由》，頁 62。
〔註144〕張國蓉、涂世玲譯，《新世紀飲食》，頁 371～372。
〔註145〕張國蓉、涂世玲譯，《新世紀飲食》，頁 376。

動的風潮。此後兩年，只是在德州，就有將近十個民間素食團體相繼成立。顯見以生態保育的觀點來看素食的必要性，似乎頗能為一般人所認同。

3、素食主義的健康化

幽默大師蕭伯納（George Bernard Shaw）1950 年去世，享年 94 歲，他是在二十出頭時便開始吃素。蕭伯納向來樂於敘述吃素的好處給批評者聽，他說：「五十年來，一堆醫生向我保證，如果我不吃點肉的話會餓死。」〔註 146〕今天，確實有愈來愈多的人吃純素，是為了健康的理由，而非為宗教的信仰，在西方尤其如此。《素食革命》（The Vegetarian Revolution）一書的作者喬治亞‧克魁提（Giorgio Cerquetti）說：

> 很多美國人的健康日趨惡化，是近 50 年來的飲食改變所致，也就是肉類成為主食時開始。國家科學協會（National Academy of Science）已經建議，人們應該要多吃水果、蔬菜以及全麥，大幅度減少肉類的攝取量。〔註 147〕

又說：「近 30 年來，有好幾分研究已經提出了科學上的證據，在西歐、美國、澳洲以及其他世界上的富足國家之中，光是吃肉一項就成為致死的最大原因。」〔註 148〕前面提到《新世紀飲食》的作者 John Robbins 更在他的書中提到，一項史無前例的三百萬人的大規模素食實驗。那是發生在一次大戰期間的丹麥，由於被聯軍完全封鎖，導致國內約三百萬人在米可爾‧漢德地醫生（Dr.Mikkel Hindhede）的主持計劃下，把國內生產的穀物全拿來餵人而不為生產肉類而拿去餵家畜。John Robbins 說這項實驗：

> 結果使得科學家驚愕不止，當他們計算哥本哈根在食物最缺乏那段時間，即自一九一七年十月至十九一八年十月間的死亡率時，發現因疾病而去逝死亡率，是有歷史以來最低的。事實上，這段時間的死亡率比過去十八年之平均數整整下降了百分之三十四。〔註 149〕

這樣的資料所顯示的意義，很難不讓人想到丹麥的全國素食，與巨幅下降的死亡率有連帶關係。因此，有關素食與人類健康的探討，在二次戰後引起了

〔註 146〕引自宋楚芸譯，《365 個素食的好理由》，頁 13。

〔註 147〕宋楚芸譯，《365 個素食的好理由》，頁 41。

〔註 148〕宋楚芸譯，《365 個素食的好理由》，頁 42。

〔註 149〕張國蓉、涂世玲譯，《新世紀飲食》，頁 155。

更多的科學家及醫學家熱烈的探討。其中最有代表性的是由科學家們廣泛收集統計分析的，關於人類飲食習慣與平均壽命的問題。結果發現一個不斷出現的事實就是，大量肉食與短壽之間強而有力的相互關係。John Robbins 在《新世紀飲食》一書中，引用科學家的統計資料說：「愛斯基摩人、拉布蘭島人、格林蘭島人、克基族人，這些人口很顯著地，有最高的肉類消耗量，同時平均壽命亦為最短，通常只有三十歲。」〔註 150〕相反的，一些以幾乎是以素食維生的民族，卻有很高的平均壽命。John Robbins 說：「為數不少的白俄人、尤克坦印地安人、東印度托達人，以及巴基斯坦宏薩克特人，都有高達九十至一〇〇歲的平均壽命。」〔註 151〕

再就素食與人的體力耐力的關係上來看，耶魯大學的歐文・費雪教授（ Irvig Fisher），曾作過一項實驗，就肉食與素食運動員的體力與耐力作比較，得出的結論是：「整體而言，素食者的平均分數是雙倍於肉食者的平均分數。」這項實驗打破了我們「肉食給我自力氣」的迷思。〔註 152〕另外，有一項更深入的醫學研究，就素食者與肉食者的骨質損失的情形。1983 年 3 月的《臨床營養學雜誌》，刊登一編由密西根大學及其他主要學院研究人員的發現，在美國六十五歲的人：

男性素食者的平均骨質損失是 3%。

男性肉食者的平均骨質損失是 7%。

女性素食者的平均骨質損失是 18%。

女性肉食者的平均骨質損失是 35%。〔註 153〕

不止於此，John Robbins 更進一步指出，飲食中過量攝取動物性蛋白質的人，發生腎結石、乳癌、直腸癌、胰臟癌等疾病，遠比素食者來得高。越來越多的跡象顯示，肉食與患癌之間確實是相關聯的。〔註 154〕John Robbins 在書中引用了很多醫學上的證據來論述，指出肉食對人體造成的影響，遠比我們所能了解的還可怕。《新世紀飲食》一書，在素食與健康的論點上，可說是非常成功的將歐美現代的素食主義，帶入一個結合健康與環保的領域。

〔註 150〕張國蓉、涂世玲譯，《新世紀飲食》，頁 156。

〔註 151〕張國蓉、涂世玲譯，《新世紀飲食》，頁 157。

〔註 152〕引自張國蓉、涂世玲譯，《新世紀飲食》，頁 158～159。

〔註 153〕引自張國蓉、涂世玲譯，《新世紀飲食》，頁 195。

〔註 154〕張國蓉、涂世玲譯，《新世紀飲食》，頁 201～202。

三、佛教齋戒觀、西方素食主義與民間宗教的齋戒教義

綜合上述對佛教齋戒觀及西方素食主義的分析，將更容易了解中國民間宗教齋戒教義的特徵。佛教的齋戒觀主要是從可否食肉的觀點出發，先是就佛陀所說的「三淨肉」可食作辯護，認爲佛所說的三淨肉只是一種漸進式的權說，目的也是爲了達到持齋不食肉的結果。因此，在佛典中爲了圓說不得食肉，除了以漸制來解釋「三淨肉」的問題外，更將因果輪迴的觀點加進來，與出家修行者必須禁食肉類相結合，尤其如《諸經要集》所言，眾生輪迴五道，同在生死共相生育，遞爲父母兄弟姊妹，善道惡道常爲眷屬。所以吃肉就有可能吃到自己的親人，此與西方早期希臘的畢達格拉斯學派的素食觀相同，這些觀點都充分被民間宗的教齋戒觀所吸收。

而且佛教齋戒觀的特色，在其綿綿密密的理論闡述，就一個不可食肉，就可以演繹出六十多種的說法，大致上是不脫吃齋修行上，食肉會斷大慈悲種，食肉得無量無邊的罪業，不食肉可得大功德等的觀點。這些齋戒的觀念，大多爲民間宗教的齋戒觀所吸收，但民間宗教是比較通俗化，沒有像佛教那樣的綿密，及眾多艱澀的佛學術語，一些吃肉帶來修行上的種種障礙，如 "障十一因緣"、"障六波羅蜜"、"障金剛三昧" 等的艱深觀點，在民間宗教裡則少有提及。

再與西方的素食主義作一個比較，可以發現中國民間宗教的齋戒教義中，較缺少的是有關素食與環保及素食與健康兩方面的主張。可以說，中國的齋戒教義多以信仰爲目的，主要是將齋戒與修行相結合，而且視爲修行的第一要件。誠如《金幢教文獻》所言：「初年學佛，最要堅持齋戒，尊重正教。行科學儀，君臣長上之禮義。」〔註155〕西方早期以畢達格拉斯爲主的素食主義，主張靈魂是輪迴生死的；靈魂有可能輪迴爲人及其他的生物，包括鳥類、爬蟲類、魚類等。所以如果吃這些生物的肉，就有可能吃到自己祖先或親人的肉。因此，爲了免於罪惡及解脫自在，主張禁食一切有生命的肉類。這類的主張，與在中國的佛教及民間宗教齋戒教義中，也有不少的論述。例如：《大乘正教科儀寶卷》中就提到：「食葷之家也有圈豬待人之戮，也有籠雞待人之殺業事。忙忙日與禽畜雜處，即有道場他也遇不著吃素之人。」〔註156〕意思是說，食肉者也有可能成爲待宰的豬、雞，這是因果輪迴的道理。另外，在

〔註155〕《金幢教文獻》，收入《明清民間宗教經卷文獻》第七冊，頁922。
〔註156〕《大乘正教科儀寶卷》，收入《明清民間宗教經卷文獻》第六冊，頁367～368。

《齋戒述原》一書中，也有類似的說法：「肉字裡面兩人，細思以人吃人。今世吃他八兩，轉世還他半觔。殺其命者，臨終受苦，故牢字從牛，獄字從犬，牛犬不戒，牢獄不免。」〔註157〕所謂的人吃人，意思就是說經由輪迴生死之後，有可能自己的親人變成畜牲，被宰殺來吃，也有可能是自己因吃肉造下的業，下輩子輪迴成畜牲，吃人多少就還人多少，故說是人吃人。這方面的道理在《輪迴寶傳》一書中，講的最爲詳細：

> 前世少你錢十串，貧窮未曾還得明。不想死入幽冥地，發在你家變牛身。連租與人三十載，扯犁拖耙受苦辛。磨得皮穿骨頭濫，過本過利還你身。然何把我來宰殺，千刀萬刮取肝心。我今死入幽冥路，專等仇人把冤伸。殺我一命還一命，吃我一斤還幾斤。斤斤兩兩照簿算，再不饒讓你一分。劉京當時只叫苦，叫我如何還得清。〔註158〕

這是說有人因前世欠人十錢，這世就做牛身來還，而且最後還被宰殺，當成牛肉被人所食，其痛苦難當，所以要來討命。類似這類的觀點在民間宗教中，是不勝枚舉的。

其次是關於素食與愛惜物命方面，也有不少相似的論點。例如，《彌勒佛說地藏十王寶卷》中就清楚的說到：

> 嗟呼！殺生大痛難言，雞逢殺渾身亂抖；犬逢殺眼看主人；豬逢殺高聲大叫；魚逢網飛跳亂攛；鳥逢網飛南轉北；兔逢鶯奔逃山林；牛逢殺眼中流淚；蟬下鍋渾身飛攛，此等眾生，俱是貪生怕死，極苦難逃。〔註159〕

顯然是認爲動物被殺時是有極大害怕與痛苦的感受。在《歸原寶筏》一書中也說：

> 請思畜物殺時斬之叫苦，悲聲亂跳亂舞想逃生。口叫噯喲饒命，畜物異體同，不過軀殼異形。一死靈魂見閻君，他能訴苦冤枉，十王依律判斷，將人陰德超生。不然等人命歸陰，冤冤相報嚴緊。〔註160〕

也是提到動物被殺時有感受痛苦的情形。另一本《乾坤寶境》書中也提到：

> 宰殺事莫輕行，若貪口腹妄殺牲，陰間罪重。人與物皆天生，當知

〔註157〕《齋戒述原》，頁672。
〔註158〕《輪迴寶傳》，頁908。
〔註159〕《彌勒佛說地藏十王寶卷》，收入《明清民間宗教經卷文獻》第七冊，頁49。
〔註160〕《歸原寶筏》，收入《明清民間宗教經卷文獻》第九冊，頁27。

> 萬物一體情，不可害命。畜見殺戰兢兢，不會說話祇哀鳴，哭求饒
> 命。那冤魂把狀升，轉報輪迴不消停，人當悟醒。〔註161〕

類似的說法與西方在中世紀時，爭論著動物被殺時是否有感受痛苦的能力，正好形成對比。佛教在戒殺方面也有很多的論述，而與近代的素食主義者所認爲的，爲了吃肉而殺害動物是不道德的事，因爲這樣是將痛苦加之於動物，可說是有相同的觀點。

然而，關於素食與生態保育方面的論點，在中國的民間宗教齋戒教義中，幾乎是沒有任何相關的論述。這方面自然是因爲環保意識的抬頭，遲至二十世紀以來才有，以前的人是很難有這樣的觀念。另外是素食與人體健康方面，也幾乎沒有任何的論點，這兩方面可說是西方近代素食主義的特色，也正是中國民間宗教素食觀所欠缺的。

綜合以上的敘述，清代民間的秘密教派常用的經卷中，普遍存在齋戒的教義。但其內涵顯得較爲粗俗，缺少深奧的道理作基礎，最多是引用佛教因果報應的觀念來立論。然而，這些有關民間秘密宗教的經卷記載，雖顯得粗俗而缺少創意，但卻是簡單易懂，讀來很容易讓人明白。它是很適合下層的鄉民社會，對齋戒風氣的開展，發揮很大的促進作用。尤其將殺牲吃肉者，說成會下地獄受油鍋之苦，而且以「吃他半斤還八兩」的冤冤相報說法，強調永無止息的冤欠債。這種輪迴果報與齋戒相結合的說法，是民間宗教齋戒教義的一大特色。

其次，爲了凸顯殺牲吃肉與持齋戒殺者之間的差異，對於持齋者的好處，也是過度的強調，說成可積一切功德，甚至是「一子喫齋千佛喜，九玄七祖盡超昇。」吃齋的功德之大，實大難以比擬。此外，吃齋不只被認定成是修行的第一步，吃齋更是報答一切恩典的最好辦法，能超拔自己在地獄裡受苦的祖先，也能讓自己超脫輪迴，了卻生死，得成正果。

這些關於民間宗教豐富的齋戒內涵，若和佛教的齋戒觀及西方的素食主義作比較，可更清楚的顯出其特徵爲：民間宗教齋戒教義具通俗易懂的特點，且大量引用因果報應的觀念，簡明而有說服力的表達齋戒的必要性。它不同於佛教有縝密的齋戒理論，也缺少深奧的道理作基礎，主要是扣緊修道的信仰目的去開展。民間宗教的《寶卷》或《經籍文獻》，平常是以讀誦的方式，作爲修行上的功課，所以這些內容不斷的從讀誦中傳達給信眾，其影響力量必然很大。

〔註161〕《乾坤寶鏡》，收入《明清民間宗教經卷文獻》第十冊，頁935。